블록체인 토크노믹스

이재승·이한호·전진현·100y 공저

머리말

2017년, 비트코인, 이더리움을 비롯한 각종 암호화폐의 가격이 급등하면서, 이는 암호화폐의 개념이 대한민국에 널리 퍼지기 시작한 계기가 되었다. 암호화폐, 다른 말로 토큰은 블록체인 네트워크를 기반으로 한 자산을 의미한다. 비트코인, 이더리움과 같이 블록체인 네트워크의 기본 화폐로 사용되는 자산부터 텍스트, 이미지, 미국 달러, 최근 들어서 각종 증권까지 다양한 것들이 블록체인 네트워크상에 토큰화되어 유동될 수 있다. 블록체인 네트워크는 탈중앙화된 주체들로부터 운영되는 서버이기 때문에 중앙화된 주체의 단일점 실패에 강하다는 장점이 있으며, 블록체인을 기반으로하고 있는 각종 토큰들도 블록체인 네트워크의 특성을 온전히 누릴 수 있다.

이러한 다양한 장점들에도 불구하고, 필자가 블록체인과 암호화폐를 공부하면서 느꼈던 한 가지 아쉬웠던 점은 이것들에 대해 대한민국 사회가 전반적으로 가지고 있는 부정적인 편견이다. 암호화폐는 2017~2018년의 실체 없는 급등과 급락, 2022년 테라 붕괴 사태 및 대규모 거래소 FTX의 파산 등으로 인해 대한민국 사회에서 올바르지 못한 투기성 자산으로 인식되고 있는 것이 현실이다. 하지만 필자는 블록체인과 암호화폐는 중립적인 프로토콜일 뿐 잘못이 없으며, 이를 다양한 분야에 잘 활용만 할 수 있다면 많은 이점을 가져올 수 있다는 것을 이 책을 통해 확실히 짚고 싶었다.

비록 아직 블록체인 기술이 대중적으로 널리 퍼져 있진 않으나, 현재 블록체인 네트워크상에는 이미 수천 가지의 서비스들이 운영되고 있다. 일각에서는 블록체인은 좋은 기술이나 암호화폐토큰는 투기성이 짙으므로 필요 없다고 주장하기도 하지만, 사실 이는 잘못된 주장이다. 왜냐하면 블록체인이 추구하는 본질인 탈중앙성에 있어서 제대로된 암호화폐토큰의 설계는 필수적이기 때문이다. 이 책에서는 토큰의 역사 및 토큰 설계의 중요성에 대해 먼저 알아보고, 마지막으로 토큰들이 어떻게 사용되고 있는지 다양한 실제 어플리케이션 등을 통해 살펴볼 것이다.

최근 전 세계적으로 미국, 유럽, 일본을 비롯한 선진국들에선 이미 암호화폐에 관한 규제, 정책 체계를 정립해 나아가고 있으며, 여러 대기업, 금융기관들은 블록체인 기술의 도입을 긍정적으로 검토하고 있다. 하루빨리 대한민국에서도 블록체인과 암호화폐에 대한 인식이 개선되어, 블록체인과 웹3.0이라는 새로운 산업 분야에서 선두 주자로 거듭날 수 있길 기원해 본다.

프롤로그

암호화폐 시장에서 폭발적인 상승장을 보여 주었던 2021년과 달리, 2022년 시장은 하락이 주를 이루었다. 코로나 대폭락 이후로 미국 연방준비위원회는 엄청난 양의 달러를 시장에 발행하며 주식, 부동산 등 대부분 자산 시장의 대상 승장을 이끌었고, 암호화폐도 이에 수혜를 받아 2020년 말부터 가치가 폭발적으로 상승했다. 하지만 2021년의 달콤한 상승장도 잠시, 2022년에는 유례 없는 하락장으로 많은 투자자가 쓴맛을 보았다.

2022년의 암호화폐 시장은 왜 하락이 주를 이루었을까? 물론 암호화폐에 대해 부정적인 시선을 가진 사람들의 펀더멘털적인 의심의 영향도 있겠지만, 가장 큰 요인을 꼽자면 바로 거시 경제의 방향이다. 아직 암호화폐가 금의 성격을 갖느니, 채권의 성격을 갖느니, 주식의 성격을 갖는다는 등 투자자들 사이에서 암호화폐를 바라보는 시각은 제각각이지만, 결국 암호화폐는 자산의 성격을 띠고 있는 만큼, 연방준비위원회가 풀어 놓은 달러를 다시 회수해 가는 긴축 과정에서 자산 시장이 하락함에 따라 같이 하락하게 되었다. 특히 2022년이 지나고 2023년이 온 지금도 아직 암호화폐는 실생활에서 화폐로 통용되거나 주식, 부동산, 채권 등과 같이 현금 흐름이 안정적으로 나오는 경우가 많이 없는 자산이기 때문에 연방준비위원회가 달러를 풀고 다시 회수하는 과정에서 다른 어떤 자산보다도 급격한 하락을 보여 주었다. 가장 거래량이 높은 거래소 중 하나인 바이낸스 거래소 기준으로, 가장 하락률이 낮은 암호화폐 중 하나인 비트코인은 최고점 $69,020에서 최저점 $15,555까지 약 −77%의 하락률을, 이더리움은 최고점 $4,868에서 최저점 $881까지 약 −82%의 하락률을 보여 주었으며, 그 외의 다른 암호화폐들은 대부분 −90% 이상의 하락률을 기록했었다.

거시 경제의 방향 외에도 암호화폐 시장엔 큰 하락을 이끈 파급력 강한 여러 사건들이 있었다. 그중 대표적인 사건이 바로 루나 사태와 FTX 사태이다. 첫 번째로 루나 사태는 암호화폐를 잘 접해 보지 못한 일반인들도 다 알 정도의 굉장히 큰 사건이었는데, 특히 루나 토큰을 만든 테라폼랩스의 창립자가 한국인이었기 때문에 많은 한국인이 이 소식을 접할 수 있었고, 큰 충격을 받았다. 이 당시 거대한 시가 총액을 가지고 있던 루나 토큰이 하루아침에 무너지면서 시장의 연쇄 청산 효과로 전체 암호화폐 시장이 같이 폭락했었다.

최고점이 $116까지 갔던 루나 토큰은 어떻게 하루아침에 휴지 조각이 되며 무너질 수 있었을까? 뒤에서 테라 네트워크를 다룰 때 더 자세히 알아보겠지만, 이는 테라 네트워크의 토크노믹스와 상당히 연관이 깊다. 루나 토큰은 테라 네트워크의 알고리즘 스테이블 코인¹인 UST 토큰과 깊은 연관을 가지고 있었는데, 만약 1달러의 가치를 유지해야 할 UST 토큰이 신뢰를 잃어 매도 압력이 심해진다면, 끝임없는 악순환을 통해 루나 토큰의 발행량이 증가하고 가치는 지속적으로 하락할 수 있는 구조를 지니고 있었다. 만약 일반 투자자가 루나 토큰이 어떠한 쓰임

---

1 일정한 가치를 유지하는 것이 목적인 토큰; 알고리즘 스테이블 코인이란 특정 알고리즘을 통해 스테이블 코인의 가치를 일정하게 유지하는 방식을 말한다.

새^{이하} 유틸리티를 가지고 있고, 어떠한 메커니즘을 통해 공급량이 조절되는지를 알고 있었다면, 즉 루나 토큰의 토크노믹스를 인지하고 있있다면 보다 조심했을 수 있었을 것이다. 실제로 필자들 중 한 명은 테라 네트워크가 붕괴하기 한 달 전, 루나 토큰에 대한 인기가 극에 달했을 때 루나와 UST를 조심하자는 논지의 글을 인터넷에 게시한 적이 있었다.

LUNA-UST에 대해 솔직해져 봅시다.

본 아티클은 전문가의 의견이 아니며, 투자에 대한 조언이 절대 아님을 밝힙니다.

Source: @Defi_Made_Here

　　두 번째로 짚고 넘어갈 사건은 세계 최대 규모의 거래소인 FTX에서 일어났다. FTX의 CEO가 창립했던 펀드인 알라메다 리서치가 루나 사태 이후 얼마 지나지 않아 파산하게 되었다. 사실 루나 사태 직후 세계 곳곳에서 암호화폐 벤처 캐피털에서는 어려운 상황을 맞이했었다. 대표적으로 세계 최대 규모의 암호화폐 벤처 캐피털인 쓰리 애로우 캐피탈이 청산이 되었는데, 이때 갚지 못한 빚의 규모가 무려 35억 달러나 되었다. 루나 사태는 전 세계에 굉장히 큰 충격을 주었는데, FTX 사태에서는 이보다 훨씬 더 큰 규모로 파산이 일어났다. FTX가 파산하여 갚지 못한 빚의 규모는 무려 90억 달러에 달하는 것으로 이전 루나 사태보다

2배 이상의 규모이다. 그 파장의 여파로 FTX 거래소를 직접 사용하던 각종 펀드 및 벤처 캐피털, FTX에 투자를 진행했던 펀드, FTX와 부채 관계가 있는 기관들 등 유관 기관 모두 막대한 피해를 입게 되었고, 암호화폐 시장이 전체적으로 붕괴하는 모습을 보여 주었다.

무려 $32B의 기업가치를 평가받았던 암호화폐 거래소인 FTX가 하루 이틀 사이에 파산한 이유엔 여러 가지 원인이 존재한다. FTX의 CEO인 샘 뱅크먼 프리드[SBF] 및 중역들의 도덕적 해이도 큰 원인 중 하나지만, 다른 원인 중 하나가 바로 자체적으로 발행한 거래소 토큰[FTT]를 통해 무리한 레버리지 투자를 진행했기 때문이다. FTT 토큰은 FTX 거래소에서 발행한 자체 토큰이며, 사용자는 FTT 토큰을 일정 개수 이상 보유할 시 거래 수수료 할인 혜택이나 출금 시 네트워크 수수료 무료 혜택 등을 누릴 수 있었다. 여기서 문제가 발생하는데, FTX와 알라메다 리서치는 자신들이 발행한 FTT 토큰을 담보로 설정하여 대출 및 투자를 과도하게 진행했던 것이다. 사실 FTT 물량의 대부분은 FTX와 알라메다 리서치에서 소유하고 있었기 때문에 아무리 평가 가치가 높다고 해도, 이를 현금화하려면 평가 가치만큼 절대 회수를 못 하는 상황이었으며, 엎친 데 덮친 격으로 좋지 않은 시장 상황과 경쟁 거래소인 바이낸스의 CEO 가 FTX에 대한 안 좋은 여론을 형성하게 되면서 FTT의 가격은 급락하기 시작했다. 즉 대출에 대한 담보물의 가치가 급락했으니 FTX와 알라메다 리서치는 대출을 갚아야 하는 상황에서 대출을 갚지 못하고 결국 파산에 이른 것이다.

두 사태의 공통점은 무엇일까? 바로 토큰과 관련이 있다는 점이다. 거대한 시가 총액의 루나 토큰은 루나 토큰 자체의 특별한 메커니즘으로 인해 급격히 성장한 만큼 급격히 무너졌으며, 비상장 기업인데도 불구하고 굉장히 높은 기업가치를 평가받은 FTX 거래소는 자신들이 발행한 FTT 토큰으로 인해 무너졌다. 보통 사람들이 흔히 토큰을 생각할 땐 다 비슷하다고 생각하는 경향이 많으나, 사실 토큰은 주식과 같이 획일화된 기능 및 시스템을 가지고 있지 않다. 토큰별로 그 유틸리티가 매우 상이하기 때문에 사용자 및 투자자 입장에서는 이를 이해하는 것이 매우 중요하고, 개발자 입장에서는 토큰이 작동하는 방식인 토크노믹스를 잘 설계하는 것이 매우 중요하다.

토큰과 토크노믹스의 구체적인 역사나 이것들이 무엇인지에 대해서는 본문에서 자세히 알아볼 예정이지만, 간단히 언급하자면 토큰은 블록체인상에서 돌아다니는 일종의 자산으로, 탈중앙 서비스를 운영하기 위한 일종의 인센티브 보상 및 의결권으로 활용된다. 토크노믹스는 토큰이 어떤 식으로 발행되고, 분배되고, 활용되는지를 명시한 약속이다. 기존의 서비스들과 같이 중앙화된 운영 주체가 존재하는 경우 토큰이 필요가 없지만, 만약 특정 서비스를 중앙화된 운영 주체 없이, 서비스 사용자들의 자발적인 활동으로 인해 온전히 작동하는 것을 기대하고 싶다면 블록체인과 토큰을 도입할 수 있다. 토큰은 초기에 서비스를 사용하거나 기여하는 참여자들에게 토크노믹스라는 규칙을 통해 정당히 분배되면서 중앙화된 운영 주체 없이도 초기의 네트 효과를 구축하는 데 매우 큰 도움이 될 수 있으며, 나중에 서비스가 어느 정도 성장한 후 서비스의 방향에 대해 중대한 사안을 결정할 때 참여자들이 토큰이라는 의결권을 행사하여 보다 민주적이고 탈중앙적으로 서비스를 발전시킬 수 있다.

지금의 블록체인 생태계가 급격히 성장할 수 있었던 이유도 바로 토큰 덕분인데, 뒤에서 살펴볼 '컴파운드'라는 프로토콜이 토크노믹스의 역사에서 큰 역할을 했다. 컴파운드는 이더리움 네트워크 위에서 작동하는 디파이 프로토콜로, 현실 세계의 은행의 탈중앙화된 버전의 서비스라고 생각하면 쉽다. 컴파운드가 출시되기 전에도 이더리움 네트워크에는 각종 디파이 프로토콜들이 많이 존재했는데, 컴파운드는 프로토콜을 사용하는 사용자에게 처음으로 자체 거버넌스 토큰인 COMP 토큰을 보상으로 제공하면서 수많은 사용자를 끌어모으는데 성공했다.

이후로 수많은 디파이 프로토콜이 컴파운드를 따라 자체 토큰을 발행하면서 2020년 여름에는 디파이 프로토콜들이 굉장히 인기를 끌게 되었고, 일명 디파이 섬머라고 하는 시절이 찾아왔다. 다양한 토큰과 토크노믹스의 탄생으로 인해 시작된 디파이 섬머는 2020년 말, 2021년 초, 미국 연준의 양적 완화로 인한 시장 상황과 맞물려 시장에 활력을 불어넣어 주며 암호화폐의 대호황장을 이끌게 되었다.

비록 지금은 거시 경제적인 시장 상황과 루나 사태, FTX 사태와 같이 암호화폐 시장에 한정된 악재들이 겹치며 긴 하락장 속에 있지만, 더욱 더 토크노믹스에 집중해야 하는 시기이기도 하다. 시장의 분위기가 좋을 땐 서비스와 토크노믹스의 종류, 취지와 상관없이 투기적인 자금으로 인해 모든 토큰의 가격이 상승하는 경향이 있다. 가격이 상승하는 이

---

2 Defi, Decentralized finance, 탈중앙 금융

3 프로토콜은 규약이라는 뜻으로, 블록체인상의 서비스들은 누구나 볼 수 있는 공개된 코드로 투명하게 작성되어 있기 때문에 프로토콜이라고 많이 지칭된다.

4 특정 프로토콜 내에서 자체적으로 발행한 토큰은 어떠한 사안을 결정할 때 투표권으로 활용될 수 있기 때문에 거버넌스 토큰이라고 부르기도 한다.

유로는 서비스가 좋다거나, 토크노믹스가 잘 설계되어 있기 때문이 아닌 단순히 시장 상황이 좋기 때문인 것이다. 하지만 결과론적으로 살펴보았을 때 지금과 같은 하락장에는 제대로 작동하는 서비스가 거의 드물고, 대부분의 토큰 가격이 무너져 있는 것을 볼 수 있다.

그럼에도 불구하고 우리가 하락장에 토크노믹스에 집중해야 하는 이유는 크게 두 가지가 있다. 첫 번째로 투자자의 관점에서 살펴보면, 토크노믹스를 잘 이해하고 있다면, 2022년도와 같은 하락장에서도 자산을 잘 방어할 수 있는 가능성이 높다. 이더리움의 경우 사용자들의 이더리움 네트워크의 사용량이 높아질수록 토큰이 소각되는 양이 많아지는 EIP-1559 제안이 통과됐거나, 지분 증명으로 전환하는 The Merge 업그레이드 이후 이더리움 발행량이 90% 감소한 적이 있는데, 이로 인해 이더리움 토큰의 인플레이션율이 급격히 낮아지며 타 토큰들에 비해 가격 방어를 조금 더 잘한 모습을 볼 수 있다. 또한, 디파이 프로토콜 중에는 GMX라는 프로토콜이 있는데, 프로토콜에서 발생하는 거래 수수료를 GMX 홀더들에게 직접 나눠 주는 메커니즘이 있어서 GMX의 가격은 많이 떨어지지 않았음을 볼 수 있다. 따라서 투자자들은 각 프로젝트의 토크노믹스를 면밀히 살펴본 후 이것이 건전한 구조인지 충분히 고민하고 투자할 필요성이 있다.

두 번째로 암호화폐 프로젝트를 개발하는 팀의 입장에서 살펴보면, 지금과 같은 하락장은 다양한 토크노믹스를 시험해 볼 수 있는 절호의

---

5 말 그대로 토큰을 없애는 현상을 의미한다. 주식에 비유하자면 전체 발행 주식 수가 줄어드는 것으로 생각할 수 있으며, 토큰 총 발행 수가 감소하므로 토큰 보유자들에게는 이득이다.

6 이더리움 네트워크는 채굴되는 방식이 작업 증명에서 지분 증명으로 바뀌었다. 본문에서 더 자세히 살펴볼 예정이다.

기회이다. 상승장에선 제공하는 서비스, 토크노믹스에 상관없이 사용자가 증가하고 토큰 가격이 상승하는 경우가 너무 많기 때문에 서비스와 토크노믹스를 제대로 평가하기 어렵다. 하지만 하락장에선 정말 사용자에게 필요로 하는 기능을 제공하고 토크노믹스가 잘 설계된 서비스에 사용자가 몰리기 때문에 서비스와 토크노믹스가 유효한지 제대로 평가할 수 있는 시기이고, 실제로 매우 다양한 서비스가 출시되는 시기이기도 하다. 2020년의 디파이 섬머가 암호화폐 상승장으로 자연스럽게 연결되었듯이, 지금과 같은 하락장에서 잘 설계된 서비스는 다음 상승장을 이끌 것이고, 그때 빛을 볼 수 있을 것이다.

자, 이제 토큰과 토크노믹스를 알아보는 여정을 떠나 보자.

목차

1 토큰의 역사

2 블록체인의 등장

4 메인넷 토큰

5 디앱 사례

1

토큰의 역사

토큰의 역사

1-1 토크노믹스는 새로운 것이 아니다

1) 토큰은 왜 필요할까?

우선 글을 시작하기 전에 용어를 먼저 확실히 하고 넘어가자. 블록체인에서의 최초의 토큰은 우리가 모두 아는 비트코인이다. 비트코인 이름 자체에 코인이라는 단어가 들어가기 때문에 사람들은 나중에 출시된 암호화폐들도 일반적으로 코인으로 불렀다. 이러한 코인들은 보통 블록체인 네트워크 자체에서 발행되는 코인이다. 예를 들어 BTC 코인은 비트코인 네트워크의 보안을 유지하는 채굴자들을 보상하기 위해 발행되며, ETH 코인은 이더리움 네트워크의 보안을 유지하는 밸리데이터를 보상하기 위해 발행된다.

과거엔 이렇게 블록체인 네트워크의 보안을 유지시켜 주는 주체들을 보상하기 위해 코인이 발행되었지만, 이더리움 네트워크에서 새로운 형태의 암

---

1 블록체인에서 블록을 생성하는 주체를 작업 증명 네트워크에선 채굴자, 지분 증명 네트워크에선 밸리데이터라고 부른다. 이더리움은 과거 작업 증명 방식을 사용했기 때문에 채굴자가 이더리움의 블록을 생성했지만, 2022년 9월 15일 지분 증명 방식으로 전환했고, 현재는 밸리데이터가 이더리움의 블록을 생성하고 있다.

호화폐가 등장했다. 바로 ERC-20이라는 이더리움 네트워크의 표준을 따르는 암호화폐인데, 이들은 이더리움 네트워크 위에서 작동하는 애플리케이션에서 사용되는 암호화폐이다. 이더리움 네트워크의 자체 코인은 ETH이지만, 이더리움 네트워크 위에는 다양한 프로토콜들이 있으며 이들이 또 자체적으로 암호화폐를 발행할 수 있다^{예시: 유니스왑의 UNI, 컴파운드의 COMP}. 따라서 사람들은 이러한 암호화폐를 기존의 코인과 구별하기 위해 토큰으로 구별 지어서 부르기로 했다. 하지만 이는 언제나 과거의 이야기일 뿐, 현재는 코인과 토큰의 정의를 구별 지어서 부르지 않고 혼용되고 있기 때문에 우리는 앞으로 이 책에서 모든 코인과 토큰을 다 '토큰'으로 통일하여 사용할 것이다.

이제 블록체인에선 토큰을 왜 나눠 주게 되었는지에 대해서 살펴보자. 쉽게 말해 토큰은 특정 행위를 보상하거나 이끌어내는 데 사용되는 보너스이다. 넓은 의미의 토큰을 살펴보면 중국집에 배달을 주문하고 받는 쿠폰이나 카페의 스탬프나 포인트도 일종의 토큰이다. 보통 이러한 쿠폰, 스탬프, 포인트가 추구하고자 하는 것은 사용자의 행동 유도이다. 그렇기 때문에 보상을 통한 행동 유도라는 관점에서 보았을 때, 블록체인의 토크노믹스는 전혀 새로운 것이 아니라 기존의 방식이 블록체인 위에서 새로운 형태로 탄생했다는 것이 가깝다. 이 책에서 제시하는 토크노믹스의 정의는 3장에서 더 자세히 다룰 예정이지만, 여기서의 토크노믹스는 일종의 목적을 달성하기 위한 비즈니스 로직을 토큰을 매개로 하여 이뤄지는 것 정도로 해 두자.

2) 쿠폰

쿠폰^{Coupon}은 오늘날 가장 많이 사용되는 모델이다. 쿠폰의 종류 및 그 사용 방식, 그리고 쿠폰의 가치를 전달하는 매체는 정말 다양하다. 쿠폰의 시작은 어디였을까? 대부분의 사람이 인정하는 바는, 쿠폰의 시작은 프랑스였다고 한다. 쿠폰이란 말도 자른다는 뜻의 프랑스어인 Couper에서 유래되었다. 처음 쿠폰이란 단어가 나온 것은 1822년인데, 당시 프랑스에서 발행한 채권에는 두 가지 종류가 있었다. 만기일까지 이자를 중간에 받을 수 있는지 없는지에 따라 무이표채Zero-Coupon Bond, 이표채Coupon Bond로 나누어지는데, 이표채의 경우 이자를 받을 수 있는 채권이었다. 이표채의 이자를 받기 위해서는 거래소에서 이표채에 붙어 있는 쿠폰을 잘라서 지급하면 이자를 받을 수 있었다.

당시의 쿠폰은 오늘날의 쿠폰의 개념과는 다른 채권의 개념이 반영되었지만, 종이를 통해서 무언가로 교환하는 교환권 관점에서 유사점이 있다.

많은 커머스 회사에서 지급하는 쿠폰처럼 마케팅 수단으로 쿠폰을 도입한 것은 코카콜라가 최초이다. 코카콜라의 창업자인 아사 캔들러Asa Candler는 회사 설립 이후, 1892년에 무료 시음 쿠폰을 발행하여 사람들에게 쿠폰을 나누어 주고 프로모션을 진행하면서 선풍적인 인기를 끌게 되었다. 코카콜라의 쿠폰 마케팅은 그야말로 대성공이었다. 그 이후 많은 기업이 자신의 제품을 편하게 구매, 시도해 볼 수 있는 쿠폰을 대중에게 풀기 시작했다.

1892년 코카콜라가 발행한 무료 시음 쿠폰

　쿠폰을 타깃 고객에게 거의 무상으로 제공하는 것이 기업에게는 손해가 아니라 쿠폰 제공 이후 서비스의 편리함과 가치를 알게 된 고객들의 재방문으로 매출이 증가하는 선순환 구조를 만들게 되었다. 예를 들어 코카콜라의 제조 원가가 100원이고, 판매가가 1,000원이라고 해 보자. 소비자에게 코카콜라 쿠폰을 뿌렸다고 했을 때, 기업의 경우에는 쿠폰을 받은 소비자가 쿠폰을 실현시키게 되면 100원의 손실이 발생하게 된다. 하지만 소비자가 느낀 만족감은 1,000원에 가깝기에 결과적으로는 손실 대비 높은 가격의 만족도를 달성하게 된다. 기업 입장에서는 비교적 적은 비용으로 고객에게 높은 만족도를 줄 수 있게 되면서 자신의 제품을 고객에게 아주 쉽게 홍보할 수 있기에 실질적인 제품을 만들거나 식품을 만드는 기업은 이와 같은 방법을 자주 선택하곤 하였다. 이러한 마케팅 전략 이후에 최종적으로 쿠폰을 통해서 제품에 만족을 한 소비자가 한 번 이상 그 제품을 구매하게 되면 사실상 지금부터는 손실이 아니라 수익으로 전환되게 되는 것이다.

　쿠폰은 앞에서 언급한 코카콜라 쿠폰 같은 교환성 쿠폰 외에도 일정 기준선Threshold 이상으로 적립하여야만 효력이 생기는 적립식 쿠폰이 존재한다. 코카콜라 쿠폰 혹은 무료 교환권의 경우는 그 자체만으로 효력을 가진 교환성 쿠폰이다. 적립식 쿠폰의 경우 그 자체만으로는 유동성을 갖는 형태는 아니며, 발행 업체가 정한 사용 단위에 따라 그 기준이 달라진다. 쉽게 말해서 카페에서 10개 모으면 아메리카노 1잔 등의 제도 등은 모두 적립식 쿠폰이 된다. 10개를 모을 때까지 사람들이 구매를 진행하는 과정이 1개를 무료로 주는 원가보다 훨씬 가게에 도움이 되기에 이러한 제도를 운영하고 있다. 그러면 10개씩 모아야 가치가 생기는 방식 말고, 1개를 모을 때마다 유동화를 할 수 있으면 좋지 않을까 하는 생각을 할 수 있을 것이다. 사실 이 방식은 새로운 것이 아니라 다음 살펴볼 '포인트'에 대한 내용이다.

3) 포인트

처음 매장을 방문하게 되면 자신의 휴대전화 번호를 입력하는 방식으로 포인트를 적립하고는 한다. 포인트는 현금과 같이 사용하는데, 고객의 소비 욕구를 촉구시키는 목적으로 일반 식당, 매장, 인터넷 쇼핑몰 등 많은 곳에서 사용되고 있다. 포인트는 쿠폰보다는 소비자에게 좀 더 현금 재화에 가깝게 느껴지는 편이다. 포인트는 일반적으로 전자화되어 서버상의 숫자로 기록되어 있는 경우가 많고, 사용을 진행하는 경우는 사용하는 포인트만큼 결제 금액을 공제하고 결제가 이루어진다. 중앙화된 업체의 서버에 저장되어 관리된다는 점이 탈중앙화 서버에 기록되는 블록체인의 토큰과 구별되는 가장 큰 차이점 중 하나이다.

포인트의 경우에는 블록체인 토큰과는 다른 특징을 갖고 있다. 바로 거래 플랫폼에 대한 강제성을 갖고 있다는 것인데, 포인트를 사용할 수 있는 조건 자체가 해당 플랫폼 안에서 혹은 매장 안에서만 이루어질 수 있기에 사용자는 해당 플랫폼, 매장에 대한 의존성, 강제성이 생기게 된다. 사실 이미 독자들이 알다시피 블록체인에서는 국가 간 경계를 초월하여 P2P로 서로 송금을 할 수 있고, 탈중앙거래소²에서 누군가의 제재 없이 편하게 거래도 할 수 있기에 플랫폼이 강제되는 포인트와는 큰 차이점이 있다.

초기에는 포인트란 자신의 결제 금액에 대해 일부를 혜택으로 받는 형태로 이루어졌었다. 가령 10,000원짜리 물건을 구매하고 나면, 1000포인트가량 적립이 이루어지는 것이다. 하지만 ○○페이, ○○머니 등 다양한 페이먼트 서비스가 등장하고 선불전자지급수단이 보급되면서 포인트라는 것이 재화와 사실상 거의 동일시되는 경향이 생겼다. 선불전자지급수단이란, 어떤 재화를 실제로 구매하기 전, 미리 이전이 가능한 금전적인 가치가 전자적 방법으로 발행된 증표 또는 그 증표에 관한 정보로써 가맹점에서 재화나 용역의 대가를 지불할 수 있는 전자금융거래법상의 지급결제 수단을 말한다. 예를 들어 카카오페이를 사용하여 카카오페이머니를 충전해서 직접 물품 대금을 결제하는 것뿐만 아니라, 주변 지인에게 카카오페이머니를 간편하게 송금도 할 수 있게 되었다.

포인트는 기술과 관련 법령이 개정됨에 따라 일상생활에서는 거의 화폐와 다름이 없이 사용할 수 있게 되었다. 즉 법정화폐에 대해 변하지 않은 가치를 갖는 전자화폐로 볼 수 있는데, 이는 블록체인에서 스테이블 코인과 비슷한 맥락을 가진다. 양쪽 다 가치를 갖고 있는 전자화폐로서 필요시에는 현금화하여 사용할 수도 있는 것이다. 이런 연유로 일각에서는 서비스에 블록체인과 토큰을 왜 도입을 해야 하는가, 포인트와 차이는 무엇인

---

2 DEX: 블록체인 위에서 운영되는 탈중앙화된 거래소

가 하는 등의 다양한 논란이 항상 쏟아지고 있다.

　정답부터 말하자면, 포인트는 중앙화된 주체로부터 발행되며, 만약 중앙화된 주체가 사기를 치거나 파산하게 되면 그 포인트는 무용지물이 된다. 가장 대표적인 사례가 바로 2021년 8월, 대한민국에서 발생했던 머지포인트 사태이다. 머지포인트는 대한민국의 할인 애플리케이션으로, 업체별 다양하게 존재하는 쿠폰 및 포인트를 하나로 통합하겠다는 목적을 가지고 있었다. 가맹점이 2만여 곳까지 늘어나며 승승장구를 하던 시점에 높은 수준의 할인율20% 상품을 무리하게 운영하다가 결국 모든 포인트를 소비자에게 상환하지 못하게 된 것이다.

　포인트는 이렇게 중앙화된 기업3의 의존도가 매우 크며, 어떤 식으로 포인트가 지급되고 사용되는지 기업만이 알 수 있기 때문에 투명성이 매우 낮다는 단점이 있다. 이에 반해 블록체인상의 토큰은 누가 누구한테 보내고, 어떻게 사용했는지 투명한 블록체인 장부상에서 누구나 들여다볼 수 있기 때문에 투명성이 보장되는 장점이 있으며, 특정 프로토콜에서만 사용되는 것이 강제되는 것이 아니라 토큰이 지원되는 다른 프로토콜에서도 사용할 수 있다. 이것이 바로 블록체인의 토큰과 포인트의 대표적인 차이점들이다.

　또한, 블록체인의 토큰은 프로토콜규약이 정한 규칙에 따라 누구나 기여를 통해 공정하게 보상을 얻어 갈 수 있다는 장점도 있다. 예를 들어 이더리움 네트워크의 밸리데이터가 되어서 이더리움 네트워크의 보안을 유지하는 대가로 ETH 토큰을 얻는다거나, 대표적인 탈중앙거래소인 유니스왑에 유동성 공급4을 한 대가로 UNI 토큰을 얻어갈 수 있다. 즉 쿠폰과 포인트와

3　머지포인트를 운영하는 머지플러스
4　거래가 원활히 될 수 있도록 사용자가 자신의 자금을 거래소에 유동성으로 제공하는 것. 뒤에서 더 자세히 살펴볼 예정이다.

26

비슷한 목적으로 사용자 및 기여자를 끌어모으기 위한 인센티브로도 사용될 수 있으며, 중앙화된 플랫폼에 의존하는 쿠폰, 포인트와 달리 이러한 시스템이 탈중앙화된 블록체인 네트워크에서 이루어진다고 볼 수 있다.

1-2 인센티브 경제의 시작

1) 플랫폼 산업의 등장

플랫폼Platform이란 단어는 중세 프랑스에서 평평함을 의미하는 Plat과 형상을 나타내는 form의 합성어에서 유래되었다. 하나의 공간을 지칭하는 말로서 사전적으로는 지하철의 승차장, 기차역에서 기차를 기다리는 공간을 의미하기도 한다. 승차장에서는 전철을 타기 위해서 모여든 사람들이 있고, 저마다 조금씩은 다르지만 열차를 타기 위한 목적으로 플랫폼에 모여들었다. 몇몇 플랫폼에서는 기차를 기다리기 위한 의자를 두거나 별도의 내부 시설을 구축하기도 하였으며, 사람들이 요깃거리를 할 수 있는 편의점도 준비가 되어 있기도 하다. 플랫폼에는 열차를 타기 위한 사람만 있는 것이 아니다. 열차를 타기 전, 사람들의 안전을 책임지는 안전요원들도 열차가 오기 전 자리에서 사람들을 보호하고 있고, 선로의 방향을 변경하는 철도관제사도 보이지는 않지만 제 역할을 수행하고 있다. 안전요원, 철도관제사뿐만 아니라 청소부원, 기계설비 담당자까지 생각한다면 플랫폼에는 정말 다양한 사람들이 존재하고, 이들이 영위할 수 있는 수많은 시설들이 있다고 할 수 있을 것이다.

오늘날 플랫폼은 물리적으로 모여 있는 공간을 초월한 디지털상에서의 무형의 공간을 만들어 낸다. 플랫폼에는 하나의 주제 아래에 비슷한 목적을 가진 사람들이 모이게 된다. 예를 들어 영상을 보고 싶은 사람들이 모여들었다고 생각하자. 이게 열차 플랫폼이라고 생각한다면, 열차에 태울 수 있는 승객 수와 플랫폼의 물리적인 공간에 따라 모일 수 있는 사람들이 한계가 있을 것이다. 하지만 온라인상에서는 사실상 거의 제약이 없을 정도로 수많은 사람이 모일 수 있다. 물론 서버가 받쳐 줘야 하지만 오늘날에 영상을 보는 사람들을 담아낸 플랫폼에는 유튜브^{Youtube}, 틱톡^{Tiktok}과 같은 서비스들이 있다. 유튜브에는 영상을 보는 사람만이 존재하는 것이 아니라, 영상을 올리는 유튜버, 영상을 검열하는 오퍼레이션팀, 유튜브 유저를 대상으로 광고를 넣는 광고주들까지 다양한 이해관계자들이 모여 있다. 기차 플랫폼은 처음에는 기차를 기다리고, 기차를 타는 것 정도의 서비스를 제공하였다. 그렇지만 점점 편의점도 넣고, TV가 나오는 쉼터도 제공하는 형태로 부가 서비스를 제공하고 있다. 이와 비슷하게 처음에는 영상을 보는 것에서 출발하였던 유튜브도 이제는 사람들과 글로 소통할 수 있는 커뮤니티를 추가하고, 실시간 방송을 통해서 유튜버에게 기부도 할 수 있는 슈퍼챗이 추가되는 등 다양한 부가 서비스를 제공하고 있다.

우리는 현재 디지털 플랫폼 내에 살고 있다고 해도 과언이 아닐 정도로 많은 시간을 다양한 애플리케이션에 쏟고 있다. 대부분의 사람은 친구들과 소통하기 위해 인스타그램, 페이스북, 카카오톡을 켜고, 커뮤니티 활동을 하기 위해 트위터, 레딧 등을 사용하며, 여가를 보내기 위해 유튜브 영상 시청을 한다. 수많은 사용자는 어떻게 디지털 플랫폼에 모일 수 있었을까? 바로 네트워크 효과 때문이다.

왜 사람들은 플랫폼에 몰려들까? 먼저 그 질문에 답을 하기 전에, 플랫폼을 사용하는 자기 자신에게 물어보자. 나는 유튜버, 틱톡을 왜 보고 있는가? 우선 재미있기 때문이 있을 것이고, 다른 것은 정보 습득의 이유도 있을 것이다. 플랫폼을 사용하면서 재미를 느낄 수 있었고, 정보 습득이라는 좋은 작용이 있기에 사용자는 플랫폼을 사용하지 않을 이유가 없는 것이다. 유튜버들도 유저들과 소통하는 것이 좋고 이에 따라 수익 창출하여 경제적인 이득도 가져갈 수 있으니 영상을 올리려는 것이다. 광고주의 경우는 정확한 타깃을 통해서 광고 효과를 누릴 수 있으니 만족감을 가져갈 수 있다.

유튜브는 왜 이런 플랫폼을 만들었을까? 시청자와 유튜버, 광고주들이 만들어 내는 일련의 데이터들은 유튜브의 서버에서 기록되고 관리되는데, 이러한 데이터는 네트워크 효과를 이루게 되고 이를 이용하여 유튜브는 더 큰 가치를 만들어 나가고 있다. 쉽게 말해서 사람의 행동 양식에 대해서는 많은 사람이 플랫폼에 모여 네트워크 효과를 이루게 되는 것이다. 네트워크 효과라는 것은 얼핏 들으면 뜬구름 잡는 얘기라고 생각하는 독자도 있을지 모르겠다. 대부분의 사람이 생각할 수 있는 광고 비즈니스만 보더라도 네트워크 효과는 사업성이 입증되었다. 많은 사람이 모여서 만들어 낸 네트워크는 무섭게도 자신의 직업, 좋아하는 음식, 성별 등을 높은 정확도로 맞춰 낸다. 이에 따라 사람에 대한 선호도가 생기고 이를 바탕으로 광고를 운영하게 되면, 광고를 요청한 기업은 비용 대비 높은 광고 효과를 갖게 된다.

2) 플랫폼 산업과 인센티브

플랫폼 산업이 확장하면서 영상, 교통, 음식 등의 기초적인 분야에서뿐만 아니라, 다양한 분야에서 플랫폼이 나오기 시작하였다. 플랫폼 산업이 표준으로 자리 잡혀 가면서 플랫폼 산업에서는 한 가지 고민이 있었다. 이용자들에게 어떻게 적절하게 보상을 할 건지에 대한 내용이었다. 유튜브의 경우 조회 수에 따라 유튜버들에게 보상을 지급하게 된다. 틱톡도 2022년 상반기가 돼서야 영상 플랫폼에서 틱톡커에게 영상의 반응에 대해 지급하는 구조를 도입하기 시작하였다. 틱톡커들이 다양하고 개성 있는 영상을 많이 올리고 원활하게 활동하기 위해서는 이를 뒷받침해 줄 적절한 필터들이 많이 생성돼야 하는데, 이를 위해서 최근에는 이펙터하우스를 도입하여 필터를 제작하는 디자이너들에게도 인센티브를 주는 정책이 도입되었다. 이에 따라 디자이더들은 필터를 제작하게 되면 필터의 사용량, 제작된 영상, 반응 정도에 따라 틱톡 지갑으로 정산을 받게 된다. 인센티브 시스템이 도입되면서 틱톡이란 플랫폼에 모인 생태계 참여자들은 더욱 유입될 것이고, 유튜브와 같이 점점 더 확산될 것으로 예측된다.

플랫폼 산업에서 주게 되는 인센티브가 도대체 어느 정도여야 적절한지에 대해서는 앞으로도 계속 논쟁거리가 될 것이다. 특히 초기 플랫폼일수록 참여자의 반응에 대한 보상에 대한 고민을 하게 되는데, 인센티브 지급에 대한 네트워크의 성장을 고려해서 신중하게 보상해 주어야 하는 제도임을 명심해야 한다.

3) 플랫폼의 중앙화 구조

그렇다면 유튜브와 틱톡이 과연 인센티브 제도를 잘 운영하고 있다고 말할 수 있을까. 유튜브와 틱톡에서 활동하는 유저들은 자신이 만들어 낸 가치만큼 잘 받아가고 있을까. 사실 이 플랫폼이 없었다면 수익을 벌 수 없었을 테니 가치가 사라진다고 생각하는 사람이 있기도 하다. 맞는 말이지만, 과연 자신이 벌어들이는 수익 대비 자신이 정당한 대가를 받고 있는지 냉철하게 본다면 그렇지 않을 것이다. 대부분 네트워크 효과로 발생한 플랫폼의 가치는 플랫폼이 가져가기 때문이다. 이는 태생적으로 플랫폼이 가진 중앙화라는 특성이 있기 때문인데, 유튜브, 틱톡 알고리즘을 유저들이 알지 못한다는 점과 이를 공개하지 않는다는 점만 보더라도 플랫폼은 중앙화되어 있다.

인스타그램, 알고리즘 폐지…'최신순' 피드만 제공

CBS노컷뉴스 장성주 기자 ⊠ | 2021·12·09 11:06   🎧 뉴스듣기   💬 0   ☑ 3   가 🖨

▌ 사회적 혼란·청소년 건강에 유해 콘텐츠 노출 비판

전 세계에서 가장 큰 SNS 플랫폼인 인스타그램의 경우, 2022년에 기존 진행되어 오던 추천 알고리즘을 폐지하는 선택을 진행하였다. 과연 유저들이 원하던 결과였는지는 모르는 일이다. 당시 인스타그램 CEO 아담 모세리의 발표 이후, 인스타그램 플랫폼에서는 이를 매개로 생업을 하고 있는 이들을 위주로 두려움의 분위기가 있었다. 중앙화된 단체에 의해 원

하지 않은 결과를 얻게 되고 손실에 대한 두려움을 갖게 된 건 운영자가 아니라 다름 아닌 유저였다. 인스타그램을 통해서 사업을 영위하고 있었던 유저의 경우에는 이러한 알고리즘의 변화에 따라 사업이 위태로워질 수 있고 매출이 급감할 수 있는 것이다. 이는 모두 거버넌스가 일부 단체에 의해 중앙화되었기에 벌어진 것이라고 말할 수 있다.

만약 분명 유저 모두가 발언권을 갖고 투표를 진행한다면 결과가 똑같았을까? 그렇기에 플랫폼에서 부재된 거버넌스의 기능의 필요성이 더 절실하게 느껴진다. 내가 오늘내일 언제 실직자로 내몰리게 될지 모르니 말이다. 물론 유저의 이해관계를 완벽하게 배제한 선택을 내리는 멍청한 운영진은 없을 것이다. 그것이 자신에게 더 좋지 않은 선택이기 때문이다. 하지만 과연 그 선택이 일어나지 않으리라고 누구도 장담할 수 없다. 하루 아침에 유튜브의 인센티브 정책이 사라지는 것은 커뮤니티의 역할이 아닌 유튜브 운영진의 역할이기 때문이다. 다만 그 선택이 일부 중앙화된 단체가 아니라 커뮤니티 전체의 의견을 통해서 진행되는 것이라면, 모두가 거의 믿어 의심치 않고 유지될 수 있을 것이라 생각할 것이다. 또한, 사라지더라도 커뮤니티가 동의하여 내린 결정이므로 커뮤니티에서는 불만이 없을 것이다.

데이터 주권의 관점에서 살펴보자. 어떤 사람 A가 R이라는 콘텐츠를 소비하면, R이라는 콘텐츠를 A라는 사람이 보았다는 기록이 저장된다. R이라는 콘텐츠를 소비한 사람이 T라는 콘텐츠를 소비하는 경향이 있다고 한다면 A라는 사람에게는 콘텐츠 T가 추천되게 되는 간단한 추천 과정을 생각해 보자. 대다수 플랫폼에서는 이러한 데이터를 활용하여 광고주에게 광고 상품을 판매하는 것이 일반적인 비즈니스 수단으로 자리 잡게 되었다. 하지만 데이터를 제공해 준 유저는 플랫폼이 자신의 개인적인 정보를 활용하여 돈을 벌지만 유저가 실제로 받게 되는 인센티브는 거의 없는 경우가 많다. 자신이 플랫폼에서 열성적으로 활동을 하면서 쌓게 된 데이터를 기반으로 플랫폼이 밑거름이 돼서 성장을 하여도 상승한 플랫폼의 가치는 플랫폼이 가져가는 구조인 것이다. 플랫폼 개발팀만큼 플랫폼을 성장시킨 주역은 플랫폼을 기반으로 열성적으로 활동하고 있는 커뮤니티, 사람들이다. 사람이 없는 플랫폼은 사실 껍데기와 다를 바가 없다. 이러한 사람, 구성원, 커뮤니티에 중심되어 구성된 서비스, 플랫폼, 프로토콜을 생각하는 것이 블록체인의 주요 철학이라고 생각할 수 있다.

블록체인의 등장

TOKENOMICS

블록체인의 등장

화폐란 무엇인가

토크노믹스와 플랫폼은 앞서 설명했듯이 오래전부터 존재해 온 개념이었다. 하지만 왜 지금 와서 블록체인과 함께 토크노믹스와 플랫폼이 다시 화두에 오르고 있는 것일까? 이를 알기 위해서는 블록체인에 대해서 먼저 알아야 할 것이고, 블록체인에 대해 알기 위해서는 모든 것의 시작점이었던 비트코인의 탄생을 필수적으로 알아야 할 것이다. 'P2P 전자 화폐 시스템P2P Electronic Cash System'. 비트코인의 창시자인 사토시 나카모토가 백서에서 자신의 발명품을 지칭한 용어이다. 사토시 나카모토는 궁극적으로 정부의 발권력으로부터 자유로운 '화폐'를 만들고자 했다. 사토시 나카모토는 왜 새로운 화폐를 만들고자 했을까? 이를 이해해 보기 위해 먼저 화폐란 도대체 무엇인지 확실히 짚고 넘어가고자 한다.

1) 화폐의 특성

생산성이 발전하여 잉여 생산물이 생기자 인류는 시간과 공간을 초월하여 가치를 전달할 수 있는 방법을 찾아 나섰다. 가장 최초의 방식은 서로 다른 생산물을 직접적으로 교환하는 물물교환 방식이었다. 하지만 인구와 잉여 생산물이 증가함에 따라 거래 시장이 확장될수록 물물교환 방식에만 의존하여 거래를 하는 것이 힘들어졌다. 무엇보다도 가장 큰 문제는 사람들 간의 욕망이 불일치한다는 점이었다. 규모, 장소, 시점에 대해서 모든 사람들의 욕망이 상이했기에 거래되는 재화에 대해 정확한 합의점을 찾는 것이 어려웠다. 여기서의 합의점이란, 동일한 물건에 대한 누구나 인정하는 그 물건의 가치를 말한다. 예를 들어 서로 1km 떨어진 곳에 사는 A와 B가 서로 사과와 돼지를 교환한다고 가정해 보자. 이때 A와 B는 과연 사과 몇 개와 돼지 몇 마리를 교환해야 할까? 돼지 1마리에 대한 사과의 개수에 대한 합의점이 필요한 부분이다. 대규모 거래를 생각해 보자. 기술이 발달하지 않았던 옛날에 돼지 100마리 혹은 사과 수천 개를 옮기는 것이 가능할까? 사실상 거의 불가능에 가까우며, 가능하더라도 굉장한 비효율이 뒤따랐을 것이다.

이처럼 물물교환 체계에서는 거래의 규모가 확장됨에 따라 명확한 한계가 뒤따르게 되었다. 돼지와 사과 수백 수천 개를 옮기는 것은 그렇다 치더라도 그것을 교환하는 장소를 선정하는 것 역시 어려웠다. 차라리 사람이 사과가 있는 공간, 돼지가 있는 공간으로 거주지를 이동하는 게 더 편하였을지도 모른다. 그리고 언제 거래를 이루어야 하는 것일까? 돼지에게는 수명이 있고, 사과는 시간이 지나면 썩기에 가치가 영원히 보장되지도 않는다. 이렇게 서로 다른 상황과 입장을 거래할 때마다 합의하는 것은 매우 비효율적이고 시장의 규모가 커지면서 불가능한 일이 되었다.

그렇게 해서 간접 교환 방식이 탄생하게 되었다. 간접 교환 방식은 모든 사람이 단일한 매개물로 재화를 교환하는 것으로, 많은 사람에게 널리 인정받는 매개물이 된 재화가 화폐의 역할을 수행하게 되었다. 지금까지 인류 역사가 흘러오면서 각기 다른 시대 및 장소에서 매우 다양한 재화가 화폐로 사용되었다. '무엇이 화폐이다'라고 정의 내리는 것은 어렵지만, 현대 경제학에서는 일반적으로 다음 세 요소를 화폐의 대표적 기능으로 뽑는다. 이후 비트코인이 갖는 의의를 곱씹어 이해하기 위해서 이 세 가지 요소를 잘 기억해 두길 바란다.

첫 번째로, 화폐는 교환 매개로써 사용된다. 간접 교환 방식 아래에 서로 다른 두 재화를 교환할 때 화폐는 매개물 역할을 한다. 화폐를 통해 사람은 더 이상 직접 서로 교환을 이루지 않아도 않게 된다. 조개껍데기를 화폐로 사용하는 조개나라에 사는 A와 B가 사과와 돼지를 직접 교환할 필요가 없어진다. A는 자신의 사과 1,000개를 조개껍데기 10,000개와 교환하고, 이후 돼지가 필요해질 때 조개껍데기 10,000개로 돼지 한 마리를 구매하면 된다. 여기서 중요한 점은 A와 B가 더 이상 직접 만나 거래를 할 필요가 없어졌다는 점이다. 오스트리아 학파를 창시하고 한계효용 이론을 제창한 경제학자 카를 맹거^{Carl Menger}는 교환 매개로써 선택된 재화의 핵심 특성으로 판매 가능성을 뽑았다. 판매 가능성은 원할 때면 언제든 최소한의 가치 손실로 시장에서 손쉽게 팔 수 있는 성질이다. 장소, 시간, 규모에 상관 없이 언제든 자신이 원하는 재화와 교환할 수 있어야 화폐로서 인정받을 수 있다. 내 사과를 팔아 조개껍데기 10,000개를 얻었지만, 이후에 그 껍데기를 다른 것으로 바꿀 수가 없다면 그저 쓰레기를 얻게 된 것뿐일 것이다.

두 번째로, 화폐는 가치 저장의 수단으로써 역할을 수행한다. 즉 시간이 지나도 가치가 그대로 유지돼야 한다. 어떤 재화가 시간이 지나도 일정한 가치를 유지하기 위해서는 공급량이 지나치게 증가하면 안 된다. 어떤 재화를 새로 생산해 내기 어려울수록 해당 재화는 가치가 떨어질 가능성이 작아지며 좋은 화폐가 된다. 일반적으로 새로 생산해 내기 어려울수록 경화hard money, 그리고 쉬울수록 연화soft money의 특성을 갖는다고 말한다. 어느 재화의 화폐로서의 견고함을 판단하기 위해서는 저량/유량 비율stock to flow ratio을 따져 보면 된다. 저량stock은 현재 시점에서 존재하는 재화의 총량을 의미한다. 그리고 유량flow는 일정 기간 동안 추가되는 재화의 공급량이라고 생각하면 된다. 저량/유량 비율이 높을수록 해당 재화는 새로운 공급이 늘어나는 비율이 적다는 뜻이 되고 좋은 화폐가 될 가능성이 높다. 저량/유량 비율은 화폐가 시간이 지나도 가치를 유지할 수 있는 가능성을 평가하는 가장 중요한 척도이다. 옛날 원시시대 때 조개껍데기나 동물의 이빨 따위가 화폐로 사용되었다는 것은 들어보았을 것이다. 그 시절에 이러한 재화가 화폐가 될 수 있던 이유는 그만큼 구하기 어려웠기 때문이다. 하지만 지금은 어린아이도 바닷가에 가면 조개껍데기를 주울 수 있게 되었고, 그 누구도 조개껍데기를 화폐로 사용하지 않는다. 이 저량/유량 비율이 높게만 유지된다면 어느 것이든 화폐로 사용될 수 있다. 모두 한 번쯤은 외국 범죄 영화 및 드라마를 보면서 교도소에서 담배가 화폐처럼 사용되는 장면을 본 적이 있을 것이다. 교도소 안에서는 담배를 구하기 매우 어렵기 때문에 종종 화폐처럼 사용되기도 하는데, 화폐의 저량/유량 비율과 매우 밀접한 관련을 맺고 있는 현상이라고 할 수 있다.

마지막으로 화폐는 가치 평가의 척도가 된다. 화폐라는 개념이 생기고 나서야 비로소 인류는 경제적 이익과 손실을 일정한 기준을 근거로 계산할 수 있게 되었다. 인류는 모든 것을 수치화하여 생각하려는 경향이 있는

데, 화폐가 없었다면 가장 기본적인 행위 하나에도 상대적인 가치를 평가하기 어려웠을 것이다. 하지만 자신의 선택에 가치를 매길 수 있게 됨으로써 인류는 각기 다른 선택을 하게 되고, 모든 것을 현재 만족을 위해 소비하는 것이 아니라 투자하게 되고, 더 나은 가치를 얻기 위해 기술을 발전시키게 된다. 이렇게 인류는 삶을 더 장기적인 관점에서 바라볼 수 있게 되었고 정교화시키게 된다. 인류 최대의 발견을 불이라고 보통 말하는데, 그에 못지 않게 화폐 또한 중요한 발견이라고 해도 과언이 아니다.

여기서 중요한 점은, 화폐가 기술의 발전에 따라 계속해서 변화해 왔다는 것이다. 기술의 발전에 따라 앞서 언급한 저량/유량 비율이 변화함에 따라 화폐의 지위는 다양한 물건으로 이동해 왔다. 그럼 이제부터 조개껍데기에서부터 소금, 소, 그리고 금과 은 같은 금속 화폐, 그리고 정부의 주도하에 관리 및 발행되는 명목 화폐까지, 화폐가 지금까지 거쳐온 역사를 간단하게 살펴보도록 하자.

2) 원시 화폐

원시시대 때는 다양한 지정학적 특징을 갖는 사회들이 각기 다른 재화를 화폐로써 사용했다. 돌, 조개껍데기, 구슬, 동물 이빨에 이르기까지 정말 다양한 재화가 화폐로 사용되었다는 것이 각종 문화유산을 통해 확인되고 있다. 하지만 모두 기술이 발전하여 저량/유량 비율이 높아짐에 따라 화폐의 지위를 자연스레 잃게 되었다. 예를 들어 남태평양의 야프 아일랜드[Yap Island]에서는 비교적 최근인 20세기 초반까지도 라이[Rai]라고 불리는 가운데에 큰 구멍이 뚫린 석회암 원반을 화폐로 사용했었다. 야프 아일랜드에서는 석회암이 나오지 않았기에 주변에 있는 괌 혹은 팔라우섬으로부터 라이를 들고올 수밖에 없었다. 이는 화폐로써 저량/우량 비율을 잘 유지할 수 있었음을 의미한다. 또한, 라이는 매우 커다란 돌이었기에 직접 교환하는 것이 아니라, 같은 장소에 그대로 박혀 있는 라이에 대한 소유권만 사회 구성원 간의 감시 및 합의로 이전시켰다는 재미있는 점이 있다. 예를 들어 A가 B에게 집을 팔았다면, 모든 사회 구성원이 A의 소유라고 여기는 마을 한가운데 야자나무 옆에 있는 커다란 라이를 A가 '오늘부터 이 돌은 B의 것!'이라고 사회 구성원들에게 선언하는 방식이다. 어째 됐든 라이는 꽤나 오랫동안 화폐로써 역할을 수행해 왔다.

　하지만 라이는 1871년 아일랜드계 미국인 선장 데이비드 오키프가 야프섬 근처에서 조난을 당했다가 구출된 이후 화폐로서 지위를 잃게 되었다. 어떻게 선장 한 명이 한 사회의 화폐 시스템을 박살낼 수 있었던 것일까? 데이비드 오키프는 야프섬에 대량의 코코넛을 사서 코코넛 오일 제조업자에게 파는 장사를 하고 싶어했지만, 야프섬 원주민들은 외국 화폐를 받고 싶지 않아 했고, 그에게 코코넛을 팔지 않았다. 라이 이외에는 받지 않을 정도로 라이는 야프섬에 뿌리 깊게 자리 잡은 화폐였던 것이다. 하지만 오키프는 라이가 야프섬에서 화폐처럼 사용된다는 사실을 알아차리고, 이후 홍콩으로 항해하여 폭약과 현대식 도구를 구하고 이후 팔라우섬에 가서 석회암을 채석하여 엄청난 양의 라이를 '제작'해 왔다. 갑자기 엄청난 양의 라이가 섬 내에 유통되게 되자, 라이는 이내 신뢰와 가치를 잃어버리게 되었다. 야프섬 원주민들은 라이를 받기를 꺼리게 되고, 결국 촌장은 오키프가 들고 온 라이가 아무런 가치가 없다고 선언하고 이를 받는 것을 금지한다. 결국 라이는 역사 속 유물로 전락하게 되어 버린다. 현대 기술이 도입되어 라이의 새로운 공급이 과도하게 증가하면서 저량/유량 비율이 낮아져 경화에서 연화가 되었다는 점을 확인해 두길 바란다.

남태평양 야프 아일랜드에서 사용된 석화암 원반 모양의 화폐

이외에도 소와 소금 등도 화폐로 사용된 기록이 있다. 오늘날 금전을 뜻하는 영어 단어 pecuniary는 소를 뜻하는 라틴어 pecus에서 파생되었고, 봉급을 뜻하는 salary 또한 소금을 뜻하는 라틴어 sal에 그 뿌리를 두고 있다. 이외에도 다양한 재화가 화폐로 사용되었지만, 시간이 흘러 기술이 발전함에 따라 저량/유량 비율이 급락함에 따라 경화에서 연화로 바뀌

블록체인의 등장

어 화폐로서의 지위를 잃게 됐다. 그리하여 자연스럽게 세계 다수 국가의 화폐는 금과 은과 같은 금속 화폐로 수렴되어 간다.

3) 금속 화폐

처음에는 무게에 따라 교환이 이루어지다가, 이후 시간이 지나며 금속을 주조하는 기술이 발전함에 따라 각 사회별로 무게와 금속 함유량, 그리고 모양을 규격화시키는 움직임이 발생하게 되었다. 금속 화폐가 규격화됨에 따라 사회 구성원들은 일관된 기준하에 보다 원활한 경제 활동을 할 수 있게 되었다. 금속 화폐는 어떻게 화폐로서의 지위를 챙기게 되었을까? 우선 금속 화폐는 이전의 화폐들에 비해 뛰어난 판매 가능성을 갖는다. 금속은 무게와 부피와 비례했을 때 가치가 높아 보관과 이동이 상대적으로 편리해 공간적 판매 가능성이 높다. 그리고 쉽게 부패되거나 파괴되지 않아 시간에 구애받지 않는 판매 가능성을 가질 수 있다. 두 번째로, 금속은 새로운 생산이 어렵기 때문에 시간이 지나도 가치가 유지될 가능성이 크다. 세 번째로, 규격화가 이루어짐에 따라 보다 나은 가치 평가의 척도로 거듭날 수 있었다. 금속 화폐가 등장한 초창기에는 금, 은, 동 등 각기 다른 금속들이 유통되었지만, 너무 많은 금속이 따로 상호 연관되어 유통되다 보니 각 금속의 수요와 공급이 변함에 따라 가치의 변동성이 너무 커지는 문제점이 있었다. 각 금속의 수요와 공급의 변화에 따라 결국 가장 우월한 금이 실질적인 금속 화폐의 자리를 차지하게 된다.

왜 많고 많은 금속 중에서도 금이었을까? 우선 은은 금과 달리 녹이 슬어 시간에 따른 가치 저장 기능성이 낮았고, 금보다 새로 생산되는 양이 훨씬 많아 연간 생산량 대비 기존 비축량이 적었다. 즉 은은 금에 비해 훨씬 흔했고 자연스레 금에게 주도권을 빼앗겼다. 여담이지만, 20세기에 중국과 인도가 서구에 비해 발전하지 못한 이유는, 서구와 달리 은을 주 금속 화폐로 채택한 두 국가가 은이 금에게 주도권을 빼앗긴 이후 부가 모두 서구에 유출되었기 때문이라는 분석도 존재한다. 여타 금속들과는 달리 금은 가치 저장의 수단으로써 압도적으로 높은 경쟁 우위를 가졌다.

어떤 재화든 화폐가 되기 위해서는 해결해야 하는 패러독스가 있다. 어떤 재화가 화폐가 되면 당연히 그 재화에 대한 수요가 크게 증가하게 된다. 즉 모든 사람이 해당 재화를 생산하려고 들 것이다. 하지만 만약 모두가 해당 재화를 생산해 생산량이 너무 크게 증가해 버리면 해당 재화의 가치가 떨어져 화폐의 지위를 잃게 된다. 화폐가 되었기 때문에 화폐가 되어 버릴 수 없는 것이다. 즉 가장 중요한 것은, 가치 저장 수단으로써 수요가 늘면 가격이 올라가야 하는 한편, 이 가격이 크게 떨어질 만큼 공급이 증가할 수 없는 제약 조건이 존재해야만 한다는 점이다. 앞서 언급한 금속 화폐 이전의 화폐는 모두 이 난제를 풀지 못했다고 할 수 있다. 현재까지 이 난제를 완벽하게는 아닐지라도 최선으로 해결한 재화는 금밖에 없었다. 금의 전체 비축량 증가율은 지난 70년간 매년 1.5% 전후 수준을 유지했고 한번도 2%를 넘은 적이 없다. 만약 올해 금 생산량이 2배가 되었다고 해서 금의 가격이 급락할까? 생산량이 2배가 되어 봤자 전체 비축량의 증가율이 1.5%에서 3%로 증가한 것에 불가하다. 금의 새로운 생산량은 이미 존재하는 비축량에 비해 매우 적은 수준을 유지하기에 매우 높은 저량/유량 비율을 갖는다고 할 수 있다. 다른 그 어떤 재화와 비교했을 때 금의 저량/유량 비율이 얼만큼 압도적인지는 아래 그래프를 보면 확인해 볼 수 있다.

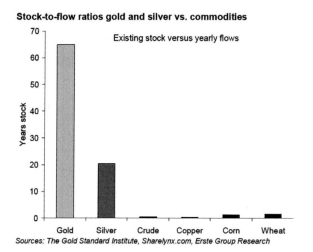

Stock-to-flow ratios gold and silver vs. commodities

Existing stock versus yearly flows

Sources: The Gold Standard Institute, Sharelynx.com, Erste Group Research

출처: https://www.kitco.com/ind/Lewis/20120803.html

　하지만 금도 완벽한 화폐는 아니었다. 거래를 할 때마다 금을 이동시키는 것은 매우 불편하였고, 이런 단점은 특히 대규모 거래일수록 두드러졌다. 또한, 도난 및 분실 등의 리스크도 항상 짊어져야 했다. 우리가 어렸을 적부터 많이 봐 오던 서부 시대의 갱단 그리고 해적들, 이들 모두 거래를 위해 이동하는 금을 노리는 자들이었다. 또한, 금을 직접 주고받으며 거래를 진행하면 결제 이후 금의 무게 및 함유량을 직접 확인해야 하는데, 이것 또한 많은 공수가 들어가는 작업이었다.

　하지만 1837년에 처음으로 전신과 철도망이 상용화되는 등 이동 및 통신 수단이 발전하면서 금고의 계정 처리만 진행하는 현대식 결제 방식이 점차 수용되기 시작한다. 직접 금을 주고받는 것이 아니라 금고에 보관된 금 및 은으로 가치를 보장받는 어음 수표 보관증과 같은 지폐와 수표가 널리 사용되게 되었고, 국가들이 하나둘씩 지폐를 기준통화로 받아들이기 시작한다. 이에 사람들은 자신의 재산은 금고 안에 안전하게 보관해 둔 채

45

보관된 재산에 대한 권리를 나타내는 보관증만을 교환하며 편하게 거래를 진행할 수 있게 되었디. 금에 의해 가치가 보장되는 지폐를 화폐로 사용한다는 이 아이디어가 바로 금본위제의 시작점이었다. 1717년에 영국의 재무부 장관을 맡은 아이작 뉴턴의 주도로 최초의 현대식 금본위제가 제정된 이후 다른 유럽 국가들도 이를 따르는 추세가 만들어졌다. 더 많은 국가가 금본위제를 선택하면서 금에 대한 네트워크 효과가 커져 갔고 금은 더 널리 수용되게 된다. 19세기에 많은 국가가 금본위제를 사용하여 동일한 기준으로 가치를 평가하게 되면서 자유 무역이 활발해졌고 경제가 인류 역사상 가장 큰 수준으로 발전하게 되었다. 하지만 금본위제에도 단점이 존재했다. 금은 물리적인 한계 때문에 실물 보유고를 몇몇 장소에 집중해야 했고, 결국 정부가 장악하기 쉬운 형태가 되었다. 이에 따라 국가들은 자국이 보유하고 있는 금 총량을 넘어 교환 매개를 발행하였다.

이러한 금본위제의 단점이 본격적으로 드러난 계기는 1914년에 발발한 세계 1차 대전이었다. 금본위제는 몇 년간 금을 기준으로 통제 가능한 선안에서 유지가 되었지만, 1914년에 세계 1차 대전이 발발하면서 무너져 내리기 시작한다. 전례 없는 큰 규모로 벌어진 전쟁을 거치면서 대부분의 국가가 금본위제를 버리고 정부가 발행하는 명목 화폐를 채택하기 시작했으며, 1930년대까지 온전히 금본위제를 유지한 국가는 중립국인 스웨덴과 스위스뿐이었다. 세계대전과 금본위제의 폐지는 어떤 연관성을 갖고 있는 것일까? 기존 금본위제 아래에서 국가들은 자국 화폐에 대한 지급준비금으로 보통 금이나 다른 나라의 명목 화폐를 보유하고 있었다. 국가정부가 금 보유고를 직접 통제했고, 국민은 금 보관증과도 같았던 지폐를 교환함으로써 경제 활동을 영위했다. 그리고 국민은 언제든지 지폐를 정부에 들고 가서 금으로 교환할 수 있었는데, 이러한 특성을 금태환성이라고 한다. 전쟁이 발발된 이후에 대다수의 참전국은 공통된 고충을 겪게 된다. 전쟁에 참여한 이상 이겨야 하는데, 이기기 위해선 막대한 자본이 필요했다. 기존에 정부가 자본을 축적하는 방법은 국민으로부터 세금을 징수하거나 국채를 발행해 돈을 빌리는 것뿐이었다. 하지만 이것만으로는 대형 스케일의 전쟁을 버텨 내는 것이 불가능했다. 이에 대다수의 참전국이 금태환을 정지함으로써 사실상 금본위제에서 이탈하기 시작한다. 금태환성이 없어진 후 정부에게 국민이 요청 시 금을 돌려주기 위한 지급 준비금을 마련한 의무가 사라지자, 정부는 무한정으로 화폐를 찍어 낼 수 있게된다. 이렇게 너나 나나 모두 세계 1차 대전에서 승리하기 위해 무차별적으로 화폐를 찍어 내 세금 징수액과 채권 발행액의 합계를 훨씬 초월한 부를 전쟁에 투입할 수 있게 된다. 역사상 한번도 발생한 적이 없는 전 세계적인 전쟁이었던 세계 1차 대전의 발발이 가능했던 이유에 대해서 많은 이가 고도화된 기술을 들긴 하지만, 이에 못지 않게 중요한 요인이 바로 정부가 가진 제한 없는 화폐 발권력이었다. 유럽 국가들은 자국 화폐 가치를 계속 떨어뜨리는 인플레이션으로 전쟁 자금을 수혈함으로써 1918년 11월 결국 미국이 개입해 종전되기 전까지 버텨온 것이다.

4) 명목 화폐

1차 세계대전 동안 정신없이 화폐를 발행하며 이미 건널 수 없는 강을 건넌 참전국들이 다시 전쟁 이전으로 돌아가는 것은 불가능한 일이었다. 실제로 1930년대까지 금본위제를 지킨 나라는 중립국 스위스와 스웨덴뿐이었다. 사실상 이미 진정한 의미의 금본위제는 끝나 버린 것이다. 금 보유량은 거의 그대로인데 화폐량이 증가했다면 자국 화폐의 가치가 금 대비 떨어지는 것이 자연스럽다. 하지만 실제로 이러한 사실을 인정하는 것은 정치적 그리고 사회적 이유로 각국 정부에게 쉽지 않은 일이었다. 크게 두 가지 이유가 존재한다. 공정 시장 기준으로 가치를 측정하면 자국 화폐 가치가 매우 낮아져 버려 정권 지지율의 급락을 감수해야 했다. 그리고 정상적인 환율로 돌아가면 시민은 어디에나 널려 있는 금 보관증보다 금을 보유하려고 할 것이고, 제대로 가치를 쳐 주는 국가로 자본이 빠져나갈 수밖에 없었다. 따라서 각국 정부는 금과 자국 화폐 간의 환율을 조정하지 않았고 이때부터 화폐의 가치, 공급, 이자율을 계획하기 시작했다. 또한, 자국 화폐만 사용하도록 중앙은행이 강제하였다. 자연스러운 조정을 거쳤어야 하는 화폐의 가치를 정부가 억지로 틀어막은 것과 마찬가지이다. 이때 세계 경제는 많은 어려움을 겪었으며, 각자 자국 화폐의 가치를 지키기 위한 분쟁의 연속이었다. 일부 사람들은 금본위제를 당시 세계 경제 고난의 어려움으로 뽑는다. 하지만 문제는 금본위제 그 자체가 아니라 1차 세계대전 이전의 금본위제로 복귀하려고 한 것에 있다.

이후 전 세계는 1922년 열린 제노바 회의에서 달러와 파운드를 금에 준하는 준비통화로 합의하였다. 이후 1929년 대공황이 발생한 후, 미국은 국민이 달러를 들고 오면 금으로 바꿔 주는 금태환제를 금지시켰다. 당시 프랭클린 루스벨트 대통령은 금 국유화 조치를 단행하여 미국 국민이 소유하던 금을 모두 몰수했다. 미국 국민들은 공식적으로 달러만을 사용할 수 있게 된 것이다. 심지어 금을 동전이나 금괴 형태로 보유하다가 적발되면 최고 1만 달러의 벌금 혹은 징역형에 처해지는 법도 존재했다. 그렇게 달러와 파운드를 중심으로 세계 경제가 흘러가기 시작하던 도중 2차 세계 대전이 발발했다. 2차 세계대전이 끝난 이후 강건했던 미국을 제외하고 거의 대부분의 나라가 경제에 심각한 타격을 입고 자국 화폐의 가치를 유지하는 것이 거의 불가능한 상황이었다. 이후 1944년 뉴햄프셔주의 브레턴우즈에 44개국이 모여 국제 무역 체제를 어떻게 재건할지에 대해 협상하였다. 브레턴우즈는 미국 달러가 현재와 같이 글로벌 기축통화가 되는 데에 핵심적인 역할을 한 사건이다. 미국의 재무부 고위 관료 해리 덱스터 화이트Harry Dexter White와 영국의 경제학자 존 메이너드 케인스John Maynard Keynes가 당시 협정을 주도하였다. 달러를 세계 경제의 중심에 두려는 미국과 글로벌 통화를 새로 만들어야 한다는 영국 간 치열한 공방 끝에 결국 미국이 승리하였다. 이 협정을 통해 미국은 전 세계 화폐 체제의 중심에 서게 되었다. 브레턴우즈 협정에 의해 구축된 세계 경제 체제를 브레턴우즈 체제라고 부른다. 달러는 세계 각국의 중앙은행이 준비금에 보유해야 하는 국제 준비통화가 되었다. 또한, 다른 나라의 화폐와 달러는 고정 환율로 교환될 수 있게 되었고, 달러는 고정된 비율로 금과 교환 가능하게 되었다. 이때 미국은 각국 중앙은행으로부터 금을 가져왔고, 세계 중심의 금 교환 창구가 되었다.

하지만 다른 국가가 달러를 들고 오면 금으로 바꿔 줘야 하는 금태환성이 미국에 눈엣가시처럼 계속해서 커지기 시작했다. 국제 시장에서는 다른 국가들이 미국보다 금값을 더 높게 매기기 시작했다. 세계 각국도 달러의 구매력이 하락한다는 것을 인식하기 시작한 것이다. 이에 국가들이 달러를 미국에 내고 금으로 바꿔 가려고 했다. 결국 1971년 리처드 닉슨 대

1 금 1온스당 $35

통령은 금태환 정지를 선언하였고 금본위제는 공식적으로 역사 속으로 사라지게 된다. 가치 저장 수단으로써 역할을 다하는 자산에 본위한 화폐는 이제 사라지고, 오로지 정부의 신용을 기반으로 가치가 유지되고 정부가 자유롭게 발행할 수 있는 명목 화폐의 시대가 시작된 것이다.

1) 비트코인의 탄생

사실 우리는 명목 화폐가 사용되던 시대에 태어나 자연스럽게 명목 화폐를 사용하고 살아왔기에 이 시스템을 당연하게 여긴다. 하지만 달러를 중심으로 구축된 명목 화폐 시스템은 완벽한 것이 아니다. 거의 모든 정부가 자기 화폐를 찍어 내지만, 달러만이 실질적으로 다른 정부의 화폐 가치를 뒷받침하기 때문에 가장 중요한 준비통화를 찍어내는 곳은 미국 정부뿐이다. 따라서 미국의 화폐 정책에 의해 전 세계가 영향을 받을 수밖에 없다. 사실 현재와 같은 구조로 화폐가 운용되는 것은 인류 역사상 처음이다. 선진국에서 연간 광의 통화량 증가율은 평균 5% 전후라고 한다. 혹시 5% 정도면 적다고 생각하는가? 매년 5% 통화량이 증가하면 15년만 지나도 통화 공급량이 두 배가 되는 것이다. 이러한 인플레이션율은 결국 내가 현재 보유하고 있는 화폐의 구매력이 시간이 지날수록 감소한다는 것이다. 또한, 언제든지 정부가 마음대로 찍어 낼 수 있는 화폐는 분명 건전한 화폐가 아니다. 이러한 명목 화폐의 문제점이 극명하게 나타난 대표적인 사건이 바로 2008년 금융위기이다.

 사실 2008년 금융위기는 1929년의 대공황 때부터 그 뿌리를 키워 나가고 있었다. 1929년 대공황 이후 경제가 무너지고 사람들의 삶이 어려워지자 미국 정부는 Fannie Mae, Ginnie Mae, Freddie Mae라는 정부기관을 세운다. 해당 기관들은 정부의 보증을 뒤에 두고 세컨더리 모기지^{부동산 담}^{보 대출}를 사람들에게 마구 제공하였다. 이후 빌 클린턴 대통령은 저신용자들을 뜻하는 서브프라임에도 모기지를 풀어 주었다. 그렇게 수많은 사람이 모기지를 통해 집을 구매하며 주택 가격이 오르기 시작했다. 이 모기지 상품을 기초 자산으로 하는 다양한 파생 상품들이 금융 시장에 유통되기 시작했다. 몇 년간 무분별한 서브프라임 모기지 대출과 이를 활용한 과도한 레버리지가 진행되었다. 이 모든 유동성을 떠받치고 있는 것은 결국에 주택 가격이었는데, 모든 사람이 주택 가격이 계속해서 오를 것이라고 믿고 있었다. 하지만 인플레이션에 의해 2006년부터 미국 정부가 기준금리를 높이게 되자 대부분 변동금리였던 모기지 대출의 채무불이행률이 급증했다. 이에 신규 주택 매수가 급감하고 담보물이었던 주택이 매물로 쏟아져 나오면서 주택 가격이 하락하기 시작했다. 주택 가격이 하락하면서 금융기관의 자산 가치가 하락하고, 하락분을 메꾸기 위해 금융기관이 모기지 관련 파생 상품을 매도하는 악순환이 계속되면서 주택 시장이 완전히 무너지게 된다. 결국 당시 세계 최대 투자은행이었던 리먼 브라더스가 파산을 신청하게 되었다. AIG, Citygroup, GM, Chrysler 등 대기업들이 연달아 파산을 신청하게 되었다. 여기서 명목 화폐의 문제점이 발생하게 된다. 리먼 브라더스는 그대로 파산하게 되지만 미국 정부는 AIG, Citygroup, GM, Chrysler에 대해서 구제금융을 시행한다. 구제금융을

51

해주기 위한 자금은 결국에 국민의 세금, 그리고 정부가 새로 발행한 달러였다. 이때 구제금융을 시행하고 무너진 경제를 되살리기 위해 미국의 연준 의장 벤 버냉키는 엄청난 양의 양적 완화를 시행하며 달러를 찍어 낸다. 이는 결국 달러의 구매력을 하락시키는 일이고 인플레이션을 발생시켜 그 비용은 고스란히 국민에게 돌아오게 된다.

　　이러한 사태를 비판적인 시각으로 바라보며 '정부의 발권력으로부터 독립적인 화폐'를 만들고자 한 이가 있었다. 그가 바로 비트코인의 창시자이자 익명의 개발자인 사토시 나카모토이다. 사토시 나카모토는 앞서 설명한 구제금융을 지켜보며, 모든 문제의 근원은 정부의 발권력이라고 생각했다.

```
00000000  01 00 00 00 00 00 00 00  00 00 00 00 00 00 00 00  ................
00000010  00 00 00 00 00 00 00 00  00 00 00 00 00 00 00 00  ................
00000020  00 00 00 00 3B A3 ED FD  7A 7B 12 B2 7A C7 2C 3E  ....;£íýz{.²zÇ,>
00000030  67 76 8F 61 7F C8 1B C3  88 8A 51 32 3A 9F B8 AA  gv.a.È.Ã^šQ2:Ÿ.ª
00000040  4B 1E 5E 4A 29 AB 5F 49  FF FF 00 1D 1D AC 2B 7C  K.^J)«_Iÿÿ...¬+|
00000050  01 01 00 00 00 01 00 00  00 00 00 00 00 00 00 00  ................
00000060  00 00 00 00 00 00 00 00  00 00 00 00 00 00 00 00  ................
00000070  00 00 00 00 00 00 FF FF  FF FF 4D 04 FF FF 00 1D  ......ÿÿÿÿM.ÿÿ..
00000080  01 04 45 54 68 65 20 54  69 6D 65 73 20 30 33 2F  ..EThe Times 03/
00000090  4A 61 6E 2F 32 30 30 39  20 43 68 61 6E 63 65 6C  Jan/2009 Chancel
000000A0  6C 6F 72 20 6F 6E 20 62  72 69 6E 6B 20 6F 66 20  lor on brink of
000000B0  73 65 63 6F 6E 64 20 62  61 69 6C 6F 75 74 20 66  second bailout f
000000C0  6F 72 20 62 61 6E 6B 73  FF FF FF FF 01 00 F2 05  or banksÿÿÿÿ..ò.
000000D0  2A 01 00 00 00 43 41 04  67 8A FD B0 FE 55 48 27  *....CA.gšý°þUH'
000000E0  19 67 F1 A6 71 30 B7 10  5C D6 A8 28 E0 39 09 A6  .gñ¦q0·.\Ö¨(à9.¦
000000F0  79 62 E0 EA 1F 61 DE B6  49 F6 BC 3F 4C EF 38 C4  ybàê.aÞ¶Iö¼?Lï8Ä
00000100  F3 55 04 E5 1E C1 12 DE  5C 38 4D F7 BA 0B 8D 57  óU.å.Á.Þ\8M÷º..W
00000110  8A 4C 70 2B 6B F1 1D 5F  AC 00 00 00 00           ŠLp+kñ._¬....
```

2009년 1월 3일 비트코인의 탄생을 알리며 처음으로 생성된 블록인 제네시스 블록을 보면 당일 더 타임즈의 기사 헤드라인이 적혀 있다. 바로 영국의 재무부가 두 번째 구제금융을 염두에 두고 있다는 내용이다. 구제금융이라는 명목하에 정부가 화폐를 임의로 찍어 내는 현상을 비판하는 그의 시각을 엿볼 수 있다.

비트코인의 탄생의 뿌리는 사이퍼펑크[Cypherpunk]라는 사회운동에 있다. 암호문을 뜻하는 Cipher와 펑크[Punk]가 합쳐져 Cipherpunk라는 사회운동이 1990년대부터 온라인을 중심으로 퍼지기 시작했다. 개인의 자유와 사생활 보호를 위해 암호 기술을 활용해 감시와 검열에 저항하는 것을 목표로 한 사회운동으로 회원들은 온라인 사이트[https://www.activism.net/cypherpunk/]를 중심으로 소통했다. 사이퍼펑크 내에는 유구한 암호학 학자들부터 개발자들까지 다양한 사람들이 참여했다. 사이퍼펑크의 회원들은 메일링 리스트를 통해 의견을 교환하였다. 사토시 나카모토 또한 사이퍼펑크의 회원이었는데, 그는 메일링을 통해 비트코인에 대한 자신의 아이디어를 논의하고 공유해 왔다. 그렇게 오랜 기간 논의한 후 사토시 나카모토는 2008년 11월 1일 비트코인의 이념과 작동 원리를 담은 비트코인 백서 〈Bitcoin: A Peer to Peer Electronic Cash System〉을 메일링 리스트 내 회원들에게 공유하며 발표한다. 그 후 2009년 1월 3일 비트코인 네트워크는 첫 블록을 생성하며 시작되었고, 오늘날까지도 완결성을 유지한 채 계속해서 운영되고 있다.

Bitcoin P2P e-cash paper

Satoshi Nakamoto | Sat, 01 Nov 2008 16:16:33 -0700

I've been working on a new electronic cash system that's fully peer-to-peer, with no trusted third party.

The paper is available at:
http://www.bitcoin.org/bitcoin.pdf

The main properties:
 Double-spending is prevented with a peer-to-peer network.
 No mint or other trusted parties.
 Participants can be anonymous.
 New coins are made from Hashcash style proof-of-work.
 The proof-of-work for new coin generation also powers the
    network to prevent double-spending.

Bitcoin: A Peer-to-Peer Electronic Cash System

Satoshi Nakamoto
satoshin@gmx.com
www.bitcoin.org

Abstract. A purely peer-to-peer version of electronic cash would allow online payments to be sent directly from one party to another without going through a financial institution. Digital signatures provide part of the solution, but the main benefits are lost if a trusted third party is still required to prevent double-spending. We propose a solution to the double-spending problem using a peer-to-peer network. The network timestamps transactions by hashing them into an ongoing chain of hash-based proof-of-work, forming a record that cannot be changed without redoing the proof-of-work. The longest chain not only serves as proof of the sequence of events witnessed, but proof that it came from the largest pool of CPU power. As long as a majority of CPU power is controlled by nodes that are not cooperating to attack the network, they'll generate the longest chain and outpace attackers. The network itself requires minimal structure. Messages are broadcast on a best effort basis, and nodes can leave and rejoin the network at will, accepting the longest proof-of-work chain as proof of what happened while they were gone.

블록체인의 등장

2) 비트코인의 작동 원리와 의의

- DigiCash[David Chaum] - 1989
- Mondex[National Westminster Bank] - 1993
- CyberCash[Lynch, Melton, Crocker&Wilson] - 1994
- E-gold[Gold&Silver Reserve] - 1996
- Hashcash[Adam Back] - 1997
- Bit Gold[Nick Szabo] - 1998
- B-Money[Wei Dai] - 1998
- Lucre[Ben Laurie] - 1999

사실 비트코인이 탄생하기 이전에도 전자화폐를 만들려는 시도는 무수히 많았다. 하지만 크게 두 가지 이유로 모두 실패하고 말았다. 첫 번째로는 이중 지급 문제를 해결하지 못했다는 점이다. 한번 사용한 화폐는 다시 사용되면 안 된다. 예를 들어서 100만 원을 가진 A가 고가의 스피커를 사는 데에 80만 원을 소비했으면, 그 이후에는 20만 원만 남는게 당연하다. 하지만 A가 이미 소비한 80만 원이 장부에 기록되지 않거나 왜곡된 채로 기록되어 A가 80만 원을 소비하지 않았던 것처럼 속여 나중에 다시 사용하는 것을 이중 지급이라고 한다. 지폐 같은 경우에는 소비를 할 때 바로 지폐를 판매자에게 물리적으로 지급하므로, 나중에 다시 강도짓하여 빼앗아 오지 않는 이상 이중 지급 문제는 자동으로 해결된다. 하지만 전자화폐와 같은 경우에는 화폐의 물리적인 이동이 없으며 오로지 데이터의 변화만 있을 뿐이다. 소비한 만큼 소비자의 잔고 데이터값을 차감해야 한다. 비트코인 이전에는 전자화폐의 거래 내역을 모두 중앙화된 형태로 관리를

55

했다. 이는 가장 확실한 방법이긴 하나 반대로 장부를 관리하는 중앙화된 지점이 공격 당하면 화폐 시스템 전체가 완결성을 잃는다는 취약점이 있다. 비트코인 이전의 전자화폐들은 기술적 결함 및 오류로 인해 이러한 취약점을 극복하지 못했다. 하지만 더 큰 문제는 정부의 검열을 피하지 못했다는 점이다.

정부가 나서서 독립적인 화폐를 만드는 중앙화된 주체 혹은 기관을 제재하면 해당 시스템은 바로 멈출 수밖에 없다. 비트코인은 최초로 이중 지급 문제와 정부의 검열 문제를 동시에 해결한 전자화폐 시스템이라는 점에 그 의의가 있다. 비트코인은 작업 증명Proof of Work 합의 알고리즘을 통해 중앙화된 발행 기관 없이 발행 및 관리되는 화폐 시스템이다. 그리고 비트코인이 작동되는 이 방식은 이후 '블록체인'이라고 이름 붙여지게 된다.

작업 증명Proof of Work은 비트코인 백서를 통해 처음 소개된 메커니즘으로 여러 블록체인에 적용되어 있는 합의 알고리즘이다. 작업 증명이란 무엇이고, 비트코인은 대체 어떻게 작동하길래 특별하다는 것인가? 알기 쉽게 간단히 설명하도록 하겠다. 비트코인 네트워크사실 기타 블록체인들도 마찬가지지만의 존재 의의는 결국 근본적으로 거슬러 올라가면 하나의 장부를 관리한다는 점에 있다. 장부란 '누가 자산을 얼마 갖고 있다'는 소유권 및 그동안 언제 누구와 누가 얼만큼 거래를 진행했는지를 나타내는 거래 명세를 기록하고 있는 데이터베이스이다. 사실 이 장부라는 개념은 비단 금융뿐 아니라 모든 영역에 적용할 수 있다. 예를 들어서 티켓 구매와 음식점 예약 등과 같은 데이터를 정리해 놓은 것도 장부라고 볼 수 있다. 그래서 새로운 금융 시스템으로 시작했던 블록체인이 현재 다양한 영역에도 활용되는 것이다.

블록체인 이전까지는 이러한 장부는 중앙화된 주체에 의해 보통 관리되어 왔다. 하지만 비트코인은 앞서 언급했듯이 중앙화된 주체의 발권력으로부터 독립하고자 만들어진 시스템이다. 그래서 분산된 주체들이 공동으로 장부를 관리할 수 있기 위해서는 합의 알고리즘이 필요하다. 비트코인 네트워크에서는 네트워크에 참여하는 모든 주체가 블록 생성의 권한을 갖게 된다. 비트코인 네트워크에서 분산된 형태로 존재하는 각 주체는 엄밀히 말하면 하나의 커다란 컴퓨터이며, 이를 보통 노드^{node}라고 부른다. 노드는 블록을 생성하기 위해서 특정한 난이도의 해시^{hash} 값을 구하는 수학적 연산을 수행해야한다. 해당 연산은 단순한 작업이지만 막대한 에너지와 시간 소모를 요구하며, 해시값을 가장 먼저 찾아내는 노드가 새로운 블록을 생성하게 된다. 여기서 블록이란 특정 시간 동안 진행된 거래 명세가 모여 있는 데이터라고 생각하면 된다. 즉 분산된 노드들이 공동으로 관리하는 네트워크에서 계속해서 새로운 블록을 생성해 장부 뒤에 붙이면서, 장부를 유지 관리해가는 것이다. 이러한 행위가 마치 블록들이 연결된 체인과 같다고 해서 '블록체인'이라고 이름 붙여지게 되었다.

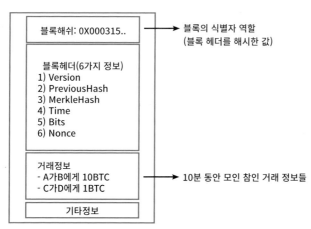

출처: https://eunjin3786.tistory.com/296

비트코인 네트워크에서 블록들은 링크드 리스트^{Linked List} 방식으로 서로 연결되어 있다. 모든 블록들은 자신만의 고유한 블록 해시값을 저장하고 있는데, 이 고유한 해시값은 바로 이전 블록의 해시값에 대한 정보를 포함하고 있다. 즉 비트코인 네트워크에 존재하는 모든 블록들을 해시값을 연결점으로 하며 서로 연결되어 있는 것이다. 이 때문에 중간에 어느 블록을 내가 임의로 바꾼다고 하면^{이를테면 나에게 거액이 송금되었다는 거짓 정보가 포함된 블록}, 이후에 있는 모든 블록들을 바꾸어야 하기 때문에 거래 명세를 거짓으로 하는 것은 극도로 어렵다.

모든 블록들은 고유 해시값을 갖게 되는데, 이 해시값은 이전 블록의 해시값 이외에도 다양한 정보들을 토대로 결정된다. 위 그림에서 보이는 것처럼 버전, 이전 블록의 해시값, 머클 해시, 시간, 비트값, 논스 총 6가지의 데이터이다. 여기에서 논스를 제외한 다른 데이터들은 모두 블록을 생성하려는 시점에 확정되어 있는 값이다. 하지만 논스만큼은 각 노드들이 직접 구해야 한다. 올바른 논스값을 구한 후, 사전에 정해진 5개의 데이터와 결합하여 블록의 해시값을 도출해 내는 것이다.

블록의 해시값은 해시 함수를 통해서 도출이 된다. 해시 함수는 임의의 값을 입력받으면 고정된 길이의 출력값을 생성하는 보안 함수이다. 해시 함수의 특징은 결괏값이 완전 랜덤하게 생성되며, 결괏값을 통해 입력값을 알아내는 것이 불가능하다는 것이다. 또한, 입력값에 사소한 변화 하나로 결괏값이 완전히 달라지게 된다. 어떤 데이터를 해시 함수에 집어넣었을 때 나오는 결괏값은, 직접 함수에 넣어 보기 전까지는 절대 알 수가 없다. 비트코인 네트워크에서는 SHA-256라는 해시 함수가 사용된다.

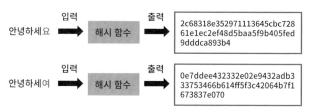

입력		출력	
안녕하세요 →	해시 함수	→	2c68318e352971113645cbc728 61e1ec2ef48d5baa5f9b405fed 9dddca893b4
안녕하세여 →	해시 함수	→	0e7ddee432332e02e9432adb3 33753466b614ff5f3c42064b7f1 673837e070

출처: 업비트 투자자보호센터

즉 노드가 직접 구해 낸 논스값과 이외 5가지 데이터를 결합한 데이터를 해시 함수에 넣어서 나오는 값이 해당 블록의 해시값인 것이다. 그렇다면 올바른 논스값이라는 것은 무엇일까? 작업 증명 알고리즘에 참여하는 노드들은 해시 함수를 반복적으로 실행하면서 특정 조건을 만족하는 해시값을 찾아내야 한다. 특정 조건이란 어떤 논스값과 5가지 데이터를 결합한 데이터를 해시 함수에 넣었을 때 그 결괏값(블록의 해시값)이 일정한 개수의 연속된 0으로 시작해야 한다는 것이다. 이 0의 개수를 비트코인 네트워크의 난도라고 한다. 직접 입력값을 넣어서 결과를 보기 전까지는 결괏값을 절대 예측할 수 없는 해시 함수에 어떤 값을 집어넣으면 해당 조건을 만족하는 결괏값이 나오는지 어떻게 알 수 있을까? 직접 다 해보는 수밖에 없다. 모든 숫자를 해시 함수에 일일히 넣어 보면서 해당 조건을 만족하는 결괏값을 누가 먼저 찾는지 경쟁하는 것이다. 수학 문제 풀기 대결을 통해, 가장 먼저 푼 사람이 보상으로 비트코인을 받아가는 이 경쟁 시스템을 '채굴mining'이라고 많이 표현한다. 이 과정을 위해 노드는 흔히 채굴기라고 부르는 기계를 사용하며 이는 매우 높은 사양과 에너지 사용량을 요구한다. 현재 평균적인 블록 생선 주기는 약 10분으로, 블록 생성 속도를 일정하게 유지하기 위해 난도가 계속해서 조정된다. 만약 새로운 블록이 너무 빨리 생성된다면, 난도가 올라가게 된다.

비트코인 네트워크가 왜 중앙화된 주체가 감시 기관 없이 운영 가능할까? 거짓으로 거래 명세를 만들려는 노드가 속여야 하는 대상은 다른 모든 노드들이며, 그 노드들은 새로운 비트코인 보상을 두고 자신과 경쟁하는 적이기도 하다. 특정 조건을 만족하는 논스값을 찾아 수학 문제를 풀었다고 주변에 전파하면, 전 세계에 있는 모든 노드들은 그 논스값과 기타 데이터들을 직접 해시 함수에 넣어 봐서 나오는 해시값의 0의 개수 조건이 맞는지 확인할 수 있다. 그렇다면 모든 노드들을 매수할 수 있지 않은가? 현재 세계에는 16,000개 이상의 비트코인 노드가 존재한다. 이 중 절반 이상을 매수해야 자신의 거짓을 사실로 만들 수 있을 텐데 이는 극도로 어려운 일이다. 근본적으로 시스템을 속일 수가 없는 환경인 것이다. 이처럼 중앙화된 권력 주체 없이 각 노드 공동으로 비트코인이라는 자산에 대한 장부를 관리하는 시스템이 비트코인 네트워크이다. 비트코인 네트워크에서의 채굴 과정을 통해 새로운 비트코인이 발행되며 인플레이션이 진행된다. 비트코인의 신규 발행에 대해서는 사전에 정해진 알고리즘에 의해서만 진행되며, 달러와 같이 정부가 임의대로 발행할 수가 없다.

비트코인의 발행과 인플레이션에 대해서 매우 명확하고 단순한 규칙이 존재한다. 비트코인은 최초 설계 당시부터 총 발행량이 2,100만 개로 고정되어 있다. 비트코인 네트워크는 최초에 한 개의 블록을 생성할 때마다 해당 채굴자에게 50BTC를 보상으로 지급했지만, 약 4년마다 블록 보상량이 절반으로 감소하는 반감기를 거친다. 2023년 기준으로 총 3번의 반감기를 거쳐 블록 보상량은 6.25BTC이다. 이로 인해 인플레이션 증가율이 점점 감소하며, 희소성과 가치가 증대되는 효과를 사토시 나카모토는 기대했다. 비트코인의 탄생 이후 탄생한 블록체인이라는 개념은 세상에 새로운 질문과 아이디어를 던졌다. 블록체인 네트워크 위에 암호화폐라는 새로운 자산을 발행 및 유통하면서 다양한 아이디어와 결합하여 세상에 탄생하게 되었다. 블록체인 기술을 토대로 자체적으로 발행하는 암호화폐를 통해 생태계를 조성하고 경제적 가치를 창출하는 경제 모델을 토크노믹스라고 한다. 다음 장부터는 토크노믹스에 대해 자세히 알아보도록 하자.

토크노믹스

토크노믹스

웹의 역사

우선 토크노믹스에 대해 자세히 알아보기 전에 웹의 역사와 요즘 화두가 되고 있는 웹3.0의 개념을 살펴보자. 1989년 3월, 유럽 입자물리연구소의 과학자 팀 버너스 리Tim Berners-Lee가 월드와이드웹World Wide Web을 처음 발명한 후 지금까지 인터넷은 눈부신 속도로 발전을 이룩했다. 현재 인터넷은 없으면 생활이 불가능할 정도로 사람들의 삶에 깊고 넓게 관여하고 있다. 우리는 과거의 웹1.0부터 시작하여 현재 웹2.0 시대에 생활 중이고, 앞으로 다가올 웹3의 시대를 준비 중에 있다. 웹3.0은 흔히 블록체인 기반의 탈중앙 인터넷을 뜻하는데, 이를 실현시키기 위해 토큰의 개념이 빠질 수 없다. 먼저 웹의 역사와 웹3.001가 무엇인지 살펴본다면, 토큰이 왜 필요하고 어디에 필요한지 더 잘 파악할 수 있을 것이다.

1) 웹1.0

웹1.0은 월드와이드웹이 나온 후 웹2.0의 개념이 유행하기 전까지의 웹을 의미한다. 시기적으로는 1994~2004년까지 해당한다. 초기의 웹1.0은 웹 서비스의 운영자가 정보를 사용자들에게 일방적으로 제공을 하는 방식이었다. 사용자 입장에서는 웹 운영자가 제공하는 데이터베이스로부터 필요한 것을 검색하고 '읽기'만 할 수 있었다. 즉 상호작용이라는 것이 거의 존재하지 않았으며, 지금의 인터넷과 비교해서 굉장히 좁은 웹이었다.

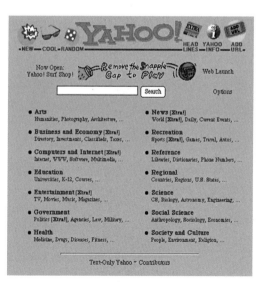

야후 디렉토리 (출처: theverge.com)

대표적인 예시로 초기 야후^{Yahoo}, 《브리태니커^{Britannica} 백과사전》등이 있다. 예시들을 간단히 살펴보면, 초기 야후는 위의 그림과 같이 분야별로 각종 링크가 정리되어 있던 웹 디렉터리의 형태를 띠고 있었으며, 《브리태니커 백과사전》의 경우 사용자들은 사이트에 존재하는 정보를 읽기만 할 뿐, 그 외의 다른 행위는 할 수가 없다. 예시에서 살펴보았듯이 웹1.0에서 사용자가 반대로 운영자에게 정보를 다시 제공하거나 웹과 소통할 수 있는 방법은 없었다.

2) 웹2.0

웹2.0이라는 단어는 2004년 O'Reilly Media와 Media Live International 이 개최한 IT 컨퍼런스에서 처음으로 사용되었다. 2000년 초, 닷컴 버블로 상당히 많은 IT 기업이 몰락하게 되었고, 닷컴 버블에도 불구하고 살아남은 기업들을 몰락한 기업들과 차별화하기 위해 웹2.0이라는 단어가 사용됐다.

웹2.0은 주요 기능이 '읽기'뿐이었던 웹1.0과 달리 '읽기'에 더해 '쓰기'가 추가되었다. 개방, 참여, 공유와 같은 정신들을 바탕으로 웹의 주인이 아닌 사용자들이 직접적으로 정보를 생산해 웹에 기여할 수 있다. 예를 들어 게시판, 댓글, 동영상 업로드 등과 같은 기능들이 추가되어 사용자들은 웹과 활발히 상호작용을 할 수 있게 되었다. 한 방향 소통만 가능했던 정적인 웹1.0과 달리, 웹2.0은 양방향 소통을 통해 상당히 동적으로 운영되어 폭발적으로 성장할 수 있었으며, 현재 압도적인 수의 사용자를 거느린 유튜브, 페이스북, 트위터와 같은 거대 플랫폼의 출현의 발판이 되었다. 아래는 O'Reilly 에서 제시한 분류별로 웹1.0 시대와 웹2.0 시대의 플랫폼의 예시이다.

```
        Web 1.0                      Web 2.0
     DoubleClick        -->      Google AdSense
          Ofoto         -->      Flickr
         Akamai         -->      BitTorrent
        mp3.com         -->      Napster
   Britannica Online    -->      Wikipedia
   personal websites    -->      blogging
           evite        -->      upcoming.org and EVDB
  domain name speculation -->    search engine optimization
       page views       -->      cost per click
     screen scraping    -->      web services
       publishing       -->      participation
content management systems -->   wikis
  directories (taxonomy) -->     tagging ("folksonomy")
        stickiness      -->      syndication
```

웹1.0과 2.0의 비교 예시, 출처: O'Reilly

현재 우리는 웹2.0 시대의 대호황기에 살고 있으며, 인류는 웹2.0의 발달에 힘입어 디지털 세상에서 굉장히 풍요로운 삶을 영위하고 있다. 다들 아침에 일어나선 네이버, 다음과 같은 포털사이트와 카카오톡과 같은 메신저를 확인하고, 출근길엔 유튜브로 영상을 보거나 트위터, 인스타그램, 페이스북으로 지인들과 소통하는 등 웹2.0의 애플리케이션은 삶과 떨어질 수 없는 존재가 되었다.

웹2.0은 웹1.0과 달리 어떻게 폭발적으로 발전할 수 있었을까? 위에서도 언급했듯이 '읽기'에 더해 '쓰기'까지 가능해졌기 때문이다. 가장 극단적인 예시가 바로 위키피디아나 나무위키를 들 수 있을 것 같다. 웹1.0의《브리태니커 대사전》과 비교하면,《브리태니커 대사전》은 웹사이트를 운영하는 주체만 그 내용을 입력하거나 수정할 수 있었다. 이는 뚜렷한 장단점을 가지는데, 장점으로는 정보의 정확성이다. 전문적인 인력이 내용을 입력하고 수정하기 때문에 위키피디아나 나무위키에 비해서 정보를 더 신뢰할 수 있다.

이에 반해 위키피디아나 나무위키는 사용자들의 참여로 사전의 내용들이 만들어지기 때문에 정보의 정확성은 조금 떨어질 수 있어도 수많은 장점이 있다. 첫 번째로는 비교도 안 될 정도로 방대한 양의 항목이다. 몇몇 전문화된 인력이 사전의 내용을 입력하는 것과 달리 누구나 사전의 내용을 추가할 수 있기 때문에 기존 사전에 비해 훨씬 더 많은 내용이 포함되어 있다. 두 번째로는 내용 추가의 속도이다. 기존 사전은 내용의 추가 및 수정이 굉장히 보수적으로 이루어져 최신의 내용들이 추가되기 어려운 구조인데 비해, 특히 나무위키의 경우 특정 주제가 생기고 난 뒤 1~2주 만에 내용이 추가되기도 한다.

예시로 든 사전 애플리케이션뿐만 아니라 이러한 장점들은 대부분의 모든 웹2.0 애플리케이션들에 해당한다. 유튜브, 트위터, 페이스북, 인스타그램, 왓츠앱, 카카오톡, 구글 등은 사용자들이 자유롭게 자신들이 원하는 행위를 하고 목표를 성취할 수 있는 플랫폼을 제공할 뿐, 플랫폼 내부의 콘텐츠는 모두 사용자들이 만들어 나가는 것이다. 웹2.0의 발달이 인류의 발전에 굉장한 역할을 한 것은 그 누구도 부정할 수 없다. 하지만 이는 몇 가지 부작용도 수반하는데, 이에 대해서 살펴보자.

첫 번째로 인센티브의 부족 혹은 부재이다. 물론 웹2.0 애플리케이션들 중에서 인센티브가 나름 잘 정렬되어 있는 애플리케이션도 있다. 바로 유튜브이다. 유튜브의 수익 구조는 대부분의 매출이 광고로부터 온다. 심지어 유튜브의 광고 수익이 구글 전체 순이익의 약 11%를 차지하는 정도이다. 유튜브는 이런 막대한 광고 수익 중 일부를 유튜버에게 분배함으로써 수많은 유튜버가 유튜브 플랫폼으로 올 수 있도록 했다. 몇몇 최고의 인기를 가지고 있는 유튜버의 경우 실제로 막대한 수익을 올림으로써 유튜버는 선망의 직업이 되기도 했고, 초등학생의 희망 직업 중 4위를 기록하기도 했다.

하지만 인센티브 정렬이 상대적으로 가장 잘 되어 있다고 평가받는 유튜브조차도 절대적으로 보면 인센티브의 분배가 불공평하게 일어난다. 광고 수익 중 유튜브 플랫폼이 45%를 떼어 가는데, 콘텐츠를 유튜버가 만듦에도 불구하고 유튜브가 상당한 비율의 수수료를 떼 가고 있다. 이외에도 사실 틱톡 같은 경우 틱톡커에 대한 플랫폼이 제공하는 공식적인 수익 모델이 부재하며, 대부분의 다른 플랫폼들도 마찬가지이다.

만약 플랫폼에서 사용자들의 기여에 따라 인센티브를 합리적으로 제공한다면 어떨까? 플랫폼의 규모 관점에서 유튜브는 지금보다도 훨씬 더 폭발적으로 성공할 수 있을 것이며, 다른 플랫폼들도 마찬가지이다. 기여에 따라 보상을 주는 위키피디아나 나무위키를 생각해 보라. 인센티브가 없는데도 이 둘은 사용자들의 참여로 방대한 정보를 저장하게 되었는데, 여기에 적절한 인센티브 시스템만 갖추어진다면 정보의 양과 기록되는 속도는 지금과 비교할 수 없는 수준일 것이다.

두 번째로 데이터 주권의 문제이다. 또 한 번 유튜브의 예시를 들어보자면, 사실 현재 유튜브가 광고 수익을 많이 발생시킬 수 있는 이유는 유저들의 정보, 즉 데이터를 공짜로 사용하고 있기 때문이다. 유튜브는 사용자에 따라 맞춤형 광고를 송출하는데, 맞춤형 광고는 사용자들의 동영상 시청 패턴, 구글 계정의 검색 패턴 등을 참고하여 정해진다. 이는 엄연히 사용자들의 개인 정보이며, 이를 이용해 수익을 올리는 플랫폼들은 사용자들의 데이터 주권을 침해하고 있는 것이다. 현재 사용자들의 데이터는 이러한 소위 빅테크 기업들이 독점하고 있는 상황이다. 플랫폼들은 이를 이용하려고 할 때 공짜로 이용하는 것이 아닌, 사용자들에게 적절한 보상을 해 주어야 한다.

세 번째로 단일 실패점의 문제이다. 지금의 플랫폼은 중앙화된 기업을 통해 운영되고 있다. 따라서 사실 사용자들이 플랫폼에 업로드하는 콘텐츠는, 사용자 자신이 제작했다고 할지라도 결국 실제 소유권은 플랫폼을 운영하는 기업에게 있다. 내가 아무리 열심히 블로그를 만들고, 유튜브 채널을 만들고 해도 콘텐츠는 기업이 통제할 수 있는 저장 공간에 저장되기 때문에 콘텐츠에 대한 통제권은 기업이 가지고 있다. 따라서 그 기업이 부도나서 망하게 되면 사용자들의 콘텐츠는 다 사라지게 된다.

한국에선 많은 사용자가 싸이월드를 통해 이러한 경험을 해 보았을 것이다. 2000년대 중후반에 선풍적인 인기를 경험했던 싸이월드는 점점 인기가 식어 가더니 서비스가 방치되며 2020년 서비스 사용이 불가능해지는 오류가 발생했다. 이로써 싸이월드를 사용하던 사용자들은 자신들이 올린 게시물, 사진, 영상과 같은 데이터를 확인하거나 백업할 수 없게 되었다. 즉 이러한 문제는 운영 주체가 하나이기 때문에 발생한 문제이며, 웹2.0 플랫폼들의 대표적인 문제라고 할 수 있다. 서비스 사용이 원활하지 않았던 싸이월드는 2022년에 재 개방하여 그제야 사용자들이 자신의 게시물, 사진 등을 복원할 수 있었다.

네 번째로 바로 검열의 문제이다. 기업은 플랫폼과 정치나 사회적으로 맞지 않는 사용자들의 계정을 정지시키거나 콘텐츠를 삭제함으로써 검열을 할 수 있는 권한이 있다. 예를 들어 미국의 전 대통령 트럼프는 페이스북, 트위터, 유튜브로부터 모두 계정이 정지를 당하기도 했고, 중국의 경우 정부의 방향과 맞지 않는 콘텐츠 및 인플루언서의 계정은 금지 및 삭제 조치를 심심치 않게 단행하기도 한다. 이렇듯 플랫폼을 운영하는 주체가 명확한 웹2.0에선 검열이 심각한 문제로 떠오르고 있다.

웹2.0 서비스들이 인류에게 굉장한 편의성을 제공해 준 것은 사실이다. 하지만 위와 같은 상당히 많은 부작용을 갖고 있다. 어떻게 보면 지금의 인터넷 세상은 과거의 봉건제와 비슷하다고 볼 수 있다. 봉건제에선 생산에 있어 가장 중요한 수단인 토지를 중심으로 농노가 영주에게 물리적으로 구속되어 있다. 농노와 영주 사이에선 위계가 있었으며, 농노는 대부분의 권리를 박탈당했다. 농노는 영주를 위해 노역을 제공하고, 생산물의 일부나 돈을 납부해야 했는데, 이는 웹2.0 플랫폼을 사용하는 사용자들과도 어느 정도 비슷한 면모가 있다. 사용자들의 플랫폼을 사용하기 위해서 소중한 개인 정보의 사용을 동의해야 하며, 작성한 콘텐츠는 사실상 중앙화된 기업의 소유가 되고 검열에 놓이게 된다. 게다가 영주가 농노의 노동력을 착취하듯이 중앙화된 기업은 사용자들의 활동 데이터를 마음대로 사용하여 알고리즘을 활용해 광고를 이용해 수익을 낸다. 이러한 단점들은 블록체인을 기반으로 한 웹3.0 서비스가 해결할 수 있다.

3) 웹3.0

원래 웹3.0이라는 단어는 혼용되어 사용되어 왔다. 처음에 웹3.0은 월드와이드웹 컨소시엄^{W3C}에서 정의한 WWW 표준의 확장으로 시맨틱 웹을 의미했다. 시맨틱 웹 기술을 이용하면 컴퓨터가 웹페이지의 내용들을 스스로 이해하고 사용자들에게 맞춤형 정보를 제공하는 지능형 웹 기술을 구현할 수 있다. 이는 월드와이드웹을 창시한 팀 버너스리가 생각한 웹3.0이며, 그외에도 넷플릭스의 창립자 리드 헤스팅스는 통신 대역폭에 따라 웹1.0, 2.0, 3.0을 구분하기도 했고, 2007년 구글의 CEO 에릭 슈미트는 서울 디지털 포럼에서 웹2.0과 3.0의 차이를 아래와 같이 말하기도 했다.

"웹2.0은 마케팅 용어이며 나는 여러분이 웹3.0을 방금 발명했다고 생각한다. 그러나 웹3.0이 무엇인지 추측할 때, 여러분에게 이는 응용 프로그램을 만드는 다른 방식이라고 말하고 싶다. 웹3.0이 궁극적으로 함께 결합된 응용 프로그램으로 보일 것이라는 것이 나의 추측이다. 수많은 특성이 있다: 응용 프로그램들은 상대적으로 작고 데이터는 그 무리들 안에 있으며, 그 응용 프로그램들은 아무 장치나 PC, 휴대전화를 통해 실행할 수 있다. 응용 프로그램들은 매우 빠르며 사용자 맞춤식으로 이러한 프로그램들을 변경할 수 있다. 게다가 이러한 응용 프로그램들은 바이러스가 전염되는 것처럼 소셜 네트워크, 전자우편을 통해 배포된다. 가게에 가서 물건을 구매하지 않아도 된다. 우리가 컴퓨팅에서 볼 수 있었던 응용 모델과는 매우 다르다." 출처: 위키피디아: https://ko.wikipedia.org/wiki/%EC%9B%B9_3.0

왜 이렇게 웹3.0에 대한 표현 및 정의가 갈리는 것일까? 마치 이는 산업혁명의 분류와도 비슷하다고 생각하는데, 이제는 과학 기술이 너무 발전하여 분야가 넓어지기도 했으며, 이외에도 각자 분야에서 웹3.0을 선도하고자 마케팅 용어 느낌으로 사용하는 이유도 있을 것이다. 제1차 산업혁명은 증기기관의 발명, 제2차 산업혁명은 전기를 통한 발전, 제3차 산업혁명은 컴퓨터 및 인터넷의 발명과 같이 명확한 주제가 정해져 있는 산업혁명들과 반해 제4차 산업혁명은 정보통신 기술이라는 큰 주제가 있으나 AI, IoT, 빅데이터, 친환경 에너지, 헬스케어, 나노 기술, 3D 프린팅 등 수많은 기술을 포함하고 아직까지 의견이 분분하다.

하지만 최근 들어 블록체인 기술의 등장 및 발전과 함께 웹3.0은 블록체인 기반의 인터넷으로 정의되기 시작했다. 웹3.0이란 탈중앙, 블록체인 기술, 토큰 경제를 기반으로 한 새로운 형태의 인터넷을 뜻하며, 현재 빅테크 기업들에게 독점되어 있는 인터넷과 대비되는 단어로 많이 사용된다. 웹3.0이라는 단어는 이더리움 네트워크의 코파운더이자 이더리움의 핵심 요소인 이더리움 가상 머신^{EVM}을 개발한 개빈 우드가 처음 사용했으며, 2020~2021년에 암호화폐 시장이 유래 없는 대호황장을 맞이하며 블록체인 기술 관련 기업 및 암호화폐 전문 벤처 캐피털 등에 의해 널리 퍼지게 되었다.

앞서 웹1.0은 '읽기', 웹2.0은 '읽기'-'쓰기'가 가능한 인터넷이라고 간략하게 설명했다. 웹3.0은 웹2.0의 '읽기'-'쓰기'에 더해 '소유'가 추가된 형태의 인터넷이라고 널리 설명된다. 왜 하필 '소유'일까? 현재의 웹2.0 인터넷의 대부분의 문제점은 플랫폼을 소유한 중앙화된 기업에 의해 생긴다. 인센티브 분배도 중앙화된 기업이 이윤을 추구하기 위해 불공정하게 되고 있으며, 데이터 주권의 문제도 중앙화된 기업이 강력한 네트워크 효과를 구축하여 이를 독점하고 있다. 단일점 실패 문제도 운영 주체가 중앙화되어 있기 때문에 발생하고, 검열의 문제도 중앙화된 기업이 자신들의 입맛에 맞게 플랫폼을 운영할 수 있기 때문에 발생한다. 따라서 웹3.0에선 블록체인을 기반으로 '소유'의 개념을 추가하여 이러한 문제를 해결하고자 한다.

즉 웹3.0은 블록체인을 기반으로 한 인터넷이기 때문에 블록체인 대부분의 특징이 그대로 웹3.0의 특징이 된다. 첫 번째로 검열할 수 없는 환경의 인터넷을 구축할 수 있다. 블록체인 네트워크는 탈중앙적으로 운영되며 합의 프로토콜상으로 검열을 할 수 없도록 설계되어 있기 때문이다. 만약 블록체인으로 소셜 미디어를 만든다면, 사용자들은 검열에 대한 두려움 없이 누구나 언론의 자유에 대한 권리를 누릴 수 있을 것이다.

두 번째로 웹3.0의 플랫폼에선 보다 투명한 경제 구조를 가질 수 있다. 물론 회계 감사를 통해 웹2.0의 기업도 회계 장부를 공개하긴 하지만, 이는 실시간으로 집계되지도 않으며 그리 세세하지도 않다. 블록체인을 이용하면 누구나 그 장부를 들여다볼 수 있고, 데이터를 모아 분석할 수 있기 때문에 실시간으로 정확히 돈이 어떻게 흘러가는지를 확인할 수 있다.

세 번째로 기여자들에게 더 많이 들어가는 수익이다. 이것이 가능한 이유로는 우선 스마트 컨트랙트가 있다. 스마트 컨트랙트는 특정 조건이 맞았을 때 거래를 자동으로 처리해 줌으로써 기존에 웹2.0 플랫폼에 존재했던 중개인들의 수를 대폭 줄일 수 있다. 이는 블록체인의 무신뢰성 신뢰와도 관련이 있는데, 오늘날 많은 기업은 서로 신뢰를 할 수 없기 때문에 이에 대한 안전장치로 수많은 중개인을 둔다. 가령 내가 누구에게 돈을 빌리고자 할 때 무턱대고 한 사람에게 가서 돈을 빌린다면 이 사람은 나를 신뢰할 장치가 없기 때문에 오늘날 대부분의 금융 활동은 중간의 은행이나 증권사 같은 금융 기업들을 통해 일어난다. 이들은 중간에서 신뢰가 필요한 작업들을 대신 처리해 줌으로써 막대한 수수료를 얻어 간다. 웹3.0에선 이러한 과정을 스마트 컨트랙트라는 컴퓨터상의 코드를 통해 수행할 수 있으므로 중개인으로 들어가는 지출을 크게 줄일 수 있다. 예시로 블록체인상에는 유니스왑이라는 탈중앙 거래소 애플리케이션이 존재한다. 유니스왑 프로토콜은 2021년 9월부터 1년 동안 무려 1.5조 원의 수익을 올렸는데, 유니스왑을 개발한 유니스왑 랩스의 직원은 현재 100명 정도에 불과하다. 심지어 처음에는 몇 명의 개발자가 모여 스마트 컨트랙트를 작성한 것이 전부이다.

스마트 컨트랙트 이외에도 기여자들이 수익을 더 많이 받을 수 있는 이유에는 탈중앙적으로 운영되는 거버넌스가 있다. 웹3.0 프로토콜들은 블록체인을 기반한 토큰을 통해 탈중앙적인 거버넌스를 수행할 수 있다. 모든 플랫폼 정책이 중앙화된 기업을 통해 정해지는 웹2.0의 플랫폼과 달리, 웹3.0에서는 토큰을 가지고 있는 주주들이 서로 의결권을 통해 프로토콜의 정책을 정할 수 있다. 예를 들어 현재 유튜브의 광고 수익 분배는 유튜버 55%, 유튜브 45%로 분배되고 있으며, 유튜버가 더 많이 받고 싶다고 해도 바꿀 수 없다. 반면에 만약 웹3.0 유튜브가 있다고 가정하면, 유튜브 토큰을 가지고 있는 주주들끼리 모여 이 정책을 탈중앙적으로 같이 수정할 수 있는 길이 열리는 것이다. 실제로 뒤에서 유니스왑의 예시에서도 살펴보겠지만, 토큰 홀더들은 프로토콜의 장기적인 목표를 위해 심도 깊게 토론하며 수익 분배에 관한 정책들을 결정하는 것을 볼 수 있다.

만약 블록체인을 기반으로 하여 기여자들에게 더욱 더 많은 인센티브가 돌아갈 수 있게 된다면, 애플리케이션이 성장하는 속도는 지금의 웹2.0 플랫폼보다 더 커질 수 있다. 앞에서 말했듯이 유튜버에게 더 큰 수익이 들어간다거나, 나무위키의 문서를 작성하는 사람에게 금전적인 보상을 준다고 생각하면, 지금보다도 훨씬 더 많은 기여자가 나타나 애플리케이션의 네트워크가 성장하는 데 도움을 줄 수 있을 것이다.

네 번째로 웹3.0 프로토콜에선 사용자들이 데이터 주권을 지킬 수 있다. 기존 웹2.0 플랫폼에선 사용자들의 활동 데이터가 중앙화된 기업의 데이터베이스에 저장되었다면, 웹3.0 프로토콜에선 데이터가 블록체인 및 탈중앙 스토리지인 IPFS 같은 곳에 기록된다. 그러므로 만약 이를 보호하고 싶다면, 영지식 증명 기술과 같은 적절한 프라이버시 기술을 이용해서 사용자가 직접 데이터에 대한 주권을 지킬 수 있게 된다.

웹3.0 애플리케이션의 실제 예시는 어떠한 것이 있을까? 현재 블록체인을 기반하여 운영되는 서비스의 종류는 굉장히 다양하게 존재하고 있다. 이들을 상응하는 웹2.0 애플리케이션과 한 번 비교해 보자. 클라우드 저장 공간을 담당하고 있던 아마존 웹서비스[AWS]나 드롭박스[Dropbox] 같은 웹2.0 서비스들은 파일코인[Filecoin], 알위브[Arweave]와 같은 웹3.0 서비스들과 비교할 수 있으며, 이들은 사용자들이 원하는 파일을 탈중앙적으로 저장·관리하며, 중앙화된 주체의 일방적인 파일 검열로부터 자유를 제공한다. 가장 대표적인 예시로는 홍콩에서 중국 정부가 타블로이드지인 애플 데일리[Apple Daily], 빈과일보의 서비스를 일방적으로 중단시키자, 운동가들이 기존 아티클들을 알위브 블록체인상에 백업한 적이 있었다. 이렇듯 중앙화된 플랫폼은 기업이나 정부에 의해 언제나 검열당할 수 있다는 위험이 있지만, 파일이 블록체인에 올라오는 순간 이러한 위험으로부터 자유로워질 수 있다.

그 외에도 GoDaddy와 같은 미국의 도메인 서비스[DNS]는 이더리움 네트워크의 주소를 사람이 쉽게 읽을 수 있도록 변환해 주는 ENS와 같은 서비스에 비교할 수 있고, 스포티파이^{Spotify}나 멜론과 같은 음원 스트리밍 서비스는 솔라나 네트워크의 오디우스^{Audius}, 미디엄^{Medium}과 같은 블로그 플랫폼은 미러^{Mirror}, 업워크^{Upwork}와 같은 구인 구직 플랫폼은 브레인트러스트^{Braintrust}와 같은 웹3.0 서비스들과 상응한다.

앞서서 웹2.0 플랫폼은 마치 과거의 봉건제와 비슷하다는 얘기를 하였다. 우리는 현재 웹2.0 시대에서 개인으로부터 비롯되는 다양한 데이터를 플랫폼 기업에 맡기며, 그에 대한 대가로 다양한 서비스들을 무료로 사용하고 있다. 이러한 방식은 웹2.0 플랫폼 기업들이 급격하게 성장할 수 있는 기회를 주었지만, 데이터 주권 침해, 검열, 단일점 실패, 인센티브의 부재 등 다양한 부작용을 낳았다. 웹3.0 프로토콜에선 서비스에 블록체인 및 토큰을 활용하여 웹2.0 플랫폼에서 발생하는 다양한 부작용들을 해결할 수 있는 것을 실제 예시들을 통해 살펴보았다. 그런데 잠깐, 도대체 웹3.0과 토큰은 어떤 관계가 있는 것일까?

4) 웹3.0과 토큰의 관계

웹3.0의 장점에 대해서 말할 때 잠시 토큰을 언급했다. 과연 토큰은 웹3.0에서 어떤 역할을 할까? 그 전에, 토큰은 웹3.0에서 필수로 필요한 것일까? 블록체인과 토큰은 별개인 것일까? 흔히 암호화폐를 비난할 때 사람들이 많이 말하는 문장이 있다. "블록체인은 유망한 기술인데 코인은 다 사기이다."가 바로 그것이다. 이는 블록체인의 본질을 파악하지 못한 문장으로, 블록체인을 온전히 본질에 맞게 사용하기 위해서 토큰의 존재는 필수이다.

블록체인의 본질은 무엇일까? 블록체인에는 검열 저항성, 무신뢰성, 투명성 등 매우 다양한 특성들이 존재하지만, 이러한 특성늘은 모두 탈중앙성에서 기인한다. 전체 데이터베이스가 중앙화된 주체가 아닌 탈중앙화된 주체들이 공동으로 관리하기 때문에 일방적인 검열이 불가능하며, 중앙화된 주체를 신뢰할 필요가 없고, 모두가 투명하게 그 내역들을 다 들여다볼 수 있는 것이다. 탈중앙성이 블록체인의 핵심, 본질이라는 것을 살펴보았는데, 그렇다면 탈중앙적으로 블록체인 네트워크를 유지시키기 위해선 무엇이 필요할까? 바로 토큰이다. 토큰은 참여자들에게 보상으로 제공되어, 참여자들이 탈중앙적으로 운영되는 네트워크에 기여할 수 있는 인센티브로 작용한다.

만약 블록체인만 있고 토큰이 없다고 가정해 보자. 블록체인 네트워크의 핵심인 탈중앙성을 달성하기 위해선 다양한 참여자들이 네트워크에 들어와서 채굴[1] 및 밸리데이팅[2] 작업을 해 주어야 네트워크의 보안이 상승한다. 채굴의 경우 비싼 반도체 장비가 필요하며, 밸리데이팅의 경우 참여하기 위해 대량의 토큰 구매가 필요하다. 하지만 토큰 인센티브가 없다면 이들은 무상으로 이러한 작업들을 할 유인이 존재하지 않는다. 즉 토큰이 존재하지 않는다면 블록체인은 탈중앙적으로 유지될 수 없다.

물론 토큰이 존재하지 않아도 블록체인이 유지될 수 있는 방법이 있다. 바로 중앙화되어 운영되는 블록체인이다. 이를 프라이빗 블록체인이라고 부른다. 과거 하이퍼레저 패브릭 등과 같은 프라이빗 블록체인이 많은 관심을 받았던 때가 있으나, 결국 프라이빗 블록체인 시장은 현재 거의 사장

---

1 작업증명 네트워크의 경우
2 지분증명 네트워크의 경우

되다시피 사라졌다. 블록체인 기술은 중앙화 방식으로 운영했을 때 블록체인만의 장점을 온전히 사용할 수 없으며, 탈중앙적인 방식으로 운영되어야만 수많은 장점을 누릴 수 있고, 이를 위해 토큰의 존재가 필수적인 것이다. 따라서 블록체인을 기반으로 한 인터넷인 웹3.0에서도 탈중앙성 및 인센티브를 위해 토큰은 필수 불가결하다. 이제 토큰과 토크노믹스가 무엇인지 살펴보자.

3-2 토큰과 토크노믹스

1) 토큰

NFT나 소울 바운드 토큰[SBT], 스테이블 코인 등과 같은 특수한 목적을 가지고 있는 토큰을 제외하면 토큰은 크게 두 가지 분류로 나뉜다. 바로 메인넷 토큰과 디앱 토큰이다. 암호화폐 거래소에 상장되어 있는 거의 대부분의 토큰이 이 두 분류에 속한다. 우선 메인넷과 디앱이 무엇인지 간단히 살펴보자.

메인넷이란 블록체인 네트워크 그 자체를 의미한다. 고유의 합의 알고리즘[3]을 가지고 탈중앙 노드들이 모여 서로 블록을 생성하며 보안을 유지하는 네트워크를 말하며, 대표적인 예시로 비트코인 네트워크, 이더리움 네트워크, 솔라나 네트워크, 폴리곤 네트워크, 클레이튼 네트워크 등이 있다. 메인넷은 기본적으로 자금 전송 기능에 특화되어 있으며, 이외에도

3 블록체인에서 새로운 블록을 누가 만들지에 대해서 탈중앙화된 주체들끼리 합의한 규칙

위에 수많은 애플리케이션이 올라올 수 있도록 한다.

디앱은 메인넷 위에서 작동하는 애플리케이션을 의미한다. 메인넷과 디앱을 이해하기 위해선 스마트폰의 애플리케이션 스토어와 애플리케이션의 관계를 떠올리면 쉽다. iOS의 경우 수많은 애플리케이션이 앱스토어에 올라오듯이, 마찬가지로 수많은 디앱은 이더리움 네트워크 위에 올라와 있다. 디앱은 그 자체로 블록체인이 절대 아니며, 구축된 블록체인 위에서 구동되는 애플리케이션이기 때문에 이 둘은 구별될 필요가 있다.

그렇다면 메인넷과 디앱엔 토큰이 필요한 것일까? 필요하다면 어떤 유틸리티로 사용되고 있을까? 이 책의 다양한 사례들을 통해서 차차 알아볼 테지만, 간단하게 메인넷 토큰과 디앱 토큰들이 어떠한 기능들을 가지고 있는지 먼저 알아보자.

▌메인넷 토큰

독자들도 잘 알다시피 거의 모든 블록체인 메인넷은 토큰을 가지고 있다. 비트코인 네트워크는 BTC 토큰, 이더리움 네트워크는 ETH 토큰, 폴리곤 네트워크는 MATIC 토큰처럼 말이다. 이들은 왜 토큰이 필요한 것일까? 메인넷 토큰이 메인넷에서 어떤 역할을 하는지 살펴보면 실마리를 잡을 수 있을 것이다.

첫 번째로 메인넷 토큰은 네트워크를 유지하는 채굴자 및 밸리데이터들에 대한 보상으로 지급된다. 비싼 반도체 장비를 통해서 특정 문제를 풀면서 블록체인을 유지하는 작업 증명^{PoW} 방식의 경우 블록을 생성하는 주체들을 채굴자로 불리며, 반면에 보유하고 있는 토큰 개수에 따라 블록을 생성할 확률이 높아지는 지분 증명^{PoS} 방식 네트워크의 경우 블록을 생성하는 주체들을 밸리데이터라고 부른다. 채굴자들은 비싼 장비와 막대한 전기를 사용하며 메인넷의 보안을 책임지고, 밸리데이터들은 가격 변동의 위험이 있는 토큰을 매입하고, 서버를 운영하며 메인넷의 보안을 책임지고 있는데, 만약 인센티브가 주어지지 않는다면 이들은 메인넷을 전혀 유지하지 않으려고 할 것이다. 즉 이들은 블록을 생성할 때 토큰 보상을 받는 대가로 메인넷을 유지하고 있는 것이다. 만약 들어가는 비용에 비해 얻는 보상이 크다면 더 많은 채굴자 및 밸리데이터가 블록체인 네트워크를 유지하려고 할 것이고, 이는 메인넷 전체의 보안을 향상하는 결과를 낳을 수 있다.

두 번째로 메인넷 토큰은 네트워크의 수수료로 사용된다. 블록체인 네트워크를 사용한다는 것은 탈중앙적인 주체들로부터 공동으로 유지되는 데이터베이스에 내가 원하는 것을 기록한다는 것과 같은 말이다. 즉 한정된 데이터베이스를 누구나 사용할 수 있다는 것이다. 여기서 만약 네트워크를 사용하는 데 수수료가 존재하지 않는다고 하면, 사용자들은 마구잡이로 블록체인 네트워크를 사용하려 할 것이며, 악의적인 사용자들은 아무 의미 없는 내용을 블록에 기록하려 하며 스팸 공격을 할 수도 있다. 이를 방지하기 위해 거의 모든 블록체인 네트워크는 사용자에게 수수료를 부과한다. 이더리움 네트워크를 사용하기 위해서 사용자는 ETH 토큰을 지급해야 하며, 솔라나 네트워크를 사용하기 위해서 사용자는 SOL 토큰을 지급해야 한다. 수수료 시스템은 네트워크 단에서 스팸 공격을 막는 효용이 있으며, 더 나아가 메인넷 자체 토큰의 수요를 증가시키는 기능도 있다.

세 번째로 메인넷 토큰은 탈중앙 거버넌스에 사용될 수 있다. 블록체인 거버넌스란 특정 안건에 대해서 사람들이 논의하고, 투표와 같은 특정 프로세스를 거쳐 그 안건을 실제로 블록체인 네트워크에 적용하는 것을 말한다. 대부분의 메인넷은 거버넌스 과정이 있고, 그중 몇몇 메인넷은 1토큰 = 1투표권을 적용하여 투표를 통해 거버넌스를 진행한다. 비트코인과 이더리움 네트워크의 경우 거버넌스 과정이 토큰을 통해 이루어지진 않으나, 대표적으로 코스모스 네트워크 및 코스모스 생태계의 다양한 네트워크들이 토큰을 통해 거버넌스를 진행하고 있다. 토큰을 가지고 있는 사용자라면 누구나 올라온 거버넌스 안건에 대해 투표를 진행하며, 자신의 의견을 표출할 수 있고, 이는 네트워크를 탈중앙적으로 운영하는 데 있어 토큰이 중요한 역할을 하는 것을 보여 준다.

▌ 디앱 토큰

디앱은 메인넷 위에 올라와 있는 탈중앙 애플리케이션을 뜻한다. 비트코인, 라이트코인과 같이 지급에만 특화된 블록체인 외에 스마트 컨트랙트가 가능한 메인넷들 위에는 프로그래밍 언어로 설계된 다양한 애플리케이션이 올라갈 수 있다. 예를 들면 이더리움, 솔라나, 바이낸스 스마트 체인과 같은 메인넷 위에는 다양한 디파이 프로토콜, 게임, 소셜 미디어 등이 올라가 있다.

메인넷과 달리 디앱에는 토큰이 필요할 수도 필요하지 않을 수도 있다. 왜냐하면 디앱은 단지 블록체인 메인넷 위에 올라와 있는 애플리케이션이기 때문에 운영에 있어서 중앙화된 방식을 선택한다면 토큰 인센티브가 필수적이지 않기 때문이다. 그렇다면 디앱은 어떠한 경우에 토큰이 필요할까? 바로 탈중앙적으로 사용자들의 참여를 끌어내어 디앱의 성장을 도모하고 싶을 때이다.

가령 당신이 유튜브의 탈중앙화 버전을 만들고 싶다고 가정해 보자. 탈중앙 유튜브가 성장하기 위해서 가장 중요한 지표는 수많은 사용자를 끌어들이는 것이다. 수많은 사용자가 탈중앙 유튜브를 사용하게 하기 위해서는 재미있고 다양한 동영상 콘텐츠가 존재해야 하며, 이는 탈중앙 유튜브에 많은 수의 유튜버를 끌어들여야 한다는 것을 의미한다. 하지만 오픈한 지 얼마 되지도 않았는데 어떻게 유튜버를 끌어들일 수 있을까? 유튜버는 플랫폼 내에 시청자 수가 많이 있어서 조회 수가 잘 나와야 영상을 올릴 유인이 생긴다.

이를 정리하면 시청자는 유튜버가 많아야 탈중앙 유튜브를 사용해 영상을 시청할 것이고, 유튜버는 시청자가 많아야 탈중앙 유튜브에 영상을 올릴 것이다. 이는 마치 신입 사원 조건에 수많은 경력이 포함되어 있는 것을 떠올리게 할 정도로 모순된 상황을 연출한다. 이러한 상황은 기존 웹2.0 플랫폼 산업이 초기 단계를 넘어서는 것을 매우 어렵게 만들었다. 수많은 시청자와 유튜버가 모여서 네트워크 효과를 구축하기 전까지의 과정이 상당히 어렵기 때문이다. 이는 플랫폼 산업에서 큰 진입 장벽으로도 작용했는데, 영상 플랫폼 산업을 예로 들면 시청자와 영상 제작자는 이미 큰 네트워크 효과가 구축되어 있는 유튜브나 틱톡으로 점점 몰리는 반면, 신생 영상 플랫폼은 차별화되는 특징이 없다면 절대 이들과 경쟁할 수 없는 구조이다.

토큰이 앞서 언급한 네트워크 효과 구축 전에 오는 어려움을 해결하는데 도움을 줄 수 있다. 당신이 탈중앙 유튜브를 오픈한 후, 초기 2년간 영상을 게재하고 퍼포먼스가 잘 나오는 유튜버에게 토큰 보상을 제공한다고 해 보자. 그렇다면 유튜버들은 비록 탈중앙 유튜브에 시청자가 많이 존재하지 않아도 토큰 보상을 받을 수 있기 때문에 영상을 많이 게재할 것이며, 이는 시청자를 점점 끌어들일 것이다. 네트워크 효과는 커질수록 점점 가속화되는 특성이 있기 때문에 토큰 보상을 통해 초기 단계만 잘 넘긴다면 그 후엔 자연스럽게 유튜버와 시청자가 많아져 선순환을 그리는 단계를 달성할 수 있을 것이다.

2) 토크노믹스

토큰에는 크게 메인넷 토큰과 디앱 토큰, 두 가지 성격의 토큰이 존재하는 것을 살펴보았다. 토크노믹스 또한 마찬가지이다. 토크노믹스란 토큰과 이코노믹스^{경제}가 합쳐진 말로 토큰 경제와 관련된 모든 것을 포함한다. 특정 토큰에 대해서 토큰 분배, 발행 방식, 토큰 사용처 등과 관련된 것을 모두 기술한 것이 바로 토크노믹스이다. 토크노믹스도 메인넷과 디앱에서 비슷하면서도 꽤 상이한 모습을 보여 준다.

보통 메인넷의 토크노믹스는 아주 간단하고 정형화되어 있다. 비트코인의 토크노믹스를 예시로 살펴보면 비트코인은 채굴자가 블록을 만들 때 발행되며, 비트코인은 사용자들이 네트워크를 사용하기 위해 지급하는 수수료로 사용된다. 이더리움, 솔라나 등 대부분의 메인넷도 토큰의 발행은 블록 보상을 통해 이루어지며, 토큰은 네트워크 수수료로 사용된다. 물론 이더리움의 경우 뒤에서 살펴볼 EIP-1559 업그레이드와 같이 토큰이 소각되는 메커니즘도 존재하며 비트코인과는 사뭇 다른 토크노믹스를 보여 주지만, 대부분 메인넷 토크노믹스들의 기본 뼈대는 블록 보상으로 인한 발행과 네트워크 수수료로서의 사용처이다.

이에 반해 디앱의 토크노믹스는 디앱의 종류, 목적 등에 따라 매우 상이한 모습을 보여 주고 있다. 토큰이 존재하지 않기 때문에 토크노믹스도 존재하지 않는 디앱도 있고, 토큰이 존재한다고 해도 디파이 디앱, 게임 디앱, 소셜 디앱 등 너무나도 다양한 종류의 디앱이 있기 때문에 이들은 저들만의 목적을 달성하기 위해 굉장히 다양한 토크노믹스를 사용하고 있다. 디파이, 게임, 소셜 미디어 등 이들은 아주 다른 성격을 가지고 있는 서비스이므로 토크노믹스가 서로 다른 것은 어쩌면 매우 당연한 일이다.

하지만 이렇게 다양한 디앱들의 토크노믹스에도 관통하는 핵심이 있다. 바로 사용자의 참여를 장려하고, 궁극적으로 탈중앙 디앱을 구축하는 것이다. 이는 메인넷 토크노믹스에도 똑같이 적용되는 목표인다. 메인넷에서 토큰은 블록 보상을 통해 사용자들이 네트워크에 참여하여 네트워크의 보안에 기여하도록 유도하며, 궁극적으로 토큰을 통한 거버넌스 활동을 통해 중앙화된 주체 없이도 네트워크가 잘 운영될 수 있도록 하는 것이 목표이다. 디앱도 마찬가지로 토큰 보상을 통해 사용자들이 디앱을 사용하게끔 유도함으로써 네트워크 효과를 구축하고, 궁극적으로는 사용자들이 토큰을 의결권으로 사용하여 디앱의 추후 운영 방식을 논의할 수 있게 하는 것이 중요하다.

3-3 토크노믹스의 고민이 필요한 때

1) 결국 중요한 것은 서비스

지금까지 블록체인과 토큰이 함께 기존의 문제점들을 어떻게 해결할 수 있었는지 이론적으로 살펴보았다. 그렇다면 과연 블록체인이 탄생한 이래로 지금까지 모든 종류의 토큰이 제 역할을 충실히 수행했을까? 필자는 이에 대해 아니라고 대답하고 싶다. 물론 특정 디앱에서 토큰은 제 역할을 충실히 수행하여 많은 사용자가 디앱을 사용하게끔 활성화시키는 데 큰 도움이 되기도 했다. 뒤에서 더 자세히 살펴보겠지만, 대표적인 디앱의 예시 중 탈중앙 거래소인 유니스왑, 스시스왑 등이 있다. 비록 유니스왑은 스시스왑의 토큰 출시로 인한 뱀파이어 공격^{뒤에서 더 자세히 살펴볼 예정}을 당한 후에야 UNI 토큰을 발행했지만, 어쨌거나 UNI 토큰과 SUSHI 토큰은 두 디앱을 활성화하는 큰 공헌을 했고, 현재 꾸준히 프로토콜 수익을 발생시키고 있다.

하지만 이에 반해 다른 디앱들을 살펴보면 토큰 및 토크노믹스가 유의미하게 작용하고 있는 디앱을 찾기가 어렵다. 대표적인 예시가 바로 유니스왑 포크 디파이 프로토콜들이다. 포크^{fork}란 이미 존재하고 있는 코드를 그대로 복사하여 일명 짝퉁 애플리케이션을 새로 만드는 행위를 말한다. 포크 행위 자체는 불법이거나 나쁜 행위는 아니다. 왜냐하면 오픈 소스 코드를 복사한 것이기 때문이다. 오픈 소스란 코드를 누구나 열람할 수 있도록 공개하며 2차 창작까지 허용하는 코드를 말한다.

다시 본론으로 들어가서, 대부분의 유니스왑 포크 디파이 프로토콜에는 왜 토크노믹스가 유의미하게 작용하지 않았을까? 유니스왑을 베낀 대부분의 디파이 프로토콜들은 하락장인 지금 거의 사용되고 있지 않거나, 토큰의 가격이 바닥을 향해 달려가고 있다. 포크의 의미를 생각하면 유니스왑 포크 디파이들과 유니스왑은 작동 방식에 있어서 거의 똑같기 때문에 유니스왑이 성공했다면 이를 베낀 유니스왑 포크 디파이들도 성공해야 하는 건 아닐까? 정답은 당연히 아니다. 토큰과 토크노믹스가 아무리 잘 설계되어 있다고 해도, 이는 디앱의 활성화 및 성공을 보장하는 마법의 도구가 아니다.

유니스왑이 성공한 이유는 유니스왑의 UNI 토큰의 토크노믹스가 좋아서가 아니라, 이더리움 네트워크에 첫 탈중앙 거래소였기 때문이다. 현재 유니스왑은 프로토콜에 기여하는 유동성 공급자들에게 UNI 토큰 보상을 지급하지 않는데도 굉장히 지속 가능한 모습을 보여 주고 있다. 이는 토큰과 토크노믹스가 프로토콜의 지속 가능성에 꼭 필수적이지 않다는 것을 방증하며, 결국 프로토콜의 지속 가능성을 위해서는 사용자들이 서비스를 많이 사용하는지가 가장 중요하다는 것을 의미한다. 반대로 유니스왑 포크 디파이 프로토콜들은 유니스왑의 토크노믹스를 그대로 가져가든 혹은 조금 더 사용자들에게 매력적으로 보이게끔 변화를 주든 상관없이 대부분 오래 가지 못해 망하는 것을 확인할 수 있다. 이는 사용자들을 경제적인 인센티브로 잠시 유인할 뿐 실사용 가치를 제공해 주지 못하기 때문이다.

물론 유니스왑 포크 디파이들 중 대표적으로 스시스왑과 팬케이크 스왑은 성공했다. 참고로 이 모든 내용들은 뒤에서 다시 자세히 다룰 예정이므로 우선은 이해가 안 되어도 좋다. 스시스왑은 유니스왑 포크 디파이들 중 토크노믹스를 처음으로 도입한 프로토콜이기 때문에 초기에 큰 성공을 거두어서 네트워크 효과를 구축할 수 있었고 지금까지도 살아남을 수 있었다. 팬케이크 스왑은 유니스왑과 같은 이더리움 네트워크상의 탈중앙 거래소가 아니라 바이낸스 스마트 체인상의 탈중앙 거래소이기 때문에 살아남을 수 있었다. 기본적으로 블록체인 네트워크가 다를 경우 사용자는 타 네트워크의 디앱을 사용할 수 없다. 즉 바이낸스 스마트 체인의 사용자는 이더리움 네트워크에 존재하는 유니스왑이나 스시스왑을 사용할 수 없다는 것이다. 따라서 바이낸스 스마트 체인에는 고유의 탈중앙 거래소가 필요하며, 이 역할을 한 것이 팬케이크 스왑이다. 결국 팬케이크 스왑은 유니스왑의 포크 디파이긴 하지만, 바이낸스 스마트 체인의 사용자들이 사용하는 필수적인 디앱 중 하나이기 때문에 성공할 수 있었고, 바이낸스 스마트 체인에 존재하는 그 외의 탈중앙 거래소들은 대부분 오래 가지 못했다.

꼭 디파이 프로토콜들뿐만 아니라, 그 외의 다양한 디앱들에서도 제대로 작동한 토크노믹스가 있었는지 의문이다. 어쩌면 지금까지 토크노믹스가 주목을 받은 이유는 유례없는 상승장으로 인한 대부분의 토큰 가격 상승 및 프로젝트 팀과 각종 크립토 벤처 캐피털들의 경우 매우 빠른 속도로 자금을 수혈받고 큰돈을 벌 수 있었기 때문일 수도 있다. 기존 주식과 비교해서 토큰은 자금의 이동 속도 측면에서 비교할 수 없을 정도로 빠른 속도를 보여 주었다.

보통 펀드들이 비상장 주식에 투자할 경우 짧게는 5년에서 보통 10년까지를 내다보고 투자하는 반면, 토큰의 경우 상장 및 분배에 걸리는 시간이 매우 짧았기 때문에 토큰을 매도하여 누구나 굉장히 빠른 속도로 수익을 낼 수 있었다. 이뿐만 아니라 토큰을 통해 프로젝트를 시작할 때 ICO[4]를 통해서 기관뿐만 아니라 개인으로부터도 쉽게 자금을 받을 수 있었기 때문에 프로젝트팀 입장에서도 대단히 자금을 모집하기 쉬웠다. 이는 기존 금융과 비교하여 토큰이 가질 수 있는 분명한 장점이지만, 상승장에 토큰을 통해 누구나 쉽게 돈을 벌 수 있다는 잘못된 인식이 생기는 계기가 되었고, 건전한 프로토콜이 많이 생기지 않은 이유가 되기도 하였다. 실제로 하락장이 온 지금, 살아남아 제대로 역할을 수행하는 프로토콜의 개수는 그리 많지 않다. 이들이 살아남을 수 있었던 이유는 위에서 언급했듯, 토크노믹스가 좋아서가 아니라 정말 사용자들이 그 서비스를 필요로 하고 사용하기 때문이다.

---

4 Initial Coin Offering: 프로젝트를 시작하기 전 토큰을 공모하는 과정

2) 토큰은 하나의 도구일 뿐이다.

결국 토큰과 토크노믹스는 하나의 도구일 뿐이다. 아무리 등급이 높은 엔진 오일을 사용한다고 해도, 고물이 되어 버린 엔진을 되살릴 수 없듯이 토크노믹스는 프로토콜이 성장하기 위해서 윤활유 역할을 해줄 뿐 프로토콜의 성공의 직접적인 요인은 아니다. 예시로 위에서 언급한 유니스왑, 스시스왑 등이 있으며 또 대표적인 예시로 이더리움의 레이어2 네트워크인 옵티미즘^{Optimism}과 아비트럼^{Arbitrum}이 있다.

이들 또한 뒤에서 살펴보겠지만, 간단히 설명하자면 이더리움의 레이어2란 이더리움 네트워크 위에서 이더리움의 확장성$^{수수료, 속도}$을 개선하는 네트워크이다. 이더리움 네트워크를 직접 사용해 본 독자들이면 알겠지만, 이더리움은 탈중앙성과 보안성에 집중을 한 네트워크이기 때문에 타 네트워크들에 비해 굉장히 느리고 수수료가 비싸다. 일반 사용자가 사용하기엔 매우 불편한 환경이며, 이를 개선하기 위해 레이어2 네트워크들이 출시되었다. 레이어2 네트워크는 이더리움의 강력한 보안에 의존하면서도 확장성까지 가져가는 네트워크이다. 아비트럼 네트워크는 최근에 토큰이 출시되었고, 옵티미즘의 경우 현재 OP 토큰이 출시되어 있지만, 토큰이 없던 시절에도 이둘은 꾸준히 프로토콜 수익을 발생하며 경제적으로 지속 가능한 모습을 보여 주었다. 즉 토큰이 존재하지 않아도 사용자들은 확장성 개선의 이유로 이더리움 레이어2 네트워크를 꾸준히 사용해 왔기 때문이다.

이러한 점들로 미루어 보아, 프로젝트팀의 경우 디앱을 개발할 때 토크노믹스의 지속 가능성을 생각하기 전에 정말 사용자들이 이 서비스를 필요로 하는지, 필요로 하다면 서비스의 비지니스 모델은 어떻게 구성할지와

이에 대한 지속 가능성을 먼저 생각해 보아야 한다. 이에 대한 고민이 끝나고, 정확히 어떤 비지니스 모델을 운영하고 어떤 서비스를 세공할지 확립이 된다면 그다음 고민해야 할 것이 바로 토크노믹스이다. 이는 토크노믹스가 중요하지 않다는 뜻은 아니며, 토크노믹스의 지속 가능성 또한 프로토콜의 지속 가능성만큼 중요하다. 서비스에 올바른 토크노믹스를 도입할 경우 프로토콜의 초기 성장에 큰 도움이 될 수 있으며, 궁극적으로는 프로토콜을 탈중앙화할 수 있게 되는 장점이 있다. 하지만 반대로, 아무리 서비스가 좋다고 해도 나쁜 토크노믹스를 도입할 경우 이를 오히려 망칠 수가 있다. 따라서 올바른 토크노믹스에 대한 고민도 필수적이며, 제대로 된 토큰과 토크노믹스가 어떤 것인지에 대해 앞으로 살펴보려고 한다.

3-4 건전한 토크노믹스

필자가 생각하기에 건전한 토크노믹스는 아래와 같은 조건들을 만족해야 한다.

- ▸ 토크노믹스보다 프로토콜의 지속 가능성이 먼저인 것을 확실히 할 것.
- ▸ 토크노믹스는 개인이 혼자서 이루기 어려운 걸 사람들이 모여서 집단으로 이룰 수 있도록 할 것.
- ▸ 토큰은 유저들에게 인센티브로 제공되어 유저들의 참여도를 높여야 할 것.
- ▸ 토큰은 기존 웹2.0 기업들이 초반에 달성하기 어려운 네트워크를 경제적 인센티브를 통해 달성할 수 있도록 할 것. 즉 초반 마케팅에 적절히 사용되고 너무 과하면 안 될 것.
- ▸ 유틸리티가 다양해 수요가 지속적으로 존재해야 할 것.

네트워크의 성장이 토큰 가치의 성장으로 이어져야 할 것.

- ▸ 네트워크의 성장이 토큰 가치의 성장으로 이어져야 할 것.
- ▸ 결국엔 지속 가능성을 위해 프로토콜의 수익이 토큰 발행으로 나가는 지출보다
  커져야 할 것.

하나씩 살펴보자. 첫 번째로 토크노믹스는 위에서 말했듯이 만능 도구가 아니다. 토크노믹스를 고민하기 전에 먼저 프로토콜이 사용자들에게 원하는 서비스를 제공하고 지속 가능한 비지니스 모델을 통해 가치를 꾸준히 창출할 수 있는지 고민해 보자. 토크노믹스가 아무리 잘 짜여져 있다 한들, 프로토콜이 가치를 생산하지 못하면 그것은 결국 폰지 사기에 불과할 것이다.

두 번째로 토크노믹스는 개인이 이루지 못하는 것을 이룰 수 있도록 사용되어야 한다. 막대한 자금의 진입 장벽으로 인해서 개인이 거래소나 은행 등을 운영할 수 없을 것이다. 하지만 토큰을 도입하여 유동성을 공급하는 개인들에게 인센티브로 제공이 된다면, 인센티브를 받기 위한 개인들이 자금을 모아 탈중앙화된 거래소와 은행을 만들 수 있다. 그것의 예시가 바로 유니스왑이나 컴파운드같은 디파이 프로토콜이다.

세 번째로 토큰은 초기에 유저들에게 인센티브로 제공되어야 한다. 유튜브가 유튜버들에게 광고 수익 중 일부를 지급하고, 유튜버들을 그 인센티브를 받기 위해서 더 열심히 유튜브 플랫폼에 기여한다. 토큰은 유튜버가 주는 수익 그 이상의 의미를 갖는다. 토큰 중 의결권을 갖는 토큰은 일종의 주식으로 비교할 수 있다. 유튜버들이 아무리 열심히 기여한다고 해도, 유튜브에서 구글 주식을 제공해 주지 않는다. 하지만 웹3.0 프로토콜에선 참여자들의 기여도에 따라 스마트 컨트랙트를 이용해 투명하고 공정하게 토큰을 지급할 수 있다. 참여자들은 토큰 인센티브를 받기 위해 주인의식을 가지고 프로토콜의 성장에 기여할 것이다.

네 번째로 토큰은 웹2.0 비지니스에서 초반 마케팅에 비유할 수 있다. 기존 플랫폼들이 성공하기 위해서 가장 첫 관문은 초기 단계를 지나는 것이다. 플랫폼의 가치는 참여자들의 기여로부터 오기 때문에 활동이 적은 초반기를 넘겨 궁극적으로 네트 효과를 구축하는 것이 플랫폼 사업에서 가장 어렵다. 토큰은 이를 경제적인 인센티브를 통해 해결하는데, 프로토콜의 성장 단계에서 초기에는 네트워크 효과가 구축되어 있지 않기 때문에 비록 참여자들에게 이러한 점에서 이점을 줄 수는 없지만, 초기 기여자들에게 토큰을 지급함으로써 경제적인 이점으로 이를 극복할 수 있다. 토큰 지급을 통해 어느 정도 네트워크 효과가 구축이 된다면 더 많은 사용자가 네트워크 효과를 누리기 위해 프로토콜을 사용할 것이고, 궁극적으로는 토큰 보상이 없어도 사용자들이 많이 사용하는 프로토콜을 구축할 수 있을 것이다.

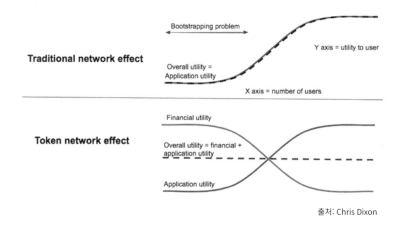

출처: Chris Dixon

여기서 주의해야 할 점은 초기에 경제적인 인센티브로 토큰을 너무 남발하면 안 되는 것이다. 토큰의 가격 및 시가 총액은 프로토콜의 가치를 나타낸다. 만약 초기 기여자들을 위해 너무 남발하게 된다면 극심한 인플레이션을 맞아 토큰의 매도 압력은 강해질 것이고, 이는 토큰 가치의 하락을 유발한다. 토큰은 참여자들에게 인센티브로 지급되는 것이기 때문에 토큰 가치의 하락은 참여자들의 동기를 꺾을 수밖에 없고, 이는 프로토콜에 악영향을 미친다. 가장 대표적인 예시가 바로 유니스왑 포크와 같은 디파이 프로토콜들이다. 디파이가 흥행했던 디파이 섬머 때 여러 디파이 프로토콜들이 우후죽순 생겼는데, 이들은 다 비슷한 이유로 망했다. 바로 초기에 사용자들을 끌어오기 위해 말도 안 되는 이자율[5]을 제공하는 방법을 사용했는데, 이는 초기의 관심만 끌 뿐, 토큰 가격이 하락하고 이자율이 감소하게 되면 사용자들이 다 떠나는 부작용을 초래했다.

다섯 번째로 토큰의 유틸리티는 다양해야 한다. 토큰의 가치도 결국 수요와 공급을 통해 결정될 텐데, 기여자들의 인센티브로만 제공^{공급}되고, 쓰이는 사용처^{수요}가 없다면 장기적으로 토큰의 가치는 계속 우하향 할 것이다. 이를 방지 하기 위해선 토큰이 프로토콜 내에서 혹은 외에서 다양한 용도로 사용될 수 있도록 설계되어야 할 것이다.

여섯 번째로 프로토콜의 성장이 토큰 가치의 성장으로 이어져야 한다. 기여자들에게 수수료나 현실의 돈 이외에도 의결권이 포함된 일종의 주식 성격을 띠는 토큰을 제공해 주는 이유는 주인 의식을 함양하여 프로토콜에 더 기여하게 만들기 위함이다. 즉 기여자들이 토큰을 제공받고, 주인 의식에 힘입어 프로토콜에 더 기여하여 프로토콜의 성장이 토큰 가치의 성장으로 이루어져야 건전한 선순환을 그릴 수 있다. 만약 토큰의 유틸리티가 거버넌스밖에 없어서 프로토콜의 네트워크가 점점 성장한다고 해도 토큰의 가치가 그만큼 오르지 않는다면, 이는 사용자들의 동기 부여 측면

---

5 적게는 수백 퍼센트에서 많게는 수만 퍼센트

에 있어서 저해 요소가 될 수 있다.

마지막으로는 결국에 프로토콜은 지속 가능하기 위해 창출해 내는 가치가 토큰 발행보다 커져야 한다. 지속 가능성은 창출해 내는 가치의 종류에 따라 크게 두 가지로 나눠서 평가할 수 있는데, 프로토콜의 지속 가능성과 토크노믹스의 지속 가능성이다. 모든 프로토콜에 대해서 회계 장부를 작성한다고 생각하면, 지출^{토큰 발행}, 매출^{수수료 매출}, 수익^{토큰 가치 누적} 등 크게 세 가지 수치를 생각해 볼 수 있다.

첫 번째로 토큰을 발행하여 기여자들에게 주는 것은 토큰의 가치를 희석시키는 행위이기 때문에 프로토콜 차원에서 명백한 지출이다. 두 번째로 사용자들은 프로토콜을 사용하면서 이에 대한 정해진 수수료를 지급하게 되는데, 이는 프로토콜 차원에서의 매출로 볼 수 있다. 그렇다면 프로토콜이 매출을 낸다면 그 프로토콜에 해당하는 거버넌스 토큰의 가치도 올라가는 것일까? 그럴 수도 있고 아닐 수도 있다. 토크노믹스가 잘 짜여 있어 프로토콜에서 올리는 수수료 매출이 토큰의 가치로 자연스럽게 누적되어 흘러 들어갈 수 있는 경우가 있는 반면, 그러한 메커니즘이 전혀 존재하지 않는 프로토콜도 있다. 따라서 우리는 프로토콜이 올리는 수수료 매출뿐만 아니라, 이 수수료 매출이 실제로 거버넌스 토큰의 가치에 누적되는지도 살펴보아야 한다.

이제 다시 돌아가 프로토콜과 토크노믹스의 지속 가능성의 차이점에 대해 살펴보자. 첫 번째로 프로토콜이 지속 가능하기 위해선 매출이 지출보다 커야 한다. 즉 프로토콜 차원에서 사용자를 확보하기 위해 인센티브로 발행하는 토큰의 가치보다 사용자들이 실제로 프로토콜을 사용하기 위해 지급하는 수수료의 가치가 커야 하는 것이다. 더 나아가서 토크노믹스가 지속 가능하기 위해선 프로토콜의 토큰 발행 지출보다 토큰에 누적되는 수수료 매출^{수익}의 가치가 커야 하는 것이다. 만약 프로토콜이 지속 가능하다고 해도, 수수료 매출이 토큰의 가치와 관련이 없는 경우가 있기 때문에 이는 토크노믹스의 지속 가능성을 보장하지 않는다. 반대로 수수료 매출은 항상 토큰 가치 누적보다 크기 때문에 토크노믹스의 지속 가능성은 프로토콜의 지속 가능성을 항상 보장한다.

대부분의 스타트업들이 초반에 적자 운영을 통해 사용자를 확보하고 추후에 흑자 전환을 하는 모습을 보여 주듯이, 블록체인의 프로토콜들도 마찬가지이다. 초반엔 창출해 내는 수수료 매출이 적어도 토큰 발행^{지출}을 통해 사용자를 확보하고, 사용자가 확보된다면 사용자들이 프로토콜을 사용하는 동기를 경제적인 인센티브에서 네트워크 효과로부터 오는 이점으로 자연스럽게 전환될 수 있도록 함으로써 프로토콜과 토크노믹스가 궁극적으로 지속 가능할 수 있도록 해야 하는 것이 바람직한 방향이다.

메인넷 토큰

메인넷 토큰

1) 개요

이더리움 네트워크는 비트코인 네트워크와 달리 스마트 콘트랙트를 실행할 수 있는 오픈 소스, 퍼블릭 블록체인이다. 2013년 11월, 19세의 비탈릭 부테린^{Vitalik Buterin}은 이더리움 백서를 작성하고 이더리움의 개발을 제안했으며, 크라우드 펀딩 방식의 ICO를 통해서 막대한 자금을 모은 후 2015년 7월에 정식으로 네트워크를 출시했고 지금까지 이어질 수 있었다. 비탈릭 부테린은 초기엔 비트코인 네트워크에 스마트 콘트랙트 기능을 추가하고자 했으나 비트코인 커뮤니티에서 받아들여지지 않아, 새로운 네트워크를 개발하여 출시한 것이다.

이더리움 네트워크에선 스마트 콘트랙트 작성이 가능하므로 개발자들이 다양한 로직을 구사할 수 있는 프로그램을 구동할 수 있으며, 이러한 프로그램을 탈중앙 애플리케이션, 디앱^{dApp; decentralized application}이라고 부른다. 디앱은 탈중앙 네트워크인 이더리움 위에서 작동하기 때문에 어느 누구도 이를 검열할 수 없다. 예시로, 앞으로 많은 디앱을 살펴볼 예정인데, 정부가 만약 거래소들에 대해 규제를 가한다면 중앙화 거래소^{예시: 업비트, 바이낸스 등}들은 특정 국가에서 운영이 금지될 수 있지만, 이더리움 위의 탈중앙 거래소^{예시: 유니스왑, 스시스왑 등}는 애초에 운영을 금지할 수 없다.

스마트 콘트랙트란 무엇일까? 콘트랙트는 우리말로 계약이란 뜻이다. 계약이란 관련된 주체 사이에서 서로 지켜야 할 의무에 대해 글 또는 말로 정해둔 것을 뜻한다. 스마트 콘트랙트는 1990년대에 닉 재보^{Nick Szabo}에 의해 만들어진 용어이며, 음료수 자판기의 예시를 들어 이를 설명했다. 음료수 자판기를 생각해 보면, 음료수 자판기는 상대방이 누구이든 상관없이 특정 금액을 받으면 그에 맞는 음료수를 제공해 준다. 돈을 받으면 음료수를 제공해 준다는 계약이 자판기 기계에 내재되어 있는 것으로 볼 수 있다. 하지만 처음 제안했음에도 불구하고 닉 재보는 스마트 콘트랙트를 실현하진 못했다.

이더리움의 스마트 콘트랙트란 이더리움 네트워크에서 돌아가는 프로그래밍 코드를 뜻한다. 스마트 콘트랙트는 자금을 받고 특정 조건이 만족되면 계약이 자동적으로 이행되도록 한다. 자판기와 같이 이더리움 네트워크에서는 누구나 스마트 콘트랙트와 상호작용하여 똑같은 입력을 넣을 경우, 동일한 출력을 받을 수 있다. 간단한 예시를 들어보면 철수와 영희가 NFT를 교환한다고 가정하자. 철수는 영희의 NFT를 1 ETH에 구매하고 싶다. 만약 스마트 콘트랙트 없이 철수가 그냥 영희에게 1 ETH를 전송한다면, 영희는 1 ETH를 받고 잠적하여 사기를 칠 수도 있다. 따라서 안전하게 거래하기 위해선 제삼자가 필요하다. 제삼자인 민수가 추가되어, 철수는 민수에게 1 ETH를, 영희는 민수에게 NFT를 제공한 후, 민수는 다 받고 나서 반대로 철수에게 NFT를, 영희에게 1 ETH를 제공할 수 있다.

하지만 이 또한 민수라는 신뢰 주체가 필요하다는 단점이 있다. 민수가 1 ETH와 NFT를 받고 도망갈 위험이 0%는 절대 아니다. 따라서 이러한 근본적인 문제를 해결하기 위해 아무도 믿지 않고 중간의 제3의 신뢰 주체도 없이 안전하게 거래를 할 수 있도록 하는 것이 바로 스마트 콘트랙트이다. '만약 철수에게 1 ETH를 받고 영희에게 특정 NFT를 받는다면, 1 ETH를 영희에게, 그리고 NFT를 철수에게 전송한다'라는 코드를 짜 스마트 콘트랙트를 만든다면 둘은 안전하게 거래를 할 수 있게 된다. 코드는 블록체인에 기록되기 때문에 그 누구도 코드의 세부 사항을 변경할 수 없으며, 이는 모두에게 투명하게 공개되기 때문에 더욱더 안전하게 거래를 진행할 수 있다. 개발자들은 솔리디티, 바이퍼 등의 언어로 스마트 콘트랙트를 작성할 수 있으며, 이를 통해 게임, 거래소, 은행, 투표 기능, NFT 등 다양한 기능의 디앱들을 만들 수 있다.

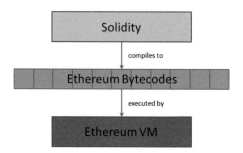

작성된 스마트 콘트랙트는 이더리움 네트워크의 가상 머신인 EVM^{Ethereum} Virtual Machine; 이더리움 가상 머신에 의해 구동되며, EVM은 이더리움 네트워크의 일부이다. EVM은 전 세계에 퍼져 있는 탈중앙화된 컴퓨터라고도 이해할 수 있

다. 솔리디티나 바이퍼로 작성된 스마트 콘트랙트는 그 자체로 실행될 수는 없다. 왜냐하면 이는 사람들이 이해하기 쉽도록 되어 있는 언어이며, 이를 EVM이 작동시킬 수 있도록 컴파일되어야 한다. 스마트 콘트랙트는 컴파일러에 의해 우선 이더리움 바이트코드라는 기계가 이해할 수 있는 기계어로 변환된다. 이더리움 바이트코드는 마지막으로 EVM에 의해 실행되어 프로그램이 돌아가게 되는 것이다.

하지만 EVM은 누구나 접근이 가능하기 때문에 트랜잭션이나 스마트 콘트랙트를 실행하면서 네트워크의 상태^{이더리움 네트워크 사용자들의 잔고}를 바꾸는 작업이 충돌하게 되면 어떻게 될까? 이를 중재하는 것이 바로 이더리움의 합의 과정^{채굴 과정}이다. 모든 노드는 이더리움 네트워크의 동일한 상태를 보유하고 있어야 하기 때문에 합의 과정을 통해 합의에 도달해야만 한다. 결국 이더리움은 전 세계의 사용자들이 동일한 하나의 컴퓨터를 돌리는 셈인 것이다.

2) ETH 토크노믹스

이더리움은 이더리움 네트워크의 자체 토큰이다. 비트코인과 마찬가지로 채굴자들은 이더리움 블록을 생성하면 블록 보상으로 이더리움을 지급받으며, 사용자들은 이더리움 네트워크에서 특정 활동 및 트랜잭션을 발생시킬 때 이더리움을 가스비^{수수료}로 제출해야 된다. 그런데 여기서 잠깐, 이더리움 네트워크를 사용하는데 왜 가스비가 부과되는 것일까? 가스는 이더리움의 핵심 개념으로 비트코인과 구별되는 이더리움의 가장 큰 차이점이기도 하다.

스마트 콘트랙트는 일종의 프로그래밍 코드이기 때문에 if, for, while 과 같은 조건문, 반복문 작성이 기능하다. 반복문이 가능하다는 뜻은 악의적인 사용자가 프로그램이 무한히 반복하도록 작성하여 이더리움 네트워크의 컴퓨팅 리소스를 악의적으로 계속 사용할 수도 있다는 뜻이다. 이러한 공격은 네트워크 속도의 악의적인 저하를 일으킬 수 있어 다른 사용자들에게 큰 피해를 입힐 수 있다.

비탈릭 부테린은 이러한 공격을 막기 위해 이더리움 네트워크에 가스^{gas}라는 개념을 도입했다. 마치 기계나 운송 수단들이 작동하기 위해서 연료가 필요하듯이, 가스는 이더리움 네트워크를 작동시키기 위해 필요한 연료의 의미로 명명되었다. 사용자들은 트랜잭션을 전송해 EVM을 실행시키기 위해선 수수료를 이더리움 토큰으로 지급해야 한다. 즉 정리하면 사용자는 이더리움 블록이라는 한정된 공간에 트랜잭션을 통해서 기록을 남기고 싶다면 사용료를 지급하는 것이다.

이더리움 네트워크를 직접 사용해 본 독자가 있으면 이더리움의 가스비가 매우 변동적이고, 네트워크가 혼잡할 때는 상당히 비싼 것을 경험해 보았을 것이다. 시장이 호황일 땐 유니스왑을 사용하여 토큰 거래를 할 때 한 번에 $100씩 지출하기도 했었다. 수수료는 어떻게 결정되는 것일까? 이를 알아보기 전에 수수료가 정확히 어떠한 방식으로 계산되는지를 알아야 한다.

이더리움 네트워크의 수수료는 소모된 가스의 양 * 가스비로 계산된다. 첫 번째로 소모된 가스의 양은 사용자가 제출한 트랜잭션의 종류에 따라 다른데, 이더리움 황서에는 연산 코드에 따라 소모되는 가스의 양을 정의해 두었다. 즉 특정 트랜잭션을 이더리움 가상 머신에서 실행하려고 할 때 컴퓨팅 연산이 많이 소모되는 작업일수록 가스의 양은 더 많이 책정된다.

The fee schedule G is a tuple of 31 scalar values corresponding to the relative costs, in gas, of a number of abstract operations that a transaction may effect.

Name	Value	Description*
G_{zero}	0	Nothing paid for operations of the set W_{zero}.
G_{base}	2	Amount of gas to pay for operations of the set W_{base}.
$G_{verylow}$	3	Amount of gas to pay for operations of the set $W_{verylow}$.
G_{low}	5	Amount of gas to pay for operations of the set W_{low}.
G_{mid}	8	Amount of gas to pay for operations of the set W_{mid}.
G_{high}	10	Amount of gas to pay for operations of the set W_{high}.
$G_{extcode}$	700	Amount of gas to pay for operations of the set $W_{extcode}$.
$G_{balance}$	400	Amount of gas to pay for a BALANCE operation.
G_{sload}	200	Paid for a SLOAD operation.
$G_{jumpdest}$	1	Paid for a JUMPDEST operation.
G_{sset}	20000	Paid for an SSTORE operation when the storage value is set to non-zero from zero.
G_{sreset}	5000	Paid for an SSTORE operation when the storage value's zeroness remains unchanged or is set to zero.
R_{sclear}	15000	Refund given (added into refund counter) when the storage value is set to zero from non-zero.
$R_{suicide}$	24000	Refund given (added into refund counter) for suiciding an account.
$G_{suicide}$	5000	Amount of gas to pay for a SUICIDE operation.
G_{create}	32000	Paid for a CREATE operation.
$G_{codedeposit}$	200	Paid per byte for a CREATE operation to succeed in placing code into state.
G_{call}	700	Paid for a CALL operation.
$G_{callvalue}$	9000	Paid for a non-zero value transfer as part of the CALL operation.
$G_{callstipend}$	2300	A stipend for the called contract subtracted from $G_{callvalue}$ for a non-zero value transfer.
$G_{newaccount}$	25000	Paid for a CALL or SUICIDE operation which creates an account.
G_{exp}	10	Partial payment for an EXP operation.
$G_{expbyte}$	10	Partial payment when multiplied by $\lceil \log_{256}(exponent) \rceil$ for the EXP operation.
G_{memory}	3	Paid for every additional word when expanding memory.
$G_{txcreate}$	32000	Paid by all contract-creating transactions after the *Homestead transition*.
$G_{txdatazero}$	4	Paid for every zero byte of data or code for a transaction.
$G_{txdatanonzero}$	68	Paid for every non-zero byte of data or code for a transaction.
$G_{transaction}$	21000	Paid for every transaction.
G_{log}	375	Partial payment for a LOG operation.
$G_{logdata}$	8	Paid for each byte in a LOG operation's data.
$G_{logtopic}$	375	Paid for each topic of a LOG operation.
G_{sha3}	30	Paid for each SHA3 operation.
$G_{sha3word}$	6	Paid for each word (rounded up) for input data to a SHA3 operation.
G_{copy}	3	Partial payment for *COPY operations, multiplied by words copied, rounded up.
$G_{blockhash}$	20	Payment for BLOCKHASH operation.

이더리움 황서(출처: 이더리움 재단)

두 번째로 가스비는 네트워크의 상황에 따라 변하는데, 이것이 변하기 때문에 소모된 가스의 양과 가스비를 곱한 수수료도 항상 변화하는 것이다. 가스비는 어떻게 결정되는 것일까? 이더리움 네트워크 가스비가 결정되는 방식은 EIP-1559 제안이 적용되었던 런던 하드포크 업그레이드의 전과 후로 많이 바뀌었는데, 이에 대해 살펴보자.

EIP-1559 제안이 통과되기 전 이더리움에서는 First Price Auction이라는 경매 방식을 통해 정해졌다. 이더리움 블록의 평균 크기는 대게 100KB 이하로 매우 작다. 즉 블록 공간이 매우 한정되어 있기 때문에 사용자들은 이더리움 네트워크를 사용하고 싶다고 마음대로 무한하게 사용할 수 없다. 이더리움 블록 생성자들은 사용자들로부터 트랜잭션을 받고, 이를 다운로드하여 실행한 후 블록에 기록하는 과정을 거치는데, 누구의 트랜잭션을 먼저 처리해야 될까?

이를 위해서 가스비라는 개념이 존재한다. 가스비는 1가스당 지급할 ETH 토큰의 수를 의미한다. 사용자들이 트랜잭션을 네트워크에 제출하게 되면 블록에 담기기 전에 멤풀이라는 공간에 잠시 머물게 된다. 이더리움 블록 생성자들은 멤풀을 보고 안에 존재하는 트랜잭션들을 블록에 기록하게 되는데, 더 높은 가스비를 제출한 사용자의 트랜잭션을 우선적으로 기록한다. 즉 네트워크의 사용량이 많아져 혼잡하게 된다면 사용자들이 너도나도 자신의 트랜잭션이 먼저 처리되길 원하기 때문에 네트워크의 가스비는 상승할 것이고, 네트워크의 사용량이 적어 한산하다면 사용자들은 낮은 가스비를 제출하여도 꽤 빠른 시간 내에 자신의 트랜잭션이 처리되길 기대할 수 있을 것이다.

하지만 First Price Auction 방식에는 문제가 있었는데, 사용자는 가스비를 자신이 임의로 정했어야 했다. 즉 가스비의 예측이 매우 어려웠는데, 예를 들어 가스당 10 gwei[1]를 지급해도 충분히 처리될 트랜잭션임에도 불구하고, 사용자가 가스비 예측을 잘하지 못해 50 gwei를 제출하여 5배 더 높은 수수료를 지급하게 되는 문제가 생길 수 있다. 이뿐만 아니라, 네트워크가 혼잡할 때에는 트랜잭션을 처리 하기 위해 타인과 의미 없는 경쟁을 하게 되는 문제가 있었다.

이를 개선하기 위해 2021년 하반기에 진행된 이더리움의 런던 하드포크 업그레이드에 가스비에 관한 업그레이드인 EIP-1559 제안이 통과되

---

1 gwei는 ETH의 작은 단위로 1,000,000,000 gwei는 1 ETH에 해당하는 양이다.

어 많은 부분에서 개선되었다. 첫 번째로 기존에 15M의 가스밖에 담지 못하던 이더리움 블록이 최대 15M~30M의 가스를 담을 수 있도록 변경되었다. 즉 블록의 크기가 좀 더 탄력적으로 변할 수 있게 되었다.

두 번째로 가스비를 구성하는 요소 중 베이스 피[Base fee]라는 개념이 새로 나왔다. 베이스 피란 기본적으로 현재 네트워크 상황에서 어느 정도의 가스비를 지급하면 적당한지 예측을 쉽게 해 주는 수치이다. 베이스 피는 이더리움 네트워크에서 주어진 공식에 따라 자동적으로 결정되는 수치로, 만약 네트워크 상황이 지속적으로 혼잡하다면 베이스 피는 계속 증가하게 되고, 네트워크 상황이 지속적으로 한산하다면 베이스 피는 계속 감소하게 된다.

$$BaseFee_{h+1} = BaseFee_h \left(1 + \frac{1}{8} \frac{(GasUsed_h - GasTarget)}{GasTarget} \right)$$

베이스 피를 계산하는 공식은 위와 같은데, 하나씩 살펴보자. h+1번 째 블록의 베이스 피는 h번째 블록의 베이스 피에 네트워크 상황에 따라 변하는 값을 곱한 형태로 책정된다. 여기서 GasUsed_h는 h 번째 블록에서 실제로 사용된 가스의 양을 의미하며, GasTarget은 상수로서 15M을 나타낸다. 예시를 들어 보면, 만약 100번째 블록에 담긴 가스의 양이 30M[이더리움 블록 최대치]이라면 괄호 안을 계산해 보면 1.125라는 수치가 나온다. 즉 101번째 블록의 베이스피는 100번째 블록의 베이스피보다 12.5% 증가할 것이다. 반대로 100번째 블록이 만들어질 때 네트워크를 아무도 사용하지 않아 아무런 트랜잭션이 담기지 않았다고 생각해 보자. 그렇게 되면 GasUsed_h의 값은 0으로 괄호 안의 수치를 계산해 보면 0.875라는 수치가 나온다. 즉 101번째 블록의 베이스 피는 100번째 블록의 베이스 피보다 -12.5% 감소한 값을 가지게 될 것이다.

위의 수식을 말로 쉽게 표현하면, 블록의 가스 타겟^{15M}을 기준으로 이보다 가스가 더 많이 담긴다면^{즉 블록에 담기는 트랜잭션이 많아져 네트워크가 혼잡해진다면}, 다음 블록의 베이스 피는 증가하게 되는 것이고, 이보다 가스가 더 적게 담긴다면 다음 블록의 베이스 피는 감소하게 된다. 이렇게 네트워크 혼잡도에 따라 베이스 피가 자동적으로 계산되게 함으로써 이더리움의 가스비 예측이 훨씬 더 수월해졌다.

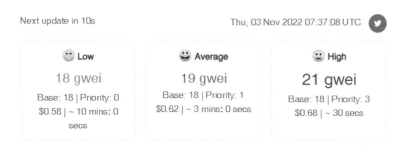

출처: 이더스캔

사용자는 베이스 피를 기본으로 제출함과 동시에 자신의 트랜잭션이 더 빨리 처리되길 원한다면 추가적으로 Priority Fee라는 가스비를 추가 지급할 수 있다. 예를 들어 아래 예시를 보면, 현재 네트워크의 베이스 피는 18 gwei이다. 만약 트랜잭션이 더 빠르게 처리되기를 원한다면 Priority Fee를 추가적으로 지급하면 되는데, 위에 볼 수 있듯이 Priority Fee를 설정하지 않을 경우 트랜잭션은 약 10분 내로 처리될 것으로 기대되는 반면에, 1 gwei를 설정할 경우 3분, 3 gwei를 설정할 경우 30초 내에 처리될 것이라고 예상할 수 있다.

EIP-1559 제안에서 또 하나 특별한 점은 바로 소각이다. 기존의 가스비 방식에서는 수수료 사용된 이더리움은 모두 이더리움 블록 생성자에게 흘러 들어감으로써 이더리움 블록 생성자에겐 블록 보상에 더해 일종의 추가 수익이 되었다. EIP-1559 이후엔 베이스 피로 사용된 이더리움은 네트워크에서 자체적으로 소각된다. 위 그림의 예시를 살펴보면, 만약 사용자가 베이스 피로 18 gwei와 Priority fee로 3 gwei를 제출해서 총 21 gwei의 가스비를 제출했다면, 소모된 가스의 양과 21 gwei가 곱해져서 수수료가 책정이 될 것이고, 수수료 중 18/21은 영영 소각되고, 3/21만이 블록 생성자에게 흘러 들어가게 된다.

이는 이더리움 총 공급량의 측면에서 굉장히 유의미한 결과를 낳게 되는데, 수수료 중 베이스 피에 해당하는 부분이 소각된다는 말은, 달리 생각해 보면 이더리움 네트워크의 사용량이 많아지면 소각되는 ETH 토큰의 개수도 늘어난다는 것이다. 원래 ETH는 항상 발행만 되던 토큰이기 때문에 토큰 인플레이션으로 인한 가치 희석의 우려가 존재했으나, EIP-1559 이후로는 소각되는 메커니즘이 생겼기 때문에 ETH 토큰의 가치 희석을 어느 정도 방어할 수 있는 기작이 생긴 것이다.

실제로 현재 이 글을 쓰는 시점, EIP-1559 제안이 통과된 후 약 683일이 지났는데, 이 기간 동안 총 340만 개의 ETH가 소각되어 사라졌다. 이는 23년 6월 20일 기준 약 7.5조 원에 해당하는 수치로 어마어마한 규모이며, 683일 동안 분당 평균 약 770만 원의 ETH가 계속 소각되고 있는 셈이다. 아래는 Ultrasound.money라는 웹사이트에서 제공하는 현재까지 서비스별 ETH 소각량을 나타내는 순위표이다.

BURN LEADERBOARD		SINCE BURN **457d**
⇆ ETH transfers		246,487.84 ETH
OpenSea NFTs		230,050.15 ETH
Uniswap V2 DeFi Router 2		141,232.14 ETH
Tether DeFi USDT Stablecoin		117,847.26 ETH
Uniswap V3 DeFi Router 2		104,107.08 ETH
OpenSea NFTs Exchange Contract		70,773.26 ETH
Otherdeed NFTs		56,026.72 ETH
MetaMask DeFi Swap Router		52,937.92 ETH
USD Coin DeFi		49,859.49 ETH

출처: Ultrasound.money

지금까지 이더리움 네트워크에서 토큰을 전송하는 데 사용된 수수료에서 가장 많은 소각량이 발생했으며, 그에 못지 않게 세계 최대의 NFT 거래소인 오픈시^{OpenSea}도 사용자들의 사용량이 굉장히 많다 보니 엄청난 소각량을 자랑하고 있다. 여기서 재미있는 것은 바로 7위에 위치한 Otherdeed라는 프로젝트인데, 이는 Bored Ape Yacht Club^{이하 BAYC}이라는 세계에서 가장 비싼 NFT 프로젝트들 중 하나를 만든 유가랩스라는 회사에서 진행하는 메타버스 게임 프로젝트이다.

BAYC

도대체 이 메타버스 프로젝트가 무엇이길래 역대 ETH 소각량 중 7위를 기록하고 있는 것일까? 바로 2022년 5월 1일에 진행되었던 Otherdeed NFT 랜드 세일 때문이다. 이날 Otherdeed 프로젝트는 자신의 메타버스 공간에서 사용될 부동산 NFT 세일을 사전에 본인 인증을 한 대상자들에 한해서 진행했으며, 그 당시 가장 인기 있었던 NFT 프로젝트가 바로 Otherdeed 제작을 담당하는 유가랩스에서 만든 BAYC였기 때문에 수많은 사용자들이 부동산 NFT 세일에 참여하기 위해 몰려들었다.

위에서 살펴보았듯이 이더리움 네트워크에선 사용자들이 자신의 트랜잭션이 우선 처리되게 하기 위해서는 베이스 피 이외에도 Priority Fee를 추가적으로 지급해야 한다. 하지만 과연 경쟁이 심화되면 어떨까? 부동산 NFT의 개수는 한정되어 있었기 때문에 너도나도 NFT를 사기 위해서 막대한 Priority Fee를 제출하려고 했으며, 이더리움 블록의 한정된 공간은 계속 꽉 찼기 때문에 베이스 피도 급등했다. 실제로 이 당시 Otherdeed NFT를 사기 위해선 네트워크 수수료로 2~3 ETH를 지급해야 했으며, 이는 그 당시 이더리움 시세로 700만 원 이상에 해당하는 가치이다. EIP-1559 제안에 의하면 사용된 베이스 피는 전량 소각되기 때문에 Otherdeed NFT 민팅을 위한 베이스 피로 사용된 ETH는 모두 소각됐고, 단 3시간 안에 약 50,000 ETH가 소각되었다.

하나의 재미있는 예시로 EIP-1559가 이더리움 네트워크의 ETH 토큰 공급량에 미치는 영향을 살펴보았는데, 이는 뒤에서 설명할 '더 머지The Merge' 업그레이드와의 시너지 효과로, 투자자 입장에서 이더리움 공급량 측면에서 굉장히 긍정적인 효과를 낳고 있다.

▌ **더 머지 업그레이드**

이더리움의 더 머지 업그레이드이하 머지는 이더리움 역사상, 아니 블록체인 전체 역사상 가장 파급력 있다고 말해도 과언이 아닐 정도의 업데이트였다. 이더리움 머지는 작업 증명 방식을 사용하던 이더리움 네트워크를 지분 증명 방식으로 전환하는 내용을 담고 있으며 2022년 9월 15일에 활성화되었다. 비탈릭 부테린을 필두로 한 이더리움 재단과 개발자들은 왜 이더리움 네트워크의 합의 알고리즘을 통째로 바꿀 정도의 큰 업그레이드를 진행한 것일까?

첫 번째로는 환경적인 문제이다. 다들 알다시피 작업 증명 방식을 사용하는 블록체인에서 블록을 생성하기 위해선 논스라는 값을 찾아야 하고, 이를 찾기 위해선 지속적으로 전기를 사용하며 연산 장치를 구동시켜야 한다. 이에 반해 지분 증명 방식에선 이러한 과정이 존재하지 않는다. 물론 정말 작업 증명 방식 블록체인에 사용되는 전력이 환경에 영향을 끼칠만큼 많은지에 대한 의견은 이해 당사자마다 상이하지만, 지분 증명 방식이 작업 증명 방식에 비해 전력을 매우 적게 사용하는 것은 명백한 사실이다. 실제로 이더리움 네트워크는 지분 증명 방식으로 바꾼 후 전력 사용량이 99% 이상 감소했다.

두 번째로는 확장성 문제이다. 작업 증명 방식에서 블록을 생성하기 위해선 연산 과정이 필요하다. 즉 물리적으로 시간이 소모될 수밖에 없다. 이에 반해 지분 증명 방식에선 그러한 과정에 보다 자유롭다. 즉 확장성을 개선할 수 있는 여지가 생긴다. 머지 업그레이드가 당장 이더리움 네트워크의 확장성을 해결해 주진 않았으나, 네트워크를 지분 증명 방식으로 전환시킴으로써 추후에 진행될 여러 확장성 개선 업그레이드에 있어 초석이 되는 역할을 수행했다.

이더리움 머지는 정확히 어떠한 방식으로 이루어진 것일까? 깊게 들어가면 내용이 정말 복잡하지만 간단히 살펴보자. 이더리움 머지는 마치 휘발유로 돌아가는 엔진을 장착한 스포츠카가 고속도로를 달리고 있는 도중에 차를 멈추지 않으면서 휘발유 엔진을 전기 모터로 바꾸는 것에 비유할

메인넷 토큰

수 있다. 머지 업그레이드는 작업 증명 방식을 통해 잘 작동하고 있는 이더리움 네트워크를 중단하지 않고 합의 알고리즘을 지분 증명 방식으로 교체했다. 따라서 머지 이후에도 사용자들은 특별히 무엇을 업데이트한다거나 추가적인 조치를 취할 필요가 전혀 없었으며, 이전과 거의 동일한 사용자 경험으로 이더리움 네트워크를 사용할 수 있었다.

네트워크를 지분 증명 방식으로 전환하기 위해 머지 업그레이드 이전에 2020년 12월경 이더리움 비콘체인이 활성화되었다. 비콘체인은 기존 작업 증명 방식의 이더리움과 별개로 작동하는 네트워크로 지분 증명 방식을 사용하는 네트워크였다. 머지Merge의 영단어 뜻은 '합병'을 의미하는데, 별개로 존재하던 비콘체인과 이더리움 네트워크가 합병하는 과정을 통해 이더리움 네트워크를 지분 증명 방식으로 전환했다.

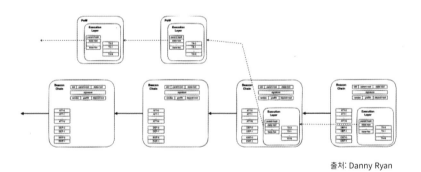

출처: Danny Ryan

자세한 과정은 위와 같은데, 원래 비콘체인은 지분 증명 방식으로 합의 과정만 진행되는 껍데기 네트워크였으며, 실제로 사용자들의 트랜잭션이 블록 안에 담기지 않았다. 머지 업그레이드 이후엔 기존의 이더리움 네트워크에서 사용자들의 트랜잭션을 담는 부분이 비콘체인의 일부로 합병됨으로써 비콘체인은 지금의 지분 증명 이더리움 네트워크가 되었다. 즉 정

4-1 이더리움

리하자면 비콘체인의 합의 알고리즘을 담당하는 부분과 기존 작업 증명 이더리움 네트워크의 연산을 담당하는 부분이 합쳐졌다고 생각하면 된다.

이더리움 머지는 기술적인 부분 외에도 토크노믹스 측면에서도 상당한 변화를 일으켰다. ETH 발행량이 약 90% 정도 감소한 것인데, 머지 업그레이드와 공급량이 무슨 관계가 있을까? 머지 이전의 이더리움 네트워크는 작업 증명 네트워크와 비콘체인 2개가 존재했다. 이 두 체인 모두 합의가 계속 일어나고 있는 네트워크였기 때문에 두 체인 모두 블록이 만들어질 때마다 ETH가 블록 생성자에게 보상으로 주어졌다. 새로 발행되는 총 ETH 중 약 90%가 작업 증명 네트워크의 채굴자들에게 분배됐으며, 약 10%가 비콘체인의 밸리데이터들에게 분배되었는데, 머지 업그레이드 이후 작업 증명 네트워크가 더 이상 블록을 생성하지 않게 되면서 자연스럽게 새로 발행되는 ETH 중 90%가 감소한 것이다.

네트워크 수수료 중 베이스 피를 소각하는 EIP-1559와 머지 업그레이드의 ETH 발행량 감소가 시너지 효과를 일으켜, ETH의 인플레이션율은 훨씬 낮아지게 되었다. 비트코인은 총 발행량이 2,100만 개로 정해져 있는 반면에, 이더리움은 EIP-1559와 머지 업그레이드 덕분에 상황에 따라 오히려 발행량이 감소할 수도 있기 때문에 일부 이더리움을 좋아하는 사람들은 ETH가 BTC보다 우월한 화폐라는 의미로 sound money^{좋은 화폐}의 앞에 ultra^{울트라}를 붙여 울트라 사운드 머니라고 부르기도 하며, 이 이름을 딴 웹사이트 ultrasound.money를 접속하면 현재까지 ETH가 얼마나 발행되었고 소각되었는지, 평균 인플레이션율은 어느 정도인지 쉽게 확인할 수 있다. 지금 글을 쓰는 시점인 2023년 6월 20일, 머지 업그레이드가 활성화된 지 약 9개월이 지났으며, 이더리움의 총 개수는 머지 업그레이드를 진행한 당시보다 오히려 약 28만 개의 ETH가 감소해 있는 상태이다. 이는 EIP-1559와 머지 업그레이드의 영향이 실로 얼마나 대단한지 피부로 느낄 수 있게 하는 통계이다.

3) 토크노믹스 평가

이더리움의 토크노믹스는 설계와 결과 모두를 놓고 보았을 때, 메인넷, 디앱을 통틀어 모든 토큰들과 비교하면 굉장히 바람직한 모습을 보여 주고 있다. 첫 번째로 매 블록이 생성될 때마다 밸리데이터들에게 ETH가 블록 보상으로 주어짐으로써 네트워크의 보안에 기여하는 참여자들의 인센티브가 되고, 이로 인해 개인이 구축하기 어려운 수준의 강력한 보안을 집단으로 이룰 수 있도록 한다. 두 번째로 ETH는 네트워크의 수수료로 사용된다. 사용자들은 높은 보안 수준을 가지고 있는 이더리움 블록체인에 트랜잭션을 기록하고 싶다면 이를 위해 ETH를 지급해야 하며, 더 빠른 속도로 처리되길 원한다면 더 높은 가스비를 제출할 수 있다. 사실 이러한 특징들은 타 블록체인 네트워크들의 토큰들에도 거의 똑같이 해당되는 얘기인데, 이더리움이 타 네트워크들에 비해 갖는 가장 큰 차별점은 바로 지속 가능성이다.

타 네트워크들의 경우 실제로 유저들이 지급하는 수수료보다 채굴자나 밸리데이터와 같은 블록 생성자에게 발행되는 블록 보상이 더 큰 경우가 대부분이다. 이는 달리 말하면, 네트워크의 보안을 유지하기 위해 밸리데이터에게 지급하는 지출^{블록 보상}이 오히려 사용자들이 지급하여 얻는 수익^{네트워크 수수료}보다 크다는 의미이다. 이 상황이 지속될 경우 수요에 비해 공급이 지속적으로 높은 상황이기 때문에 토큰의 가치는 점점 하락할 수밖에 없다. 하지만 이더리움의 경우 네트워크가 얼마나 많이 사용되는지에 따라 다르지만, 공급에 비해 수요가 더 많은 상황이 빈번하게 나온다. 아래 그림은 시간별 블록 보상의 규모^{밝은 회색}과 사용자들이 지급하여 얻는 수익^{어두운 회색}을 나타내는 차트인데, 보다시피 지출에 비해 수익이 높은 상황이 꽤 존재하는 것을 알 수 있다.

출처: https://tokenterminal.com/terminal/projects/ethereum

특히 위에서 살펴보았듯이 이더리움은 EIP-1559에 의해 사용량에 따라 소각되기도 하며, 발행량은 머지 업그레이드 이후 90%나 감소했다. 지출이 급격히 감소한 상태에서 수익이 이전과 같이 유지되고, 심지어 소각까지 일어난다면 이더리움의 토크노믹스는 건전한 모습을 더욱더 지속 가능하게 유지할 수 있을 것이다.

4-2 BNB 체인

1) BNB 체인 개요

BNB 체인^{BNB Chain}은 초기에 세계 최대 규모의 암호화폐 거래소인 바이낸스 거래소를 주축으로 개발된 블록체인으로, 기존에 이미 존재했었던 바이낸스 체인^{Binance Chain}과 바이낸스 스마트 체인^{Binance Smart Chain}이 합쳐져서 새로 리브랜딩 한 블록체인 네트워크이다. 기존에 BNB은 이 두 체인에서 사용되던 자체 토큰의 이름이었으나 블록체인의 본질은 탈중앙 정신에 있기 때문에 중앙화된 이미지에서 벗어나고자 BNB가 뜻하는 바를 'Build-N-Build'로 바꾸었다.

BNB 체인은 2017년으로 그 역사가 거슬러 올라간다. 맨 처음 2017년에 BNB 토큰은 이더리움 네트워크 위에서 ERC-20 토큰으로 발행되었다. BNB 토큰은 초기에 거래소의 거래 수수료로 사용될 수 있게 만들어졌으며, 이 중 일부는 소각하는 방식으로 운영됐다. 이후에 바이낸스 거래소에서 바이낸스 체인을 2019년 2월에 출시했는데, BNB 토큰은 바이낸스 체인에서 자체 토큰으로 사용되었다. 중앙화 거래소인 바이낸스 거래소와 달리, 바이낸스 체인은 탈중앙 거래소의 목적으로 사용되기 위해 개발됐다. 바이낸스 체인은 코스모스 생태계에서 사용되는, 블록체인을 쉽게 만들 수 있도록 도와주는 툴킷인 코스모스 SDK를 활용해서 만들어졌으며, 사용자들의 매수 주문과 매도 주문을 오더 북 형태로 매칭시켜 주는 것을 지원했다. 사용자는 아래와 같이 블록체인상에서 오더 북 형태의 거래를 수행함으로써 더 낮은 수수료와 탈중앙화된 방식으로 거래를 진행할 수 있다.

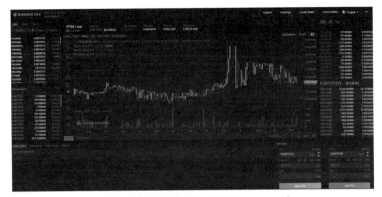
바이낸스 체인의 탈중앙화 거래소 모습(출처: cryptowisser)

이에 더 나아가서 바이낸스 거래소에서는 바이낸스 스마트 체인이라는 블록체인을 새로 출시했다. 오로지 탈중앙화 거래소 기능만 제공하던 바이낸스 체인과 달리, 바이낸스 스마트 체인은 스마트 컨트랙트를 지원하여 다양한 기능을 가진 디앱들이 올라올 수 있게 하였다. 바이낸스 스마트 체인은 이더리움의 클라이언트인 고 이더리움^{Go Ethereum, Geth}을 포크하여 만들어졌기 때문에 이더리움의 가상 머신인 EVM과 호환이 가능했다. 따라서 이더리움상에 존재하던 디앱들이 손쉽게 코드 그대로 복사되어 바이낸스 스마트 체인으로 옮겨올 수 있었고, 바이낸스 스마트 체인이 성장할 수 있는 계기가 되었다.

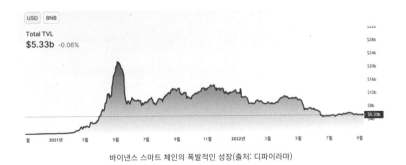
바이낸스 스마트 체인의 폭발적인 성장(출처: 디파이라마)

메인넷 토큰

실제로 2020년 여름, 이더리움 네트워크에서 디파이가 부흥했던 디파이 섬머 이후에 사용자들은 느리고 수수료가 비싼 이더리움 네트워크에 지쳐 있었고, 더 빠르고 수수료가 저렴한 블록체인에 대한 수요가 늘어가고 있다. 바이낸스 스마트 체인은 적절한 시기에 딱 출시하여 이더리움 네트워크에 싫증난 사용자들을 대거 유치할 수 있었고, 2021년 초에 폭발적인 속도로 성장했다. 바이낸스 스마트 체인은 23년 6월 현재도 블록체인 중 총 예치 자산 순위가 3위에 위치해 있으며, 굳건한 모습을 보여 주고 있다.

사실상 바이낸스 체인은 현재 거의 사용되지 않기 때문에 바이낸스 스마트 체인에 대해서만 다루고, 마지막으로는 BNB 체인은 어떤 모습을 가지고 있고, BNB 체인의 미래는 어떠한지 살펴보자. 위에서 언급했듯이 바이낸스 스마트 체인은 이더리움을 하드포크한 네트워크했으나, 합의 알고리즘은 이더리움의 작업 증명 방식을 그대로 가져가지 않고, 권위 지분 증명 Proof of Staked Authority; PoSA 방식을 사용한다. 권위 지분 증명이란 지분 증명과 거의 유사하나 가장 큰 차이점은, 아무나 네트워크를 유지하는 밸리데이터가 될 수 있는 것이 아닌, 승인을 받은 밸리데이터만 네트워크에 들어와 밸리데이터 활동을 할 수 있다는 것이다. 바이낸스 스마트 체인에서는 선별된 21명의 밸리데이터가 존재하며, 이는 원래 지분 증명의 모습보다 상당히 중앙화된 모습은 사실이다. 탈중앙 정신이 본질인 블록체인에서 PoSA 방식을 사용하는 바이낸스 스마트 체인은 자주 공격의 대상이 되기도 한다.

Staking

Validators		Bonded Tokens		Guide
21/43		18,905,372.5085 BNB		• BNB Beacon Chain Staking Guides
				• Staking With Ledger Hardware

Validators

Validator	Voting Power / %	Commission	APR	Status	Action
Figment	1,027,171.0825435 / 5.43%	5%	3.52%	Active	Delegate
Legend III	1,021,586.2134938 / 5.4%	7%	4.09%	Active	Delegate
Neptune	920,231.19922126 / 4.87%	5%	3.79%	Active	Delegate
BscScan	906,335.32738536 / 4.79%	3%	4.44%	Active	Delegate
HashQuark-1826-HashGlobal	872,184.60864842 / 4.61%	5%	4.79%	Active	Delegate
NodeReal	868,676.79546765 / 4.59%	3%	4.51%	Active	Delegate
namelix	859,901.09507071 / 4.55%	4.5%	4.47%	Active	Delegate
BNB48 Club	859,840.12228484 / 4.55%	4.8%	4.16%	Active	Delegate
CertiK	850,834.20432146 / 4.5%	3%	5.19%	Active	Delegate

바이낸스 스마트 체인 밸리데이터 정보(출처: BNBchain)

  하지만 바이낸스 스마트 체인이 기존 이더리움에 비해 탈중앙성을 많이 포기하면서 가져가는 이점도 굉장히 많다. 가장 대표적인 것이 바로 확장성이다. 수많은 채굴자들로 이루어져 있는 작업 증명의 이더리움과 달리, 바이낸스 스마트 체인은 오직 21명의 밸리데이터로 밖에 이루어져 있지 않기 때문에 노드 간 통신이 이루어지는 시간이 대폭 감소되며, 합의도 굉장히 원활히 이룰 수 있기 때문에 훨씬 더 높은 확장성을 가져갈 수 있다.

  이뿐만 아니라, 바이낸스 스마트 체인은 이더리움을 포크하는 과정에서 두 가지 변수를 수정했는데, 블록 시간과 블록당 가스 리밋이다. 블록 시간이란 블록체인에서 블록이 생성되는 시간을 의미하며, 블록당 가스 리밋은 한 블록 내에 담을 수 있는 가스의 총량을 의미한다. 확장성은 이 두 가지 변수의 조합으로 결정되는데, 블록 시간이 짧고, 블록당 가스 리밋이 클수록 같은 시간 내에 더 많은 트랜잭션을 처리해서 더 높은 확장성을 가져갈 수 있다.

첫 번째로 이더리움의 블록 시간은 평균 13.5초인 것과 비교해서 바이낸스 스마트 체인의 블록 시간은 3초이다. 즉 만약 블록당 가스 리밋이 같다고 가정할 경우, 바이낸스 스마트 체인이 시간당 13.5/3=4.5배만큼의 트랜잭션을 더 처리할 수 있는 것이다. 두 번째로 이더리움의 블록당 가스 리밋은 30M인데 반해, 바이낸스 스마트 체인의 블록당 가스 리밋은 80M이다. 이는 블록 내에 80M/30M=2.67배 더 많은 트랜잭션을 담을 수 있다는 것과 유사한 의미이다. 즉 종합하면 바이낸스 스마트 체인은 이더리움 네트워크보다 블록 시간이 4.5배 짧고, 블록당 가스 리밋이 2.67배 높으므로 이 두 수치를 곱한 약 12배만큼의 확장성을 자랑한다고 계산할 수 있다.

물론 블록 시간을 짧게 하고 블록당 가스 리밋을 높인다고 해서 확장성을 무한히 개선할 순 없다. 더 높은 확장성을 가져 간다는 의미는 모든 노드들이 공유하는 분산 원장에 쌓이는 데이터의 속도가 빨라진다는 의미이다. 이는 네트워크의 중앙화 문제를 야기하는데, 데이터가 쌓이는 속도를 감당하지 못하는 노드들은 더 이상 참여할 수 없고, 높은 사양의 하드웨어를 가지고 있는 노드들만 네트워크를 유지할 수 있게 되기 때문이다. 따라서 블록체인의 트릴레마 중 확장성을 개선하게 되면 어쩔 수 없이 탈중앙성이 손상되는 이유가 여기에 있다. 바이낸스 스마트 체인이 오직 21명의 밸리데이터로 운영되기 때문에 확장성을 가져갈 수 있는 이유가 바로 이것이다.

현재는 바이낸스 체인과 바이낸스 스마트 체인이 합쳐져 BNB 체인의 이름으로 네트워크가 운영되고 있다. 사용자 입장에서 기존에 사용하던 바이낸스 스마트 체인과 현재의 BNB 체인에서 느끼는 사용자 경험은 거의 동일하며, 블록체인 내부의 구조가 약간 바뀌었는데 이에 대해선 BNB 토크노믹스에 대해 먼저 알아보고 나중에 설명하도록 한다.

119

2) BNB 토크노믹스

BNB 체인에서 사용되는 자체 토큰의 이름은 BNB이다. BNB 토큰은 가장 대표적으로 BNB 체인에서 트랜잭션을 전송하기 위한 수수료로 사용되며, 이외에도 PoSA 합의 알고리즘을 위한 스테이킹, 거버넌스 투표 등에 사용된다. 이뿐만 아니라, 바이낸스 거래소가 뒤에 있는 만큼 BNB 토큰은 바이낸스 거래소에서도 거래 수수료 및 여행 상품 예약 등 실생활에서의 사용처도 가지고 있다.

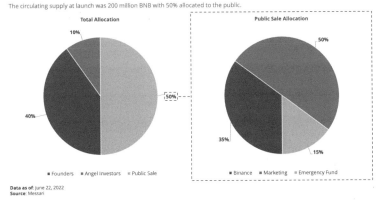

BNB 토큰 분배(출처: Messari)

BNB 토큰은 2017년 7월, 2억 개가 다음과 같이 분배되었고, 더 이상의 공급량 증가는 없다.

‣ 팀: 40%

‣ 엔젤 투자자: 10%

‣ 퍼블릭 세일: 50%

BNB 토큰은 첫 번째로 PoSA 합의 알고리즘에서의 스테이킹 사용되고, 블록을 생성하는 밸리데이터들은 블록 보상으로 사용자들이 제출한 BNB 수수료를 받을 수 있다. 즉 사용자들은 네트워크를 사용하기 위해 BNB를 지급하며, 밸리데이터들은 네트워크를 유지하는 대가로 이 BNB를 지급받으니, 토큰이 네트워크의 참여자들에게 적절한 인센티브로 사용되고 있다고 할 수 있다.

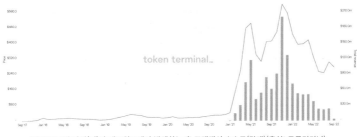

BNB 토큰의 가격(선)과 네트워크에서 발생하는 총 트랜잭션 수수료(막대)(출처: 토큰터미널)

두 번째로 메인넷에 쓰이는 토큰 특성상 네트워크의 성장은 BNB의 가치 상승으로도 잘 이루어진다. 네트워크를 사용하는 사용자들이 많아지게 되면 BNB의 토큰에 대한 수요도 증가하고, 이는 BNB 토큰 가치의 상승으로 이루어진다. 위의 그래프에서도 볼 수 있듯이 네트워크에서 발생하는 총 트랜잭션 수수료에 따라 가격이 비슷한 개형으로 움직이는 것을 확인할 수 있다.

BNB 토큰은 이뿐만 아니라 다른 토크노믹스들과 비교하여 큰 차별점을 갖고 있다. 바로 더 이상 늘어나지 않는 토큰 공급과 오히려 꾸준히 계속 소각이 이루어지는 형태의 토크노믹스이다. 토큰 분배에서 살펴보았듯이, BNB 토큰은 초기에 2억 개가 모두 분배되었으며 더 이상 인플레이션

4-2 BNB 체인

이 발생하지 않는 구조이다. 대부분의 토큰이 극심한 인플레이션으로 인해 갈수록 토큰 가치가 희석되는 반면, BNB 토큰은 이러한 단점에서 자유롭다. 또한, BNB 토큰은 자체적인 소각 정책을 가지고 있다. 바이낸스 거래소는 BNB 토큰의 총 공급 2억 개 중 1억 개를 최종적으로 소각하는 계획을 가지고 있으며, 두 가지 방식으로 소각을 진행한다.

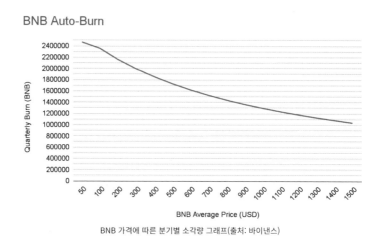

BNB 가격에 따른 분기별 소각량 그래프(출처: 바이낸스)

첫 번째 방식은 네트워크에서 사용되는 트랜잭션 수수료 중 10%가 소각된다. 사실 BNB 체인의 수수료는 매우 저렴하기 때문에 이렇게 소각되는 물량은 그리 큰 비중을 차지하진 않는다. 두 번째 방식은 매분기마다 공식에 의해 자동적으로 소각하는 오토번auto-burn 시스템이 있다. BNB 토큰의 평균 가격에 따라 소각되는 물량이 결정되며, 공식을 그래프로 그리게 되면 위의 그림과 같다. 예를 들어 특정 분기의 BNB 평균 가격이 $300이라면, 그 분기엔 200만 개의 BNB가 소각되는 방식이다. 물론 이는 네트워크가 어느 정도 중앙화되어 있기 때문에 가능한 토크노믹스의 형태이기

메인넷 토큰

도 하지만, 결과론적으로는 공급에 따른 매도 압박을 현저히 감소해 주기 때문에 토큰 가치의 측면에서 다른 토크노믹스들에 비해 유리한 위치를 가져갈 수 있다.

종합하면, BNB 토큰은 인센티브로 적절히 사용되어 네트워크가 유지되게 만들어 주며, 인플레이션 공급이 전혀 없고, 토큰 소각만 일어나는 구조이기 때문에 디플레이션 화폐의 모습을 띄고 있다. 밸리데이터의 보상도 인위적인 블록 보상으로 오는 것이 아닌 사용자들의 수수료로부터 오기 때문에 아주 건전한 모델을 가지고 있다고 평가할 수 있다. 즉 지출은 없는 상태에서 수익만 있고 심지어 소각까지 일어난다는 것이다. 물론 기술적으로는 특별한 방법 없이 그저 이더리움 네트워크를 하드포크하여 탈중앙성을 포기하고 확장성을 챙겼기에 미래에도 꾸준히 사용될 수 있을지는 의문이지만, 아래에서 서술할 예정이듯이 BNB 체인은 미래를 향해 꾸준히 변화하고 있음을 볼 수 있다.

3) BNB 체인의 미래

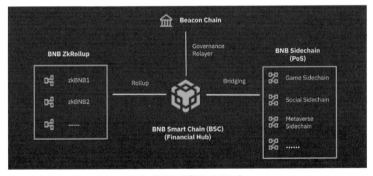

BNB 체인의 구조(출처: 바이낸스)

123

BNB 체인은 과거 바이낸스 체인을 BNB 비콘체인으로, 바이낸스 스마트 체인을 BNB 스마트 체인으로 이름을 바꾸고, 이 둘을 유기적으로 구조를 개편하여 과거의 성공에 안주하지 않고 끊임없이 발전하고 있다. BNB 비콘체인의 역할은 밸리데이터 및 거버넌스를 총괄하며 블록을 누가 만들지를 결정하는 합의에 집중하며, BNB 스마트 체인은 이전과 같이 다양한 디앱들이 올라와 있어 사용자들이 상호작용하는 역할을 수행한다. 이 둘의 관계는 이더리움의 비콘체인 내에서 합의를 담당하는 컨센서스 레이어와 연산을 담당하는 익스큐션 레이어의 관계라고 보면 된다.

BNB 체인은 이뿐만 아니라, BNB 사이드 체인과 BNB zk 롤업을 선보인다. 첫 번째로 BNB 사이드 체인이란 특정 애플리케이션만을 위한 새로운 블록체인을 구축하는 것이다. 예를 들어 만약 회사가 블록체인 게임을 하나 만들고 싶다면, BNB 스마트 체인에 디앱의 형태로 개발하는 것이 아니라 아예 자신의 게임만을 위한 블록체인인 BNB 사이드 체인을 구축하고, BNB 사이드 체인과 BNB 스마트 체인 간 토큰 이동을 원활히 할 수 있는 브리지를 구축하는 것이다. BNB 사이드 체인을 이용할 경우 장점은 첫 번째로 BNB 스마트 체인 네트워크가 붐벼도 영향을 전혀 받지 않으며, 두 번째로 자신만의 애플리케이션을 위해서 블록체인을 더 최적화시킬 수 있다.

BNB zk 롤업은 BNB 사이드 체인에서 더 진화된 형태이다. BNB 사이드 체인은 BNB 스마트 체인과 토큰 이동이 원활하다는 것 외에는 사실 별개의 블록체인이다. 따라서 BNB 사이드 체인의 보안을 유지하기 위해선 물론 BNB 체인의 밸리데이터가 참여하여 도와줄 수 있긴 하지만, 결국 별도의 밸리데이터가 필요하다는 단점이 있다. 이에 반해 BNB zk 롤업은 이더리움의 zk 롤업과 동일한 콘셉트로 연산만을 수행하고, 연산을 옳게 수행했다는 증거^{유효성 증명}를 BNB 스마트 체인에 제출한다. 즉 BNB 스마트 체인보다 훨씬 더 빠르게 연산을 수행하면서 보안은 BNB 스마트 체인과 동일한 수준으로 유지할 수 있다는 장점이 있어 BNB 사이드 체인보다 더 진화된 형태라고 할 수 있다. 다만 zk 롤업의 기술은 아직도 미진한 초기 단계이기 때문에 어떻게 출시될 수 있을지 지켜봐야 할 것이다.

4-3 테라 네트워크

1) 테라 네트워크의 부흥

비록 현재는 완전히 무너진 상태지만, 토크노믹스를 넘어서 테라 네트워크의 붕괴는 블록체인 역사상 가장 큰 사건 중 하나였기 때문에 한 번 다뤄 보려고 한다. 테라 네트워크는 2018년 4월에 백서를 처음 공개했으며, 코스모스 생태계에서 블록체인을 쉽게 만들 수 있도록 하는 코스모스 SDK를 기반으로 만들어졌기 때문에 기술적으로는 크게 특별하진 않은 네트워크이다. 코스모스 SDK를 사용했기 때문에 합의 알고리즘은 텐더민트 BFT 알고리즘을 사용한다. 테라 네트워크를 가장 테라 네트워크답게 만드는 것은 바로 알고리즘 스테이블 코인의 존재이다.

테라 네트워크는 저렴한 수수료를 기반으로 블록체인을 실생활의 결제 시스템에 도입하는 것을 도입하는 것을 목표로 했다. 실제로 차이카드라는 서비스를 출시해 블록체인과 연동하여 결제 서비스를 진행하기도 했다. 결제를 하기 위해서 가장 중요한 것은 무엇일까? 바로 가치를 안정하게 유지하는 통화이다. 만약 암호화폐를 이용해서 결제하는 상황을 가정한다고 할 때, 암호화폐의 가치가 실시간으로 변동되게 되면 구매자와 판매자 모두 굉장히 불편한 상황에 놓이게 될 것이다. 따라서 가치가 일정하게 유지되는 암호화폐가 필요하며, 테라 네트워크는 알고리즘을 통해 가치가 일정하게 유지되는 스테이블 코인인 알고리즘믹 스테이블 코인을 도입하였다.

LUNA 토큰과 알고리즘을 통해 가격이 유지되는 테라의 스테이블 코인(출처: 테라)

가장 대표적인 스테이블 코인인 USDC와 USDT는 담보물을 받고 발행되는 반면, 테라의 스테이블 코인인 UST는 담보물이 존재하지 않는다. 다만, LUNA라는 토큰과 알고리즘이 도입되어 UST의 가격이 유지되게 된다. 기본 원리는 테라 네트워크의 테라 프로토콜에서는 누구든지 목표 교환 비율[1UST = $1]에 따라 LUNA와 UST를 교환할 수 있게 되어 있어, LUNA가 UST의 가격 변동성을 흡수하는 구조를 가지고 있다. 가격이 유지되는 메커니즘은 아래와 같다.

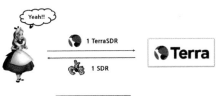

1 UST의 가치가 $1보다 낮을 때(출처: 디사이퍼)

  1 UST의 가치가 $1보다 낮을 때 – UST의 가치가 목표 가치보다 저렴하므로, 사용자들은 테라 프로토콜에 1 UST를 제공하면 $1 가치의 LUNA 토큰을 받을 수 있다. 즉 $1보다 낮은 가치의 UST를 제공하여 $1 가치의 LUNA 토큰을 받았으므로 사용자 입장에선 수익을 볼 수 있으며, UST가 테라 프로토콜로 들어갔으므로 공급량은 줄어들게 되고, UST의 공급량이 줄어드니 UST의 가치는 올라가 $1에 맞춰질 수 있다.

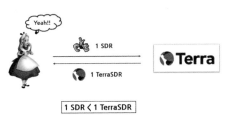

1 UST의 가치가 $1보다 높을 때(출처: 디사이퍼)

  1 UST의 가치가 $1보다 클 때 – 반대로 UST의 가치가 목표 가치보다 비싸므로 사용자들은 테라 프로토콜에 $1 가치의 LUNA를 제공하면, 새로 발행된 1 UST를 받을 수 있다. $1 가치의 LUNA를 내고, $1보다 비싼 UST를 받았으므로 사용자 입장에선 수익을 볼 수 있으며, UST가 새로 발행됐으므로 공급량은 늘어나고 UST의 가치는 내려가 $1에 맞춰질 수 있다. 이에 더

해서 테라 네트워크의 메인넷 업그레이드인 콜럼버스5 업그레이드 이후로 UST를 발행하기 위해 사용된 LUNA는 전량 소각되었기에 사용자들이 UST를 더 많이 사용할수록 LUNA의 가치는 올라가는 구조를 보였다.

LUNA 토큰은 테라 네트워크의 스테이블 코인인 UST의 가격을 알고리즘으로 조절하기 위해 사용되기도 했지만, 기본적으로 네트워크의 보안을 유지하는 스테이킹 및 네트워크의 수수료로 사용되는 유틸리티도 가지고 있었다. 또한, 사용자들은 LUNA 토큰을 네트워크에 스테이킹하면 네트워크의 보안을 상승시키는 대가로 블록 보상을 받을 뿐만 아니라 테라 네트워크에 올라오는 다양한 디앱들의 토큰을 보너스로 받을 수 있었다.

UST가 다른 스테이블 코인들에 비해 내세운 장점은 바로 탈중앙 스테이블 코인이었다. 그 당시 블록체인에서 사용되는 스테이블 코인 중 지배적이었던 것은 테더사의 USDT와 써클사의 USDC였다. 하지만 이들 같은 경우 스테이블 코인을 발행하기 위해 미국의 달러를 예치하고, 중앙화된 기업에서 스테이블 코인을 발행해 주는 방식이었기 때문에 탈중앙 정신을 표방하는 블록체인과는 조금 맞지 않은 중앙화된 방식이었다. 테라 네트워크는 이 점을 공략하여 자신들의 UST 스테이블 코인은 LUNA 토큰을 통해 알고리즘으로 탈중앙적으로 발행되고 가격을 유지할 수 있었다는 것을 내세우며 폭발적으로 성장하게 된다.

사실 스테이블 코인이 성공하기 위해선 이 스테이블 코인의 사용처가 많아져야 수요도 늘어나는 법이다. 차이 카드만 존재했을 때 테라 네트워크는 그리 큰 주목을 받지 못하였으나, 추후에 서술할 앵커 프로토콜의 출시로 인해 UST는 폭발적으로 성공하게 된다. 간단하게 설명하면 앵커 프로토콜은 UST 토큰을 예치하면 안정적으로 20%에 가까운 고정 이자율을 제공해 주는 프로토콜이다. 이 이자는 UST를 대출한 사람들이 지급하는 이자와, 이 사람들이 담보로 맡긴 토큰의 스테이킹 이율에서 나온다고 설명되어 있었다. 20%에 가까운 이자율은 사용자들에게 파격적인 매력으로 다가왔고, 너도나도 UST를 예치하기 위해 사용자들은 테라 생태계로 몰려들게 되었다.

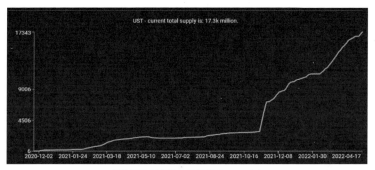

폭발적으로 성장하는 UST(출처: Smartstake)

테라 네트워크의 자체 토큰인 LUNA 토큰을 평가하자면, 첫 번째로 지분 증명 네트워크의 보안을 유지하는 토큰으로 사용되었기 때문에 네트워크를 유지하는 밸리데이터들에게 적절한 인센티브로 사용될 수 있었으며, 두 번째로 네트워크가 성장하게 될 경우 사용자들의 LUNA 토큰에 대한 수요도 증가할 것이고, 이뿐만 아니라 UST가 성장하게 될 경우 LUNA가 소각되는 구조를 가지고 있었기 때문에 토큰의 가치도 자연스럽게 성장하는 굉장히 매력적인 토크노믹스라고 할 수 있었다.

2) 테라 네트워크의 붕괴

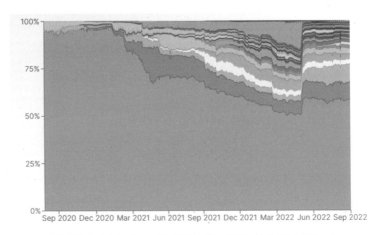

블록체인별 총 예치자산 점유율, 가장 윗쪽의 분홍색이 테라 네트워크(출처: DefilLlama)

테라 네트워크는 UST의 폭발적인 성장으로 인해 정말 전례 없는 성장을 보여 주었다. 위의 차트는 시기별 각종 블록체인 네트워크들의 총 예치 자산 점유율을 나타내는데, 테라 네트워크는 2021년 3월부터 폭발적인 성장을 보여 주며 총 예치 자산 순위로 이더리움에 이어 2등에 위치하게 된다. 하지만 그때부터 조금씩 테라 네트워크에는 잡음들이 생기게 된다.

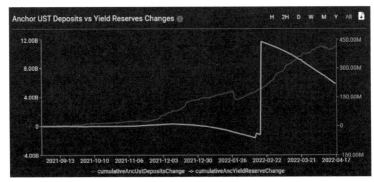

앵커 프로토콜의 UST 예치량(회색)과 일드 리저브(흰색)(출처: Smartstake)

첫 번째 잡음은 지속 가능하지 않았던 앵커 프로토콜이다. 앵커 프로토콜의 20%에 가까운 예치 이자는 대출자의 이자와 스테이킹된 토큰으로부터 나오는데, 모두들 UST를 예치하려만 하고 대출하려고 하지 않았기 때문에 지급되어야 할 이자를 보관해 놓는 일드 리저브^{Yield Reserve}가 점점 고갈되게 된다. 일드 리저브가 부족하면 예치 이자를 20%가 아닌, 지속 가능한 수준으로 더 낮췄어야 했는데, 테라 네트워크는 LFG^{Luna Foundation Guard}라고 불리는 각종 펀드들의 연합의 지원으로 인해 일드 리저브를 인위적으로 지원하기 시작한다. 하지만 2022년 2월에 이를 지원하여 일드 리저브가 채워졌음에도 불구하고, 앵커 프로토콜은 지속 가능하지 못했고 일드 리저브가 꾸준히 감소하는 모습을 보여 주었다.

두 번째 잡음은 LFG의 비트코인 대량 매입 소식이었다. UST의 공급이 폭발적으로 성장했으나, 다른 스테이블 코인들과 달리 UST는 엄연히 담보물이 존재하지 않는 스테이블 코인이었으며, 혹시 모를 사고를 대비해 테라 네트워크와 LFG는 UST의 가격을 어느 정도 방어할 수 있도록 BTC를 꾸준히 매입하게 된다. 다들 아시다시피 BTC는 암호화폐 중 가장 시가총액이 크고 신뢰가 있는 암호화폐로, UST는 탈중앙 스테이블 코인이기 때문에 가장 탈중앙적인 BTC를 이용해서 가격을 더 안정화시키겠다는 내러티브를 내세우며 테라 생태계는 더욱더 성장하게 된다.

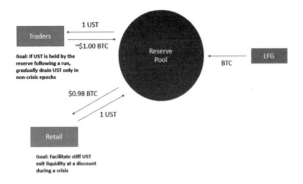

UST Forex 리저브의 작동 원리(출처: LFG)

BTC는 매집 후 UST Forex 리저브로 사용될 예정이었다. 기존 UST가 가격이 안정화되는 메커니즘이 LUNA 토큰과의 알고리즘을 통해서였듯 이, 매집된 BTC가 어느 정도 LUNA의 역할로도 사용될 수 있도록 하는 전략이었다. 만약 UST가 $1보다 가치가 낮아졌는데 $0.98보다도 낮아진 다면, Forex 리저브에서는 $0.98 가치의 BTC를 1 UST로 구매할 수 있 게 한다. 거래자 입장에서는 $0.98 이하의 가치로 $1 가치의 BTC를 구매 한 것이기 때문에 2% 이상의 수익을 쉽게 올릴 수 있게 되고, UST의 가 치는 제자리를 찾아가게 할 수 있는 전략이다. LFG는 이를 위해 무려 8만 개 이상의 BTC를 구매했지만, Forex 리저브를 운영하기 위해 매집된 BTC는 공격 세력이 공격할 수 있는 약점 포인트가 됐다. 이에 대해선 뒤 에서 더 자세히 살펴보도록 한다.

세 번째 잡음은 UST의 비정상적인 사용처였다. 스테이블 코인은 다양한 사용처가 있어야 할 텐데, 테라 생태계가 붕괴되기 전엔 무려 70% 이상의 UST가 앵커 프로토콜에 예치되어 있었다. 이 말은 즉 사용자들은 UST를 정말 스테이블 코인의 목적으로 사용하기 위해 사용한 것이 아닌, 앵커 프로토콜에 예치하여 20%에 가까운 이자를 벌기 위해서 사용한 것이었으며, 이는 부채에 부채를 쌓는 일종의 지속 가능하지 못한 모습을 보여 주었다.

하지만 이러한 잡음에도 테라 네트워크의 UST는 더욱더 견고해지고 있는 상황이었다. 위에서 언급했듯이 LFG가 앵커 프로토콜을 지원하고 있었고, UST의 견고성을 높이기 위해 매입한 8만 개 이상의 BTC 등이 있었으며, 또한 테라 네트워크는 UST 및 다른 스테이블 코인으로 구성된 4pool이라는 유동성 풀을 커브 파이낸스에 개설할 예정이었는데, 이는 UST의 견고성을 압도적으로 높일 수 있는 전략이었다. 커브 파이낸스는 가치가 동일한 자산들의 교환을 할 수 있게 하는 디파이 프로토콜이며, 4pool이라는 유동성 풀엔 UST를 포함하여 $1 가치를 갖는 다른 스테이블 코인들인 FRAX, USDC, USDT가 포함될 예정이었다. 이를 위해서 테라 네트워크는 엄청난 양의 CVX 토큰을 모아 커브 파이낸스에 UST에 대한 막대한 유동성 풀을 개설하려고 했다. 이에 대해선 커브 및 컨벡스 파이낸스에서 더 자세히 살펴볼 예정이다.

막대한 유동성 풀을 개설하게 되면 UST는 가격이 FRAX, USDT, USDC와 함께 $1로 유지되는 견고성이 더 증가하게 될 예정이었으며, 이는 정말 완벽한 탈중앙 스테이블 코인으로의 변화를 꿈꿀 수 있었던 마지막 열쇠였다. 하지만 4pool을 만드는 과정에서 UST는 외부의 세력으로 인해 공격을 받고 완전히 붕괴되게 된다. 사실 공격이 외부 세력인지, 아니면 자체적인 내부 소행인지는 아직 완전히 밝혀진 게 없으나 편의를 위해 외부 세력이라 가정하고 글을 전개한다.

2022년 5월 7일, 테라 네트워크는 커브 파이낸스에서 3pool에 존재하던 UST를 4pool 개설을 위해 옮기려고 했다. 따라서 막대한 양의 UST를 3pool에서 출금했으며, 3pool의 유동성 풀은 규모가 많이 줄어든 상태이기 때문에 AMM^{Automated Market Maker}의 특성상 UST의 가격이 취약해진 상태였다. 이점을 포착하여 외부의 세력이 갑자기 8,500만 딜러 규모의 UST를 3pool에서 매도하고 USDC를 매수해 감으로써 UST의 가격이 $1 이하로 안정성이 깨지게 된다.

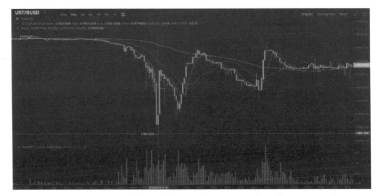

5월 7일의 UST 가격 차트(출처: 바이낸스)

UST 가격의 하락은 위와 같이 다시 $1 가까이 맞춰짐에 따라 1차 가격 디페깅 현상은 해결되지만, 뒤에 더 큰 문제가 기다리고 있었다. 바로 앵커 프로토콜의 뱅크런 상태이다. UST가 가격이 하락하는 것을 본 많은 사용자는 담보물이 없는 스테이블 코인에 대한 불신이 생기게 되면서 앵커 프로토콜에서 아래와 같이 자금을 인출하기 시작한다. 시장에 풀린 대량의 UST는 시장에서 매도 압력으로 작용하여 UST의 2차 디페깅 현상을 야기하게 되었다.

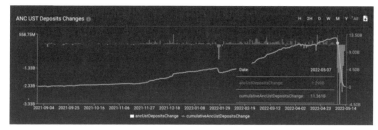

앵커 프로토콜의 UST 예치량 변화(출처: Smartstake)

담보물이 없는 UST의 구조는 악순환인 일명 데스 스파이럴^{Death spiral}이라
는 현상을 야기하기에 좋은 구조이다. 만약 UST가 신뢰를 잃게 된다면,
사용자들은 시장에 UST를 매도하기 때문에 UST의 가치는 $1보다 낮아
질 것이며, 알고리즘으로 인해 UST의 공급을 줄이기 위해 더 많은 양의
LUNA 토큰이 발행되게 된다. 이는 LUNA 가격의 하락을 야기하고,
LUNA 가격의 하락은 다시 UST에 대한 불신을 증폭시킨다. 이 과정이
연쇄 작용으로 일어남에 따라 테라 네트워크가 완전히 붕괴하게 될 수 있
는데, 그러한 현상이 바로 이번 테라 붕괴 사태 때 발생한 것이다.

$1의 가치를 가지고 있어야 할 UST의 가치가 초기에 $0.6까지 하락하게
되며 사용자들은 패닉에 빠져 대거 이탈하게 되었고, LFG는 8만 개의 비트
코인을 통해 UST를 매수하면서 이를 어느 정도 방어해 보려고 했으나 이
또한 속수무책이었고, 결국 UST와 LUNA는 0으로 가격이 수렴하여 테라
네트워크의 1년 대천하는 막을 내리고 말았다. 이는 UST가 사람들의 불신
으로 인해 취약한 구조를 가지고 있다는 점과 LFG가 공격적으로 비트코인
을 매집했다는 점을 노린 외부 세력의 공격으로 추정되며, 테라 내부의 소행
이라는 주장도 있으나 아직 명확한 것이 밝혀진 것은 없는 상황이다.

3) 시장에 교훈을 남긴 테라 네트워크

종합해 보자면, 토크노믹스 측면으로 보았을 때 위에서 평가해 봤듯이 UST와 LUNA의 구조는 상당히 매력적이었다. 잘 만들어진 토크노믹스의 기준에 충분히 부합했으며, 이로 인해 폭발적으로 네트워크가 성장할 수 있었던 것도 사실이다. 다만 테라 사태의 붕괴는 자연스러운 성장이 아닌 공격적인 성장에 있다고 생각된다.

가장 큰 요인으로는 앵커 프로토콜의 20%에 가까운 지속 가능하지 않은 이자율이 문제였다. 만약 예금자가 너무 많고 대출자가 적다면, 아베 AAVE나 컴파운드 Compound 대출 프로토콜들과 같이 이자율을 변동적으로 조정함으로써 지속 가능한 운영을 했어야 했지만, LFG와 같은 외부 집단의 자금까지 수혈하며 공격적으로 20%의 이자를 지급함에 따라서 사용자들은 UST를 비정상적으로 발행하여 앵커 프로토콜에 예치하였고, 이는 네트워크의 붕괴를 가속화했다.

이번 사태로 인해 암호화폐 시장에 껴 있었던 상당한 규모의 거품이 무너지며, 이는 셀시우스나 쓰리 애로우 캐피탈과 같은 유수 기관들도 파산으로 이끌며 2022년 하락장에 일조했다. 스테이블 코인도 결국 성장과 건전성을 위해 탄탄한 토크노믹스와 유틸리티가 뒷받침되어야 한다는 교훈을 주었으며, 테라 사태로 인해 알고리즘 스테이블 코인에 대한 신뢰도 많이 무너지게 되었고, 토크노믹스적으로 많은 부분을 시사했다.

1) 옵티미즘 개요

독자들 중 이더리움 네트워크를 직접 사용해 본 경험이 있다면 이더리움 네트워크가 얼마나 느리고 수수료가 비싼지 알 것이다. 물론 필자가 글을 쓰는 이 시점은 하락장이어서 이더리움 네트워크의 혼잡도가 적어 토큰을 전송하는 데 약 $1.5 정도의 수수료밖에 들지 않긴 하지만, 탈중앙성과 보안성을 강조한 이더리움 네트워크의 경우 확장성이 매우 떨어지기 때문에 이더리움 네트워크의 사용량이 많아지면 수수료가 상당히 비싸진다. 예를 들어 사용량이 많았던 한때는 네트워크 수수료가 토큰 전송에는 기본 $5~10, 토큰 거래엔 $30~100까지도 소모되기도 했다.

사용할 때마다 수천 원에서 수만 원이 수수료로만 지급되는 네트워크는 절대로 많은 사람이 사용할 수 없을 것이다. 과연 이더리움 네트워크의 확장성 문제를 해결할 수는 없는 것일까? 최근 들어 이더리움 네트워크의 느린 속도와 비싼 수수료 문제를 해결하려는 시도들이 많이 나오고 있다. 바로 이더리움 레이어2라는 솔루션이다. 레이어2는 마치 현실 세계의 고가도로라고 비유하면 이해하기 쉽다. 지상 도로가 혼잡할 때 고가도로를 만들어 교통 체증을 해소하듯이, 혼잡한 이더리움 네트워크의 느린 속도와 비싼 수수료를 해결하기 위해 높은 컴퓨팅 리소스가 필요한 트랜잭션 연산^{execution}만 이더리움이 아닌 이더리움 밖의 오프체인$^{off-chain}$에서 수행하는 것이다. 이러한 솔루션들을 이더리움 레이어 2$^{Layer 2}$ 솔루션이라고 한다.

오해하면 안 되는 것은, 이더리움 레이어2 솔루션은 디앱이 아니라 엄

137

연한 네트워크이다. 사용자들은 이더리움 대신 레이어2 네트워크를 사용함으로써 강력한 이더리움의 보안 수준의 수혜를 받으면서도 훨씬 더 빠르고 저렴하게 사용할 수 있다. 이더리움 레이어2 솔루션에는 연산에 사용된 데이터 저장 방식과 플라즈마, 옵티미스틱 롤업, zk롤업, 밸리디움 등 다양한 방식이 있으나, 옵티미즘은 이 중 옵티미스틱 롤업이라고 불리는 솔루션에 속한다. 옵티미즘이 구체적으로 어떻게 작동하는지 아래에서 살펴보자.

2) 옵티미즘 작동 방식 및 토크노믹스

옵티미즘은 위에서 말했듯이 이더리움 레이어2 솔루션 중 한 프로젝트이다. 여기서 독자들은 의문을 가질 수 있는 게, 레이어2 네트워크는 이더리움 네트워크에서 트랜잭션의 연산 과정만을 따로 떼내어 수행함으로써 이더리움의 낮은 확장성을 개선하는 데 도움을 줄 수 있지만, 어떻게 이더리움의 강력한 보안 수준에 의존할 수 있는 것일까? 바로 레이어2 네트워크들은 트랜잭션의 연산 결과를 모아서 이더리움 블록에 기록하고, 이를 이더리움 네트워크에 검증받기 때문이다.

또한, 레이어2 솔루션들 중 옵티미스틱 롤업과 zk롤업은 연산 결과의 요약 값 외에도 트랜잭션 데이터를 이더리움의 블록 공간에 기록하게 되는데, 이 과정에서 상당히 많은 이더리움 네트워크 수수료가 발생하게 된다. 즉 이더리움의 강력한 보안에 의존하기 위해 매번 연산 결과 요약 값과 트랜잭션 데이터를 이더리움 블록에 기록하고, 이를 위해 상당한 비용을 지출하는 것이다.

옵티미즘에 참여하는 사용자는 크게 두 종류가 있다. 첫 번째는 네트워크 사용자로, 타 블록체인 네트워크의 사용자와 거의 동일하다고 생각하면 된다. 사용자들이 이더리움 네트워크이든, 솔라나 네트워크이든 네트워크 수수료를 지급하고 타인에게 토큰을 전송하거나 디앱을 사용하듯이, 옵티미즘 네트워크에서도 사용자들은 이더리움 네트워크보다 훨씬 더 싼 수수료를 지급하면서 이더리움과 동일한 수준의 보안을 갖는 네트워크를 사용할 수 있다.

두 번째로는 오퍼레이터 혹은 시퀀서로 불리는 역할군이다. 오퍼레이터의 역할은 레이어1 블록체인의 채굴자$^{작업 증명 방식}$ 혹은 검증인$^{지분 증명 방식}$이 하는 역할과 유사하다. 즉 네트워크에서 사용자들이 제출한 트랜잭션의 순서를 정하고 블록을 만드는 역할을 한다. 레이어1 블록체인들에선 채굴자 혹은 검증인이 여러 명 존재하기 때문에 네트워크의 보안을 탈중앙적으로 유지할 수 있는 반면, 현재 존재하는 대부분의 롤업 네트워크들은 단일 오퍼레이터를 사용하고 있다. 레이어2 네트워크의 존재 목적은 확장성 개선인데, 오퍼레이터가 많아질 경우 오퍼레이터들끼리 통신 및 합의하는 과정이 필요하기 때문에 확장성 저하 현상이 일어난다. 그럼에도 불구하고 단일 오퍼레이터 시스템이 보안 측면에서 괜찮은 이유는 연산 결과를 이더리움 네트워크에서 검증받으므로 보안적으로는 문제가 없기 때문이다.

옵티미즘의 작동 방식은 간단하다. 오퍼레이터는 사용자들의 트랜잭션을 모아 연산을 처리하고, 이에 대한 결괏값과 데이터를 이더리움 네트워크에 제출하는 것이다. 여기서 오퍼레이터의 수익은 사용자들로부터 거두어들인 옵티미즘 네트워크 수수료이며, 오퍼레이터의 지출은 이더리움에서 연산 결괏값과 데이터를 저장하기 위해 사용한 이더리움 네트워크 수수료이다. 오퍼레이터의 입장에서 당연히 손해를 보고 레이어2 네트워크를 유지시킬 이유가 전혀 없기 때문에 옵티미즘 네트워크의 수수료는 오퍼레이터가 트랜잭션을 모아 이더리움에 제출할 때 소모되는 가스비에 2,100가스를 더한 후 1.24를 곱한 값을 요구하고 있다.

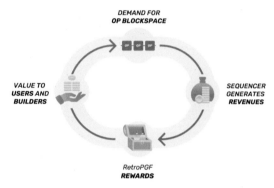

옵티미즘 네트워크에서의 선순환(출처: 옵티미즘)

이렇게 오퍼레이터가 벌어들인 수익은 옵티미즘 네트워크의 생태계를 지원하는 지원금으로 전량 사용된다. 그렇다면 생태계는 더욱더 활성화될 것이고, 더 많은 개발자가 옵티미즘 네트워크로 들어올 것이며, 이는 더 많은 사용자를 불러들여 오퍼레이터의 더 큰 수익으로 귀결된다. 즉 옵티미즘은 위의 그림과 같이 선순환의 그림을 통해 생태계를 발전시키려는 그림을 그리고 있다.

지금까지 옵티미즘의 개요와 작동 방식에 대해 알아보았는데, 토큰의 언급이 하나도 없었다. 왜냐하면 옵티미즘 네트워크의 작동에서 OP 토큰이 직접적으로 작용하지 않기 때문이다. 실제로 옵티미즘 네트워크는

메인넷 토큰

2021년 1월에 출시된 후, OP 토큰이 출시된 2022년 5월까지 토큰이 존재하지 않았지만 네트워크 작동에 문제가 없었다. 옵티미즘 네트워크에서 수수료는 ETH 토큰으로 사용된다. 그렇다면 OP 토큰의 유틸리티는 무엇일까?

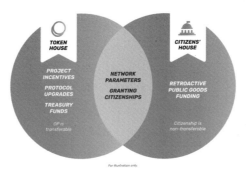

옵티미즘의 거버넌스 구조(출처: 옵티미즘)

OP 토큰의 유틸리티를 알아보기 위해선 옵티미즘 네트워크의 거버넌스가 어떻게 작동하는지에 대한 이해가 필요하다. 옵티미즘의 거버넌스는 다른 프로젝트들과 달리 신기하게 세분화되어 있다. 옵티미즘의 거버넌스 기구 이름은 옵티미즘 콜렉티브Optimism Collective인데, 이는 토큰 기구Token House와 시민 기구Citizens' House로 나뉘어 있다. 토큰 하우스는 OP 토큰 홀더들의 거버넌스 기구이며, OP 토큰 홀더들은 프로젝트 인센티브, 프로토콜 업그레이드, 트레저리공동으로 관리하는 자금 관리 등에 대한 거버넌스를 결정할 수 있다.

그에 반해 시민 기구는 시민권Citizenship이라는 소울 바운드 토큰SBT을 가지고 있는 사람들로만 구성되어 있다. 즉 거래가 가능한 OP 토큰과 달리 시민권은 구매가 불가능하며, 초기 시민권의 분배는 옵티미즘을 개발한 옵티미즘 재단에 의해 부여되고, 나중엔 자생적으로 임명이 이루어지도록 할 예정이다. 시민 기구의 가장 큰 역할은 공공재 펀딩^{Retro Public Goods Funding, RPGF}을 관리하는 것이다. 공공재는 현실 세계에서도 꼭 필요하지만, 수익을 창출하기가 어렵기 때문에 지원이 필요한 분야이다. 마찬가지로 옵티미즘 네트워크에서도 여러 개발자 도구와 같이 꼭 필요한데 수익 창출이 되지 않는 프로젝트들을 지원하기 위해 RPGF라는 펀드를 운영하며, 시민 기구에서는 RPGF를 어떻게 운용할지 결정할 수 있다.

여기서 한 가지 의문점이 들 것이다. 공공재적인 성격을 갖는 프로젝트에게 지원금을 주기 위한 돈인 RPGF는 어디로부터 오는 것일까? 첫 번째로, 발행된 OP 토큰의 20% 및 이후엔 2%의 인플레이션만큼 RPGF로 흘러 들어간다. OP 토큰을 통해 프로젝트들을 지원하는 것이다. 두 번째로는 오퍼레이터의 수익으로부터 온다. 사용자들로부터 거두어들인 옵티미즘 네트워크 수수료 매출에서 이더리움에 연산 결과 및 데이터를 기록할 때 소모된 가스비를 뺀 나머지 수익이 RPGF로 흘러 들어가게 된다.

즉 종합하면 옵티미즘 네트워크의 거버넌스는 토큰 기구와 시민 기구, 총 두 가지 기구로 이루어져 있으며, OP 토큰 홀더들은 토큰 기구에서 단기적인 이익에 부합되는 거버넌스 활동들을 진행할 수 있고, 시민권 소유자들은 시민 기구에서 공공재 펀딩을 관리하여 보다 장기적인 이익에 부합되는 거버넌스 활동을 할 수 있는 것이다.

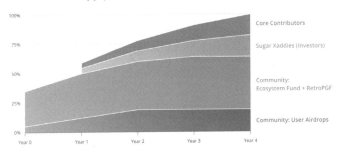

시간별 OP 토큰의 총 공급량 그래프(출처: 옵티미즘)

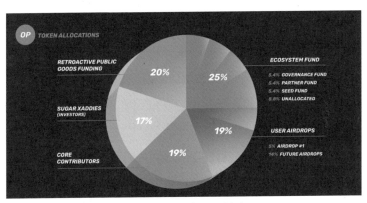

OP 토큰의 분배 비율(출처: 옵티미즘)

토큰 분배의 경우 첫 4년간 43억 개의 OP 토큰이 발행되며 분배 비율은 아래와 같다.

‣ 투자자: 17%

‣ 팀: 19%

‣ 유저 에어드랍: 19%

‣ 생태계 펀드: 25%

‣ RPGF: 20%

3) 평가

옵티미즘 네트워크는 유니스왑과 마찬가지로 토큰이 없던 시절에도 프로토콜 경제가 잘 돌아갔었다. 이 말은 즉, 토큰의 유무가 생태계 유지 및 운영에 필수적이지 않다는 것이다. 실제로 옵티미즘에서 네트워크 사용자에게 직접적인 OP 토큰 보상은 존재하지 않는다. 따라서 OP 토큰이 사용자들의 참여를 적절히 보상하지 않고 있다고 말할 수 있겠으나, OP 토큰은 간접적인 형태로 사용자들에게 지급되고 있다.

첫 번째로 총 발행량의 19%에 해당하는 유저 에어드랍[2]이다. 토큰이 없었던 시절 옵티미즘 네트워크를 꾸준히 사용한 사용자 및 다양한 사용자들에게 5%에 해당하는 OP 토큰이 에어드랍되었다. 19%에서 5%를 뺀 나머지인 14%가 아직 미래 사용자들을 위해 에어드랍 물량으로 남아 있으므로 참여자들은 옵티미즘 네트워크를 꾸준히 사용하고 미래의 에어드랍을 기대해 볼 수 있을 것이다.

두 번째로 프로젝트로 흘러가는 거버넌스 펀드이다. 옵티미즘 네트워크는 사용자들에게만 에어드랍을 주는 것이 아닌, 네트워크 위에 존재하는 프로젝트들에게도 프로젝트들의 규모에 따라 OP 토큰을 분배하고 있다. 프로젝트들은 분배받은 OP 토큰을 자체적으로 활용할 수 있으며, 이는 일부분 프로젝트의 사용자들에게 흘러갈 수 있기 때문에 사용자들은 이를 기대하고 옵티미즘 네트워크 및 옵티미즘 네트워크상의 디앱에 활발히 참여할 유인이 된다.

OP 토큰의 출시로 상당히 많은 수의 공공재적인 성격을 가진 프로젝트

2 무료로 토큰을 나눠 주는 행위

144

메인넷 토큰

및 프로토콜들이 펀딩을 받게 됨으로써 생태계는 더욱더 커지고 성장할 것이다. 생태계가 커지게 된다면, 더 많은 유저와 개발자가 흘러 들어올 것이고 이는 계속 선순환을 그릴 것이다. 즉 종합하면 OP 토큰이 직접적으로 사용자들의 참여를 독려하진 않지만, 간접적으로 네트워크 성장에 기여하고 있다고 할 수 있다.

　토크노믹스와 별개로 프로토콜 자체의 지속 가능성은 충분하다. 옵티미즘은 이더리움의 확장성을 개선하는 레이어2 프로젝트 중 초기 프로젝트이기 때문에 충분한 사용자들을 끌어모을 수 있었고, 위에서 설명했듯이 옵티미즘은 자체 토큰이 존재하지 않을 때도 꾸준히 수익을 내어왔다. 그뿐만 아니라, OP 토큰의 출시로 간접적으로 사용자 및 개발자들의 참여를 독려하기 때문에 훨씬 더 뛰어난 레이어2 네트워크가 출시되어 사용자들을 뺏어가지 않는 한, 충분한 네트워크 효과를 구축할 수 있을 것이라고 기대된다.

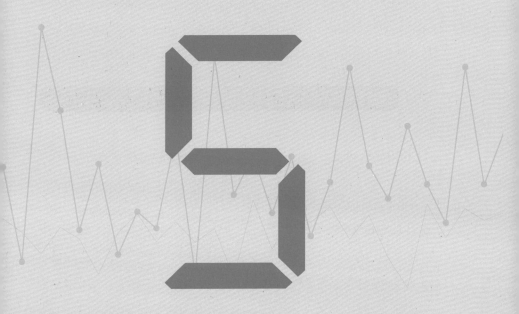

디앱 사례

디앱 사례

5-1 컴파운드

1) 컴파운드 개요

실생활에서 은행은 고객들의 자금을 예치받고, 자금을 예치한 고객들에게 특정 수준의 이자를 제공해 준다. 과연 고객들에게 제공하는 이자는 어디서 오는 것일까? 은행은 예치 받은 자금을 다시 다른 고객 혹은 기업에게 더 높은 이자로 대출을 제공해 줌으로써 예금자들에게 이자를 제공할 수 있는 것이다. 예금 이자와 대출 이자의 차이를 예대 마진이라고 하며, 이는 은행이 운영될 수 있고 수익을 올릴 수 있는 가장 핵심 개념이다.

컴파운드Compound는 이더리움 네트워크 위의 탈중앙 담보 대출 프로토콜이다. 쉽게 비유하자면 컴파운드는 은행의 역할을 블록체인상에서 탈중앙적으로 수행한다. 은행의 역할을 블록체인을 통해 수행하면 무슨 장점이 있을까? 바로 누구나 쉽게 서비스를 이용할 수 있다는 것이다. 현실 은행에서 대출을 받기 위해서는 조건들이 꽤나 까다로우며, 특히 금융이 발달하지 못한 국가에서는 대출 서비스에 대한 접근성이 매우 낮다. 그에 반

148

해, 아래는 컴파운드 홈페이지의 메인 화면인데, 여기서 볼 수 있듯이 사용자들은 누구나 컴파운드에 암호화폐를 손쉽게 예치하고 이자 수익을 얻을 수 있으며, 반대로 누구나 손쉽게 이자를 컴파운드에 지급하면서 암호화폐 대출을 진행할 수도 있다.

Supply Markets					Borrow Markets			
Asset	APY	Wallet	Collateral		Asset	APY	Wallet	Liquidity
Aave Token	0.08%	0 AAVE			Aave Token	3.19%	0 AAVE	$2.95M
Basic Attention ...	0.09%	0 BAT			Basic Attention ...	3.46%	0 BAT	$43.03M
Compound Gov...	0.01%	0 COMP			Compound Gov...	2.38%	0 COMP	$2.48M
Dai	1.42%	0 DAI			Dai	3.12%	0 DAI	$310.83M
Ether	0.04%	4.0373 ETH			Ether	2.54%	4.0373 ETH	$632.21M
Fei USD	0.25%	0 FEI			Fei USD	1.39%	0 FEI	$1.52M
ChainLink Token	0.23%	0 LINK			ChainLink Token	4.28%	0 LINK	$10.58M
Maker	0.00%	0 MKR			Maker	2.31%	0 MKR	$3.62M

컴파운드 웹사이트의 메인 화면

현실에서는 대출을 받을 때 주택담보대출과 같이 담보물을 설정하기도 하지만, 신용대출과 같이 직업 및 현재 상황을 고려하여 담보 없이 대출을 받을 수도 있다. 하지만 블록체인 네트워크에서의 활동은 사용자들의 익명의 지갑 주소로 이루어지기 때문에 각 지갑 주소의 신용을 제대로 평가하기가 어렵다는 문제점이 있다. 따라서 컴파운드에서는 대출을 하려면 무조건 과담보를 예치하여 대출을 하도록 되어 있다. 신용이 불분명한 상태에서 담보물 없이 대출을 허용했다가는 돈을 떼일 수 있기 때문이다. 담보의 형태도 초과 담보를 요구하는 이유는 변동성이 심한 암호화폐 시장에서 예상치 못한 손실을 줄이기 위해서이다.

예치한 담보물 대비 빌려갈 수 있는 한도를 LTV[Loan-to-Value] 비율이라고 한다. 즉 과담보란 LTV 〈 100%일 때를 의미하는데, 만약 LTV가 60%라면 사용자가 담보물을 $100 가치의 이더리움을 예치한다면 $60만큼밖에 대출을 하지 못한다는 것이다. 여기서 이더리움의 가격이 유지되거나 오른다면 상관없지만, 시장 상황이 좋지 않아 가격이 떨어져서 담보물의 가치가 사용자가 대출한 금액의 규모보다 낮아진다면 프로토콜 입장에서는 손해를 볼 수 있으므로, 그 전에 담보물 청산 과정을 진행하게 된다. 아래 작동 방식에서 더 자세히 살펴볼 것이다. 따라서 컴파운드의 목표는 더 많은 사용자들이 프로토콜에 자금을 예치시키도록 하여 더 많은 대출자가 이를 활용할 수 있도록 하는 것이다.

컴파운드에는 재미있는 역사가 있다. 바로 COMP 토큰의 출시와 디파이 섬머이다. 2020년, 컴파운드가 토큰을 출시하기 이전에는 블록체인 디앱에서 프로토콜을 사용함으로써 토큰을 지급하는 행위 자체가 낯설었지만, 컴파운드에서 처음으로 프로토콜을 사용한 사용자들에게 COMP 토큰을 추가적으로 지급하며 많은 인기를 끌 수 있었다. 이후로 나온 디파이 프로토콜들은 너도나도 할 것 없이 각자의 프로토콜을 사용한 사용자들에게 자체 거버넌스 토큰들을 지급하면서 수많은 사용자를 유인했고, 이는 디파이라는 분야 자체가 폭발적으로 성장하는 디파이 섬머 시대를 열었다.

2) 컴파운드 작동 방식 및 토크노믹스

컴파운드에 참여하는 사용자는 크게 세 부류가 있다. 컴파운드는 저마다의 이익을 위해 움직이는 세 종류의 참여자를 둠으로써 복잡한 예치, 대출의 과정을 탈중앙적으로 구현하였다.

▌주요 참여자

첫 번째로는 예치자로, 대출을 필요로 하는 사람들이 원활하게 대출을 할 수 있도록 컴파운드에 자금을 예치하며, 자금을 예치한 대가로 이자 수익을 얻을 수 있다. 존재하는 풀의 종류에 따라 다양한 자금^{ETH, BTC, USDC, 등}을 예치할 수 있으며, 자산의 종류에 따라 대출 이자만 받을 수도 있고, COMP 토큰까지 동시에 받을 수도 있다. 자산을 예치한 증표로 cToken을 지급받는다. 예를 들어 ETH를 예치한다면, cETH 토큰을 증표로 지급받는다. 나중에 예치자가 컴파운드에 cToken을 다시 반납하면 기존에 예치했던 자금을 되찾을 수 있는데, cToken과 일반 토큰의 교환 비율은 시간이 지날수록 점점 달라진다. 이는 예금 이자가 cToken에 누적되어 반영되기 때문이다. 예를 들어 1년 전 cETH와 ETH의 교환 비율이 1:1이었다고 가정하면, 현재는 이자가 누적되어 1:1.05 식으로 변동되는 것이다. 이런 식으로 예치자는 시간이 지나면 예치했던 자금보다 더 많은 자금을 되찾아갈 수 있는 것이다.

두 번째로는 차입자이다. 컴파운드에서 자금을 대출하는 역할로, 위에서 살펴보았듯이 대출을 진행하기 위해선 먼저 일정 수준 이상의 담보물을 예치해야 한다. 담보를 예치한 후에는 자산마다 상이한 LTV 비율에 따라 자금을 빌려갈 수 있다. 차입자는 암호화폐의 시세에 따라 담보물의 가치에 대해 신경을 써야 하는데, 만약 빌려간 금액의 규모보다 담보물의 가치가 상대적으로 낮아지게 되면 담보물의 청산이 일어날 수 있기 때문이다.

여기서 아직 설명하지 않은 부분이 있다. 과연 이자율은 어떤 방식으로 정해지는 것일까? 현실의 은행에서는 상품마다 은행에서 예금 및 대출 이자율을 정해 주기 마련이지만, 컴파운드에서는 이자율을 정해 줄 운영 주체도 없다. 대신 컴파운드에서는 이미 프로그래밍된 수학 공식에 따라 예치 및 대출 이자율이 결정된다. 이자율을 계산하기 위해선 현재 자금 풀에 있는 전체 자금 대비 얼마만큼의 자금이 대출에 사용되었는지를 나타내는 활용 비율$^{Utilization Ratio}$이 중요하다.

만약 이더리움 풀이 있다고 가정하면, 이더리움 풀에 100 ETH가 예치되어 있는데, 대출에 사용되고 있는 규모가 90 ETH라면 프로토콜 입장에서 여유 ETH가 10개밖에 남아 있지 않은 상태일 것이다. 즉 활용 비율이 굉장히 높은 상태인데, 이를 완화시키기 위해 예치 및 대출 이자율이 자동적으로 상승한다. 예치 이자가 높으면 더 많은 예치자들이 수익을 매력적으로 느껴 이더리움을 예치할 것이며, 대출 이자가 높으면 차입자들이 지급해야 하는 이자에 압박을 느껴 대출을 줄이고 상환하게 될 것이다. 경제적인 유인으로 인해 자연스레 활용 비율은 낮아지게 되는 것이다. 토큰의 종류에 따라 이자율이 결정되는 공식이 상이하며, 아래는 이더리움 토큰에 해당하는 예시이다. 활용 비율이 커질수록 예치 및 대출 이자율이 증가하는 것을 볼 수 있으며 특정 수준 이상에서는 급격하게 증가한다.

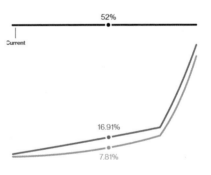

Interest Rate Model

Utilization vs. APY

52%

Current

16.91%

7.81%

컴파운드의 이더리움 풀에서의 이자 결정 공식.
위에서부터 각각 활용 비율, 대출 이자율, 예치 이자율

세 번째 역할군은 청산자이다. 보통 청산자는 사람이 하기보다는 프로그래밍된 봇이 주를 이룬다. 시장 상황이 급격히 변하여 차입자가 예치한 담보물

의 규모에 비해 빌린 금액의 규모가 어느 수준 이상으로 커지면, 컴파운드는 자동으로 담보물을 일정 수준 청산시켜 자금 손실을 방지한다. 청산자는 청산 위험에 놓인 담보물을 탐색한 후 이를 할인된 가격에 구매할 수 있다. 담보물이 할인되어 청산되는 이유는 청산자들이 청산 과정에 활발히 참여하여 컴파운드의 건전성을 높이게 하는 인센티브로 작용할 수 있기 때문이며, 차입자들에게는 패널티로 작용해 무리한 대출을 하지 않게끔 할 수 있기 때문이다.

▌ COMP 토큰 유틸리티

컴파운드의 자체 토큰 이름은 COMP 토큰이다. COMP 토큰의 주된 유틸리티는 거버넌스 기능이다. 자신이 가지고 있는 토큰을 다른 사람에게 위임함으로써 투표권$^{voting power}$을 위임할 수도 있다. 컴파운드는 온체인 거버넌스 방식을 사용한다. 온체인 거버넌스란, 예를 들어 만약 수수료 비율 등을 조절하는 거버넌스 제안이 통과되었다고 하면, 수수료 변동 업데이트가 수동으로 적용되는 것이 아닌 자동적으로 적용되는 것을 뜻한다. 거버넌스 제안이 올라오면 3일간의 투표 기간이 주어지며, 그동안 최소 40만 개 이상의 과반수 찬성표가 던져지면 제안이 통과되고 시행된다.

▌ COMP 토큰 분배

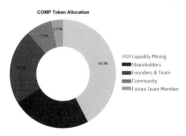

COMP 토큰의 분배 비율

총 1,000만 개의 공급량, 분배 비율은 아래와 같다.

- 투자자: 24.0%
- 팀: 22.3%
- 미래의 팀: 3.7%
- 유저^{유동성 마이닝}: 42.3%
- 커뮤니티: 7.8%

3) 평가

컴파운드는 디파이에서 토큰 인센티브라는 개념을 처음 도입했기 때문에 기념비적인 프로토콜로 평가받는다. 지금은 컴파운드 출시 초기 때보다는 확실히 토큰 보상이 줄어든 것은 맞지만, 아직도 특정 토큰에 한해서 예치 혹은 대출을 한 사용자에게 COMP 토큰 지급이 이루어지고 있다. 이는 사용자들이 예치 및 대출을 할 추가적인 경제적 인센티브로 사용되고 있으며, 컴파운드의 목표인 네트워크에 예치된 금액을 높이는 목표에 적절히 보상되고 있다고 말할 수 있다.

컴파운드의 지속 가능성은 어떠한지 실제 수치를 통해 확인해 보자. 첫 번째로 프로토콜의 지속 가능성 측면이다. 2023년 1월 22일까지의 통계를 살펴보면 총 $421.1M의 COMP 토큰이 발행되어 지출됐으며, 총 $461.4M의 수수료 매출을 올렸다. 아래 그래프를 보면 초기에는 수수료 매출이 토큰 발행 지출보다 작아 적자 운영을 하는 모습을 보이다가, 토큰 발행 지출이 점점 줄고 수수료 매출이 증가하며 흑자로 전환된 모습을 확인할 수 있다. 이는 프로토콜의 지속 가능성 차원에서 매우 바람직한 모습이다.

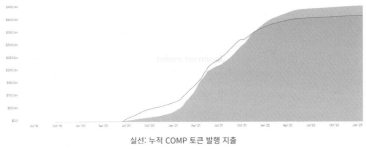

실선: 누적 COMP 토큰 발행 지출
막대: 누적 수수료 매출(출처: 토큰터미널)

토크노믹스의 지속 가능성의 경우 그 실상이 조금 다른데, 아래 그래프를 보면 토큰에 누적되는 가치는 매우 적어 토큰 발행 지출에 한참 못 미치는 것을 볼 수 있다. 즉 발행된 토큰으로 인해 희석되는 토큰의 가치가 토큰에 누적되는 가치보다 크다는 의미이며, 이는 토크노믹스가 지속 가능하지 않다는 것을 의미한다. 이는 컴파운드에서 수수료 매출이 토큰의 가치로 누적되는 메커니즘이 잘 설계되어 있지 않기 때문이다.

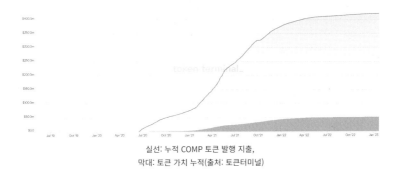

실선: 누적 COMP 토큰 발행 지출,
막대: 토큰 가치 누적(출처: 토큰터미널)

토큰 유틸리티 측면에서 아쉬운 모습이 또 하나 있는데, COMP 토큰의 유틸리티는 거버넌스 기능밖에 없다는 것이다. 딱히 프로토콜 차원에서 발생하는 수수료 매출에 대해서 COMP 토큰 홀더들에게 배당하는 기능이 없으므로, 토큰 가치에 직접 영향을 줄만한 거버넌스 사안에 의결권으로 참여하는 것이 아닌 한, 컴파운드의 네트워크가 성장한다고 하여도 토큰 가치의 상승으로 이루어지는 직접적인 인과관계는 미약하다.

5-2 유니스왑

1) 유니스왑 개요

유니스왑Uniswap은 이더리움 네트워크 위에 올라와 있는 탈중앙 거래소DEX; Decentralized Exchange이다. 기업과 같이 중앙화된 운영 주체가 있는 업비트, 빗썸, 바이낸스 등과 같은 중앙화 거래소CEX; Centralized Exchange와 달리 유니스왑은 운영 주체가 없으며, 스마트 컨트랙트라고 하는 코드에 의해 작동하는 디앱 dApp; Decentralized Application이다. 쉽게 설명하면, 이더리움 네트워크 내에서 토큰 거래소 역할을 하는 탈중앙 애플리케이션이라고 생각하면 되며, 사용자들은 유니스왑에서 누구나 손쉽게 이더리움의 토큰 표준인 ERC-20 토큰을 거래할 수 있다.

▌유니스왑의 등장, AMM으로 오더 북의 한계를 넘어서다

유니스왑은 2016년, 이더리움의 창시자인 비탈릭 부테린이 제시한 아이디어로부터 만들어진 프로토콜이다. 유니스왑 창립자인 헤이든 애덤스가 이더리움 재단에게 10만 달러의 지원금을 받아 이 아이디어로부터 실제 작동이 되는 프로덕트를 만들기 시작했고, 유니스왑은 2018년 11월에 처음 출시되었다.

유니스왑이 사용하는 거래 방식은 우리가 흔히 아는 방식과는 많이 다르다. 주식 투자를 해본 독자들은 알겠지만, 특정 자산의 거래에 있어 물물교환과 같은 1대1 교환이 아닌 이상, 많은 사람에게 가장 익숙한 방식은 오더 북$^{order\ book}$ 방식일 것이다. 오더 북 형식에서는 매수자든, 매도자든, 원하는 체결가를 작성하여 주문을 제출하는 방식으로 거래가 진행되며, 모든 종목마다 주문을 나열해 둔 호가창이 존재한다.

하지만 오더 북 방식을 이더리움 네트워크에 적용하는 데에는 문제가 있다. 지금이야 속도가 굉장히 빠른 블록체인 네트워크들도 존재하기 때문에 솔라나 네트워크의 세럼^{Serum} 거래소나 dYdX 선물거래소와 같은 오더 북을 사용하는 탈중앙 거래소들이 존재하긴 한다. 그러나 옛날에 이더리움 외에 다른 블록체인 네트워크들이 거의 존재하지 않았을 때에는 이더리움 네트워크밖에 선택지가 없었고, 이더리움 네트워크에서 오더 북 방식을 사용하기엔 네트워크의 속도가 너무 느리고, 비싼 수수료가 문제가 되었다. 오더 북 방식의 경우 빠른 속도로 수많은 양의 주문을 처리해야 했기 때문이다.

따라서 유니스왑은 거래에 있어서 오더 북 방식이 아닌, AMM$^{Automated\ Market\ Maker;\ 자동화된\ 시장\ 메이커}$ 방식을 채택했다. 토큰 A와 토큰 B의 거래쌍이 있다고 가정하자. 오더 북 방식에서는 A와 B의 교환 비율이 참여자들의 주문으로 이루어진 호가창에 의해 결정된다. 하지만 AMM 방식에서는 A와 B의 교환 비율이 유동성 풀에 존재하는 A와 B의 개수에 의해 결정된다. 유동성 풀$^{Liquidity\ Pool}$이란, 토큰 A와 토큰 B가 들어 있는 수영장 같은 개념이라고 생각하면 쉽다. 만약 A를 B로 사고 싶은 사용자는 보유하고 있던 B를 유동성 풀에 넣고 교환 비율에 맞게 유동성 풀에서 A를 받는 방식으로 거래가 성사된다.

2) 유니스왑 작동 방식 및 토크노믹스

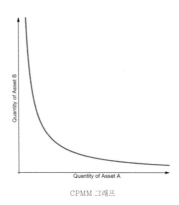

CPMM 그래프

유니스왑에서 교환 비율은 구체적으로 어떻게 결정되는 걸까? 다양한 방식의 AMM이 존재하지만, 유니스왑은 AMM 중에서도 CPMM^{Constant Product} ^{Market Makers} 방식을 사용한다. 유동성 풀에 들어 있는 A의 개수가 a, B의 개수를 b라고 할 때, 유동성 풀에서 a와 b의 곱은 항상 일정하도록 유지되는 방식이다. 이를 수식으로 표현하면 $a \times b = k$는 상수가 된다. 이때 A와 B의 교환 비율은 유동성 풀에 존재하는 토큰 A의 총가치와 토큰 B의 총가치가 동일하다는 것으로부터 결정된다. 예시를 통해 좀 더 쉽게 살펴보자.

비트코인과 이더리움을 거래할 수 있는 유동성 풀이 있다고 생각해 보자. 현재 이 유동성 풀에 비트코인 1개와 이더리움 50개가 들어 있다고 가정하면, 이 유동성 풀에서 교환 비율은 비트코인의 총가치와 이더리움의 총가치가 동일하다는 것으로부터 결정되므로, 비트코인 1개는 이더리움 50개의 가치를 가지고 있는 것을 알 수 있다. 또한, CPMM의 식$a \times b = k$을 통해서 1×50=50으로 유동성 풀의 상숫값 k는 50인 것을 알 수 있다.

이제 비트코인 1개를 가지고 있는 철수가 이를 매도하여 이더리움을 얻고 싶어 한다고 해보자. 철수가 비트코인 1개를 유동성 풀에 넣게 되면 유동성 풀의 비트코인 개수는 2개, 이더리움 개수는 50개가 된다. 하지만 앞서 살펴보았듯이 유동성 풀의 상숫값 k는 50이어야 하므로, 비트코인의 개수가 2개가 되었으니 이더리움의 개수는 50÷2=25가 되어야 한다. 따라서 유동성 풀에서 50-25=25개의 이더리움이 밖으로 빠져나가야 하며, 이는 철수에게 가게 되는 것이다. 즉 최종적으로 철수는 비트코인 1개를 팔고 이더리움 25개를 얻을 수 있었다.

여기서 독자들은 궁금증이 생길 것이다. 분명 위에서 유동성 풀에 비트코인 1개와 이더리움 50개가 들어 있다고 했을 때, 비트코인 1개의 가치는 이더리움 50개의 가치와 동일하다고 했는데, 철수는 왜 비트코인 1개를 매도하고 50개의 절반에 해당하는 이더리움 25개밖에 받지 못했을까? 정답은 바로 부족한 유동성으로 인한 슬리피지^{Slippage} 때문이다. 슬리피지란 거래를 진행함에 있어서 기대되는 교환 비율과 실제 교환 비율 간의 차이를 의미하는 용어이다. 과연 유동성 풀의 유동성이 훨씬 컸다면 어떻게 됐을지 다시 알아보자.

이번엔 유동성 풀에 비트코인 100개와 이더리움 5,000개가 들어 있다. 비트코인 100개의 가치와 이더리움 5,000개의 가치는 동일하므로, 교환 비율은 위의 예시와 똑같이 비트코인 1개당 이더리움 50개로 결정된다. CPMM의 식을 통해서 유동성 풀의 상숫값 k을 계산하면 이번엔 100×5,000=500,000이 나온다. 철수가 비트코인 1개를 유동성 풀에 매도하게 되면 유동성 풀에는 비트코인 101개와 이더리움 5,000개가 존재하고, 풀

의 상숫값은 500,000이어야 하므로 이더리움의 개수는 500,000÷
10=4,950.5개가 남아야 한다. 따라서 철수가 비트코인 1개를 매도함으로
써 얻을 수 있는 이더리움의 개수는 5,000-4,950.5=49.5개이다.

　위의 예시에서 살펴볼 수 있듯이 유동성 풀의 유동성 크기가 작을 땐 슬
리피지가 크게 발생했으며, 유동성 크기가 클수록 슬리피지가 작게 발생
하는 것을 볼 수 있다. 따라서 AMM 방식을 사용하는 탈중앙 거래소들은
사용자들의 슬리피지를 줄여 더 나은 가격 조건을 제공하기 위해서는 유
동성 풀의 유동성 크기를 키우는 것이 목표이다. 그런데 여기서 유동성 풀
은 어떻게 구성되는 것이며, 어떻게 유동성의 크기를 키울 수 있을까? 바
로 사용자들의 참여이다. 탈중앙 거래소의 묘미이기도 한데, 유동성을 위
해 전문 마켓 메이커가 존재하는 오더 북 형식의 중앙화된 거래소들과 달
리 블록체인 위에 올라가 있는 탈중앙 거래소에선 누구나 유동성 형성에
참여할 수 있다. 사용자들이 가지고 있는 토큰을 유동성 풀에 예치함으로
써 유동성 풀을 형성하고 크기를 키울 수 있는 것이다.

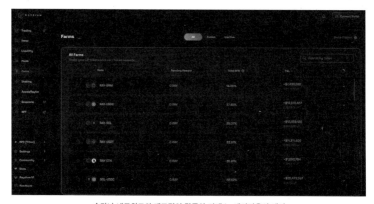

솔라나 네트워크의 대표적인 탈중앙 거래소, 레이디움의 예시

디앱 사례

사용자들은 유동성 풀에 자신들이 가지고 있는 토큰을 예치한 것에 대한 보상으로 유동성 풀에서 나오는 수수료의 일정 부분을 나눠 받거나, 혹은 탈중앙 거래소의 자체 토큰 보상을 얻을 수 있다. 위의 사진은 솔라나 네트워크의 대표적인 탈중앙 거래소인 레이디움^{Raydium}의 스크린 숏인데, 보다시피 여러 유동성 풀이 존재하고, 유동성 풀에 보유하고 있는 토큰을 예치할 경우 이자를 받을 수 있는 것을 확인할 수 있다. ^{Total APR이라고 나와 있는 부분이 이자율}

즉 정리하면 탈중앙 거래소는 사용자들의 거래를 용이하게 하기 위해 유동성 풀의 유동성 크기를 키워야 하는 목표를 가지고 있으며, 이를 위해 누구나 유동성 공급에 참여할 수 있도록 하며, 유동성 공급자들에게 수수료 및 토큰으로 적절히 인센티브를 제공하는 방식으로 프로토콜을 성장시킬 수 있는 것이다.

▌주요 참여자

유니스왑에 참여하는 사용자는 크게 두 종류가 있다. 첫 번째로는 거래자로, 유니스왑이라는 탈중앙 거래소의 유동성 풀을 통해 원하는 토큰을 자유롭게 거래하는 사용자이다. 거래를 진행할 때 거래 수수료를 내야 하며, 유니스왑에서 거래 수수료는 유동성 풀의 종류에 따라 보통 0.05%에서 0.3% 수준이며, 특이한 경우 1%까지 부과하기도 한다. 이 거래 수수료는 거래를 진행했던 유동성 풀에 유동성을 공급한 유동성 공급자에게 분배된다.

두 번째로는 유동성 공급자이다. 위에서 살펴보았듯이, 탈중앙 거래소의 유동성 풀의 유동성 크기는 매우 중요하며, 이를 위해 자신들의 토큰을 유동성 풀에 예치하는 사용자들을 말한다. 유동성 공급자는 우선 보유하고 있는 서로 다른 두 토큰을 묶어 LP 토큰의 형태로 만든다. LP는

Liquidity Providing의 약자로, LP 토큰은 사용자가 특정 유동성 풀에 유동성 풀을 공급했다는 일종의 증표 토큰이다. 이 LP 토큰을 다시 예치하면 유동성 풀에 유동성을 제공한 대가로 그 유동성 풀에서 발생한 거래에 대한 거래 수수료를 분배받을 수 있다.

예를 통해 쉽게 살펴보자. 유니스왑에는 거래쌍에 따라 매우 다양한 유동성 풀이 존재한다. ETH-USDC 풀, ETH-USDT 풀, USDC-USDT 풀, MATIC-ETH 풀 등 수많은 유동성 풀이 존재하며, 유동성 공급자는 원하는 풀에다가 자신의 유동성을 공급할 수 있다. 만약 ETH-USDC에 유동성을 공급하기로 결정했다면, 자신이 가지고 있는 ETH와 이와 동일한 가치의 USDC를 함께 유동성 풀에 공급하는 것이다. 유니스왑을 이용하여 ETH를 USDC로 매도하거나, USDC로 ETH를 매수하는 사용자는 ETH-USDC 풀을 사용하여 거래를 진행하고 여기서 발생하는 거래 수수료는 유동성 공급자에게 지급되는 것이다.

유니스왑의 자체 토큰인 UNI 토큰이 출시된 초기에는 유동성 공급자들에게 추가 보상으로 UNI 토큰 보상도 추가적으로 지급해 주기도 했지만, 현재는 UNI 토큰을 지급해 주지 않고, 유동성 공급자들은 오로지 거래자들의 거래 수수료 보상만 받는 방식으로 작동한다.

▎UNI 토큰 유틸리티

유니스왑의 자체 토큰 이름은 UNI 토큰이다. UNI 토큰의 주된 유틸리티는 거버넌스 기능이다. 거버넌스란 일종의 의결권을 의미하며, UNI 토큰을 가지고 있는 사용자들은 유니스왑의 향방에 대해 제안을 제시할 수도 있고, 이에 대한 의결권도 행사할 수 있다. 주로 프로토콜 공동 소유의 트레저리Treasury를 어떻게 사용할지에 대해 안건을 제시하고 관리하게 되는데, 트레저리란 일종의 사내 보유금이라고 생각하면 쉽다. 기업들이 사내 현금을 보유하고 있듯이, 프로토콜도 토큰 홀더들이 공동으로 소유하고 사용처를 정할 수 있는 공동 자금을 트레저리에 보관한다.

이외에도 토큰 홀더들은 유니스왑에 기본 토큰 목록을 정한다거나 하는 사소한 의사 결정에도 참여할 수 있다. 기본 토큰 목록은 거래할 때 기본으로 화면에 뜨게 되는 토큰 목록이지, 상장된 토큰 목록과 헷갈리면 안된다. 상장 심사를 하는 중앙화 거래소와 달리 유니스왑에서는 누구나 자유롭게 아무런 토큰의 유동성 풀을 만들어 거래쌍을 열 수 있다. 다만 기본 토큰 목록에 포함되어 있지 않는 토큰의 경우 거래를 하기 위해 사용자들이 토큰 주소를 불러와서 직접 추가해야 한다는 번거로움이 있다.

▌ UNI 토큰 분배

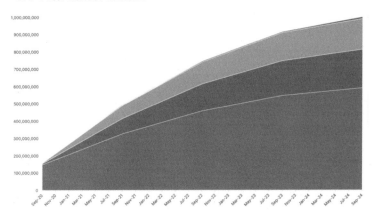

시간별 UNI 토큰의 총 공급량 그래프(출처: 유니스왑)

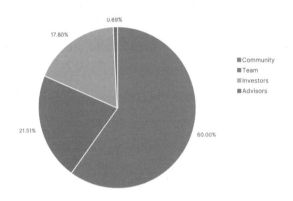

Genesis UNI Allocation

- Community
- Team
- Investors
- Advisors

0.69%
17.80%
21.51%
60.00%

UNI 토큰의 분배 비율(출처: 유니스왑)

첫 4년간 10억 개의 UNI 토큰이 발행되며, 분배 비율은 위와 같다. 4년이 지난 후에는 매년 2%의 인플레이션으로 토큰 개수가 증가하도록 코드가 설정되어 있다.

- ▸ 커뮤니티: 60%^{6억 개}
- ▸ 43%^{4.3억 개}는 트레저리에 4년간 분배
- ▸ 15%^{1.5억 개}는 초반에 에어드랍으로 사용
  - ▹ 4.91664%는 과거의 유동성 공급자들에게 에어드랍
  - ▹ 10.06136%는 251,534명의 초기 거래자들에게 에어드랍
  - ▹ 12,000명의 Uniswap을 이용했지만 오류 나서 사용을 못했던 거래자들에게 인당 400 UNI 씩 에어드랍
  - ▹ 0.022%는 유니스왑의 양말 기념품인 SOCKS 보유자들에게 에어드랍
- ▸ 팀: 21.51%^{4년 베스팅}
- ▸ 투자자: 17.8%^{4년 베스팅}
- ▸ 어드바이저: 0.69%^{4년 베스팅}

3) 평가

　뒤에서 스시스왑을 다룰 때 자세히 다루겠지만, 사실 과거에 유니스왑은 자체 토큰인 UNI 토큰이 없었던 시절이 있었다. 오로지 유니스왑 내에서 발생하는 수수료 보상으로만 프로토콜 경제가 돌아갔었는데, 스시스왑이 탄생하고 스시스왑이 유니스왑의 유동성을 뺏어 오기 위해 자체 토큰인 SUSHI 토큰을 발행하여 유동성 공급자들에게 보상으로 제공함으로써 유니스왑의 유동성이 스시스왑으로 많이 빠져나간 사건이 있었다.

　이에 대처하기 위해 유니스왑도 이 사건 이후에 UNI 토큰을 출시했다. UNI 토큰이 출시될 때, 기존에 유니스왑을 이용한 거래자나 유동성 공급자에게 UNI 토큰을 에어드랍_{토큰을 공짜로 지급하는 행위}했으며, 초기엔 유동성 공급자들에게도 수수료 보상 이외에도 UNI 토큰 보상을 지급했었다. UNI 토큰을 통해 초기에 유동성 공급자에게 적절한 인센티브를 줌으로써 유동성을 구축하는 데 큰 도움이 되었다. 하지만 현재의 경우 유동성 공급자에게 추가적으로 제공되는 UNI 토큰은 없고 오로지 수수료 보상으로만 프로토콜 경제가 돌아가고 있다. 따라서 현재 토큰이 네트워크 참여자들을 적절히 독려한다고 보기엔 어렵다.

　유니스왑의 지속 가능성은 어떠한지 실제 수치를 통해 확인해 보자. 첫 번째로 프로토콜의 지속 가능성 측면이다. 2023년 1월 22일까지의 통계를 살펴보면, 총 \$67.6M의 UNI 토큰이 발행되어 지출됐으며, 총 \$2.7B의 수수료 매출을 올렸다. 즉 토큰 발행 지출에 비해 수수료로 벌어들인 매출이 압도적으로 많은 것을 확인할 수 있으며, 이는 프로토콜이 매우 지속 가능한 모습을 보여 주고 있음을 시사한다.

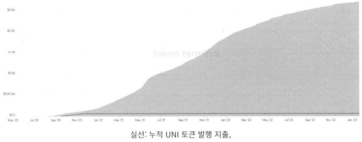

실선: 누적 UNI 토큰 발행 지출,
막대: 누적 수수료 매출(출처: 토큰터미널)

그에 반해 토크노믹스는 지속 가능하지 않은데, 그 이유는 바로 UNI 토큰에 누적되는 가치가 전혀 없기 때문이다. 위에서도 살펴봤듯이 유니스왑에서 발생하는 수수료 매출 전부는 LP 토큰을 예치한 유동성 공급자에게 지급되며, UNI 토큰 홀더에게 전혀 흘러가지 않는다. 그럼에도 불구하고 유니스왑의 UNI 토큰은 어떻게 항상 거대한 시가 총액으로 항상 시가 총액 순위 상위에 위치할 수 있는 것일까?

바로 유니스왑은 최초이자 이더리움 네트워크의 대표 탈중앙 거래소이기 때문이다. 마치 비트코인이 최초의 암호화페이기 때문에 가장 거대한 네트워크와 시가 총액을 달성했듯이, 마찬가지로 유니스왑의 상징성은 무시할 수 없는 요소 중 하나이다. 이뿐만 아니라 UNI 토큰을 가지고 있으면 블록체인에서 최초이자 최대 규모의 탈중앙 거래소의 거버넌스에 의결권으로 참여할 수 있는 이유도 있을 것이다. 하지만 이러한 이유들만으로 거대한 시가 총액을 유지하는 것은 무리이며, 또 다른 큰 이유가 하나가 더 있다. 바로 미래에 유니스왑의 거대한 수수료 매출이 토큰의 가치로 누적될 수 있는 가능성이 있기 때문이다.

UNI 토큰 홀더들은 거버넌스를 통해 fee switch를 작동시키는 것을 결정할 수 있다. fee switch란, 이를 작동시키면 유니스왑에서 발생하는 거래 수수료의 일정량을 UNI 토큰 홀더들이 거버넌스를 통해 공동으로 관리하는 유니스왑 트레저리로 흘러 들어가게 하는 장치로 현재는 작동되고 있지 않는 상태이다. 추후에 fee switch가 작동할지는 아무도 모르지만, 만약에 작동한다면 유니스왑의 성장은 거래 수수료 수익의 상승으로 이어질 것이고, 이는 트레저리에서 보유하고 있는 자금 규모의 상승을 의미하므로 이를 어떻게 사용할지 결정하는 거버넌스에 참여할 수 있는 의결권의 가치가 간접적으로 상승할 수 있다. 즉 유니스왑 프로토콜의 성장과 UNI 토큰에 누적되는 가치 상승의 인과관계가 생길 수 있는 것이다.

안 그래도 유니스왑의 fee switch에 관한 첫 제안이 2022년 7월에 올라왔으며, 바로 모든 유동성 풀에 관해서 fee switch를 작동시키자는 것이 아닌, 초기엔 실험 삼아 DAI-ETH 풀, ETH-USDT 풀, USDC-ETH 풀에서만 발생하는 거래 수수료의 10%를 유니스왑 트레저리로 흘러 들어갈 수 있도록 하는 것이 골자이다. 이에 대한 찬반 투표가 UNI 토큰 홀더들에 한해서 진행될 예정이며, 만약 통과된다면 드디어 유니스왑의 거대한 수수료 매출이 토큰 가치에 누적될 수 있는 길이 열리게 되는 것이다. 초기에 실험적으로 몇몇 풀에 한해서 fee switch를 작동시킨 후 결과가 긍정적이라면 점차 여러 유동성 풀에 대해서 fee switch를 작동시키는 것이 다음 계획이라고 한다.

마지막으로 유니스왑 자체의 지속 가능성 측면을 살펴보도록 하자. 현재 UNI 토큰 자체가 네트워크 참여자들^{거래자, 유동성 공급자}을 직접 독려하지 않는데도 불구하고 자체 거래 수수료 수익만으로도 지속 가능한 모습을 보이고 있다. 이는 토큰이 꼭 존재하지 않아도 프로토콜이 지속 가능할 수 있다는 것을 방증하는 것이기도 하며, 유니스왑은 이더리움 네트워크를 대표하는 탈중앙 거래소 중 하나이기 때문에 이미 규모의 경제를 이루어서 토큰 보상 없이도 지속 가능한 모습을 보이는 것으로 판단된다.

5-3 스시스왑

1) 스시스왑 개요

스시스왑Sushiswap은 이더리움 네트워크부터 시작하여 현재는 폴리곤, 아비트럼, 아발란체, 문빔, 옵티미즘, BNB 등 14개에 달하는 네트워크에서 작동하는 탈중앙 거래소이다. 여기서 오해하면 안 되는 것은 모든 네트워크에서 하나의 유동성 풀을 공유하는 것이 아니라, 각 네트워크에서는 스시스왑이 각각 고유의 유동성 풀을 가진다. 즉 마치 식당이 여러 도시에 체인점을 내듯이 스시스왑도 이더리움점, 폴리곤점, 아비트럼점이 있다고 생각하면 된다.

스시스왑은 탈중앙 거래소 기능뿐만 아니라, Kashi라고 불리는 컴파운드와 비슷한 대출 기능, Miso라고 불리는 초기 프로젝트에 투자할 수 있게 하는 런치패드 기능 등 다양한 디파이 서비스들을 제공하고 있다.[1] 하지만 이번 파트에선 스시스왑의 주된 기능인 탈중앙 거래소에 대해 살펴보려고 한다.

스시스왑의 탄생 배경은 굉장히 흥미롭다. 스시스왑은 유니스왑이 생긴 후, Larry Cermak이라는 더블록 리서치의 연구원이 트위터를 통해 제시

---

1 원고를 작성하고 있는 도중 2023년 1월에 스시스왑은 Miso와 Kashi 서비스의 중단을 선언했다.

한 아이디어를 기반으로 탄생한 프로토콜이다. Larry Cermak은 "실력 있는 개발자들이 유니스왑을 포크^{fork}한 후에 유동성 공급자들에게 토큰을 지급하면 어떨까?"라는 아이디어를 냈다. 여기서 포크란, 코드를 거의 그대로 차용해서 가져와 새로운 것을 만든다는 뜻이다. 블록체인 프로젝트들은 오픈 소스이므로 누구나 코드를 쉽게 확인할 수 있고, 이를 복사, 붙여넣기 한다는 의미이다. 기존에 유니스왑에 어떤 문제가 있었기에 스시스왑이 탄생한 것일까?

위에서 유니스왑을 살펴볼 땐 UNI 토큰이 있었지만, 사실 유니스왑은 초창기엔 UNI 토큰이 존재하지 않았다. 유니스왑에서 유동성 공급자들은 오로지 거래 수수료 보상만 분배받는 상황이었으며, 이는 유동성 공급자들이 투입하는 기여에 비해 굉장히 적은 보상이었다. 따라서 Larry Cermak은 유동성 공급자들에게 거래 수수료 외에도 토큰 보상을 지급해야 된다고 말한 것이었다.

스시스왑은 Larry Cermak의 아이디어를 이어받아 chef nomi라는 익명의 개발자로부터 탄생한 프로젝트이다. 스시스왑은 유동성 공급자들에게 자체 토큰인 SUSHI 토큰을 추가적으로 지급했다. 또한, 기존 0.3%의 거래 수수료를 유동성 공급자들에게 나누어 주었던 유니스왑과 달리, 스시스왑에서는 0.25%의 거래 수수료를 유동성 공급자들에게 나누어 주고, 0.05%의 거래 수수료는 SUSHI 토큰을 스테이킹^{예치}한 토큰 홀더들에게 지급하는 방식을 사용했다.

스시스왑이 생기고 난 후, 유니스왑의 유동성 공급자들은 유니스왑에 남아서 거래 수수료만 받느니 스시스왑으로 넘어가서 거래 수수료에 더해 SUSHI 토큰까지 받아 더 큰 수익을 누릴 수 있게 됐고, 상당히 많은 유동성이 유니스왑으로부터 스시스왑으로 넘어온다. 이러한 모습은 마치 뱀파이어가 인간의 피를 빨아먹는 것과 유사했고, 그 유명한 뱀파이어 공격이라고 불리게 된다. 유니스왑은 스시스왑의 SUSHI 토큰 출시로 막대한 유동성을 빼았겼고, 반격하기 위해 UNI 토큰을 발행했다. UNI 토큰에 대해선 유니스왑 파트에서 설명했으므로 이제 스시스왑의 작동 방식 및 토큰 유틸리티를 살펴보자.

2) 스시스왑 작동 방식 및 토크노믹스

▍ SUSHI 토큰 유틸리티

스시스왑은 유니스왑을 포크한 프로토콜이다. 따라서 기본적인 코드 기반이 유니스왑과 같기 때문에 작동 방식 또한 유니스왑과 거의 동일하다고 볼 수 있다. AMM 모델로 유니스왑과 동일한 $CPMM^{x*y=k}$을 사용하며, 스시스왑의 참여자도 유니스왑과 동일하게 거래자와 유동성 공급자가 존재한다. 여기서 추가적으로 스시스왑이 도입한 시스템이 있는데, 바로 수수료 분배이다. 거버넌스 기능밖에 없는 UNI 토큰과 달리 SUSHI 토큰은 거버넌스 기능 외에도 스테이킹을 하여 프로토콜에서 발생하는 거래 수수료의 일부를 분배받을 수 있다.

이더리움 네트워크상의 스시스왑을 들어가면, 스시바$^{Sushi Bar}$라는 메뉴가 있는 것을 확인할 수 있다. SUSHI 토큰 홀더들은 스시바에서 SUSHI 토큰을 스테이킹하고, 이에 대한 증표 토큰인 xSUSHI 토큰을 지급받아야 거버넌스 투표권과 수수료를 분배받을 수 있다. xSUSHI 토큰의 가치엔 거래 수수료가 계속 누적되기 때문에 가치가 점점 계속 상승하게 되며, xSUSHI와 SUSHI의 교환 비율은 계속 상승한다. 2022년 7월 10일 기준

1 xSUSHI=1.3169 SUSHI의 교환 비율을 보이고 있다. 위에서 언급했듯이 프로토콜에서 발생하는 거래 수수료인 0.3%에서 0.025%를 제외한 0.05%에 해당하는 수수료가 xSUSHI 토큰의 가치로 누적되게 된다.

▌ SUSHI 토큰 분배

SUSHI 토큰은 공정 출시[Fair launch] 시스템을 사용하여 토큰 프리 세일[토큰을 미리 판매하는 행위] 혹은 투자자[VC] 물량이 전혀 없고, 2주간 유동성 채굴을 통해 분배되었다. 유동성 공급자들은 유니스왑의 LP 토큰을 스시스왑에 예치하면 SUSHI 보상을 받을 수 있었다. 출시 후 2주간 이더리움 블록당 1,000 SUSHI 토큰이 발행됐으며, 그 후로는 블록당 100 SUSHI가 발행되었다. 현재 이더리움이 하루에 6,500블록 정도 생산하므로 하루에 약 650,000개씩 인플레이션이 일어나고 있는 셈이다. SUSHI 토큰의 총발행량은 정해져 있지 않고 계속 꾸준히 늘어나는 구조이다. 새로 발행되는 SUSHI 토큰의 10%는 프로토콜의 개발 펀드로 흘러 들어가며, 멀티 시그[여러 명이 관리하는] 형태로 관리되고 있다.

3) 평가

우선 스시스왑에선 탈중앙 거래소로서 거대한 유동성을 달성하기 위해 유니스왑과 같이 SUSHI 토큰 보상을 지급하여 사용자들의 유동성 공급을 독려하기 때문에 토큰이 인센티브로 잘 사용되고 있다고 판단할 수 있다. 이에 더 나아가서 과연 프로토콜의 성장이 토큰 가치의 성장으로 이어지는지 확인해야 한다. 프로토콜에서 발생하는 수수료 매출이 전혀 토큰에 누적되지 않는 유니스왑과 달리, 토크노믹스에서 설명했듯이 스시스왑에서 SUSHI 토큰을 스테이킹한 홀더들은 수수료 매출의 일부를 지급받을 수 있다. 이렇게 토큰에 대한 가치 누적 메커니즘이 있기 때문에 꽤 잘 설계된 토크노믹스를 보이고 있다고 할 수 있다.

그렇다면 실제로 스시스왑은 지속 가능한 모습을 보이고 있는지 실제 수치를 확인해 보자. 첫 번째로 프로토콜의 지속 가능성 측면이다. 2023년 2월 2일까지의 통계를 살펴보면, 총 $834.1M의 SUSHI 토큰이 발행되어 지출됐으며, 총 $629.3M의 수수료 매출을 올렸다. 토큰 발행으로 인한 지출이 벌어들인 수수료 매출보다 크므로 아직까지는 손익분기점을 못 넘겼다고 할 수 있는데, 이는 프로토콜이 지속 가능하지 않다는 뜻일까?

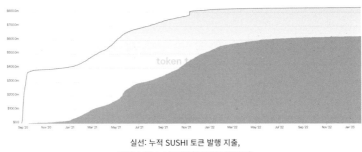

실선: 누적 SUSHI 토큰 발행 지출,
막대: 누적 수수료 매출(출처: 토큰터미널)

그렇지는 않은 게, 위와 똑같은 그래프이지만 최근 180일간 통계를 살펴보면 토큰 발행으로 인한 지출보다 누적 수수료 매출이 훨씬 큰 것을 확인할 수 있다. 위에선 초기에 토큰이 급격하게 발행된 것까지 고려했기 때문에 아직 적자를 면치 못한 모습을 보였던 반면, 최근 통계를 확인하면 지출에 비해 매출이 큰 건전한 모습을 확인할 수 있는 것이다.

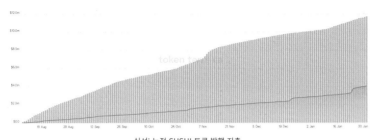

실선: 누적 SUSHI 토큰 발행 지출,
막대: 누적 수수료 매출 (최근 180일)(출처: 토큰터미널)

즉 스시스왑의 프로토콜 지속 가능성을 평가하면 아직까지 적자를 면치 못했지만, 최근엔 지속적으로 흑자를 내는 모습을 보이며 시간이 지나면서 계속 지속 가능한 모습을 보일 것이라고 평가를 내릴 수 있다. 그렇다면 토크노믹스의 지속 가능성은 어떠할까? 서론에서 말했듯이 토크노믹스의 지속 가능성은 프로토콜의 지속 가능성보다 더 작은 개념으로, 토크노믹스가 지속 가능성이 있다면 프로토콜은 지속 가능할 수밖에 없지만, 반대로 프로토콜이 지속 가능하다고 해서 토크노믹스가 지속 가능하다고는 확답할 수 없다. 스시스왑은 전체 누적 통계를 보았을 때 프로토콜마저 아직 지속 가능하지 못한 모습을 보이고 있었으니, 토크노믹스의 지속 가능성을 평가할 때 전체 누적 통계는 확인할 필요도 없이 지속 가능하지 못한 모습을 보일 것이다. 그러면 최근 180일의 통계를 살펴보자.

그래프를 살펴보면 알 수 있듯이 토큰 발행으로 인한 지출이 토큰에 누적되는 가치보다 높은 것을 볼 수 있다. 이는 토크노믹스는 그다지 지속 가능하지 못한 모습을 보인다는 것을 의미한다. 물론 토큰의 가치가 하나도 누적되지 않는 유니스왑과 달리 스시스왑은 거래 수수료의 일부가 토큰의 가치로 누적되는 메커니즘이 존재하기 때문에 더 낫다고 평가할 수

173

는 있으나, 스시스왑의 토크노믹스가 더 지속 가능한 모습을 보이기 위해
선 스시스왑 전체에서 더 많은 수수료 매출이 발생해야 할 것이다.

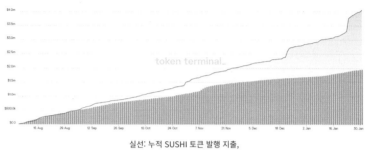

실선: 누적 SUSHI 토큰 발행 지출,
막대: 토큰 가치 누적 (180일)(출처: 토큰터미널)

5-4 앵커 프로토콜

1) 앵커 프로토콜 개요

기준금리란 중앙은행과 금융기관들이 환매조건부채권 매매 및 대기성
여·수신 등의 자금 거래를 할 때 적용되는 금리이다. 쉽게 말해서 중앙은
행과 금융기관 간의 대출 행위에 적용되는 이자율인데, 국가의 각종 금융
기관들은 기준금리를 말 그대로 '기준' 삼아 금리를 설정하게 된다. 중앙
은행은 각 경제 상황에 맞게 기준금리를 조절함으로써 국가 경제가 심각
한 인플레이션 및 디플레이션에 빠지는 것을 막는다. 기준금리는 국가 경
제를 논할 때 가장 중요한 요소이자 첫 시작점으로 볼 수 있다. 일반인들
에게 기준금리가 가장 큰 영향을 끼치는 대표적인 영역은 정기예금이다.
정기예금은 일반적으로 낮은 리스크로 예금 금리만큼의 고정 수입을 벌어

갈 수 있는 가장 안전한 투자 상품으로 여겨진다. 2022년 6월 기준으로 한국의 기준금리와 정기예금 약정 이율[1년 기준]은 1.75%이다. 간단히 생각해 세금 및 수수료를 고려하지 않았을 때, 당신이 1억 원을 정기예금에 예치한다면 1년 후에 175만 원의 이자가 발생한다는 것이다. 하지만 만약에 고정 이자율 20%의 정기예금이 있다고 한다면 당신은 믿을 것인가? 이 장에서는 20%에 가까운 고정 이자율을 제공하는 예금 서비스를 제공해 블록체인 Defi 생태계 내 금리에 대한 새로운 기준을 세우고자 한 프로젝트 – 앵커 프로토콜[Anchor Protocol]에 대해서 알아보고자 한다.

앵커 프로토콜은 2021년 3월 17일에 출시된 테라[Terra] 네트워크 위의 디파이 프로토콜이다. 사용자들은 이미 스테이킹된 토큰을 유동화시킨 스테이킹 유동화 자산을 예치하고, 이를 담보로 테라의 스테이블 코인 UST를 대출해 가거나, 혹은 그냥 UST를 예치함으로써 20%에 가까운 고정 이자율을 받을 수 있었다. 앵커 프로토콜의 20%에 가까운 고정 이자율은 단숨에 수많은 사람들의 관심을 끌며 가파른 속도로 성장하기 시작했다. 많은 유저들이 20%에 가까운 고정 이자를 받아가기 위해 테라 네트워크로 유입되었으며, 앵커 프로토콜의 성장이 곧 테라 네트워크의 성장이 되었다. 테라 네트워크 내 앵커 프로토콜의 위상은 테라 네트워크의 TVL[Total Value Locked; 네트워크에 존재하는 총자산] 추이를 보면 실감할 수 있다.

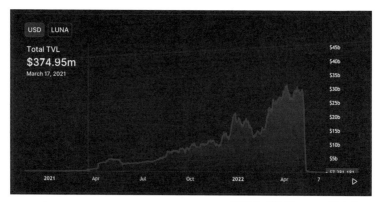

　앵커 프로토콜이 출시되기 전에 $300M 수준이었던 테라 네트워크의 TVL은 앵커 프로토콜 출시 이후 약 1년 만에 $30B 수준으로 가히 놀라운 성장을 보여 줬다. 아이러니하게도 무너지기 직전인 5월 초에 테라 네트워크의 TVL은 사상 최고 수준이었는데, 이 시기를 기준으로 테라 네트워크의 TVL은 약 $30B이었고 앵커 프로토콜의 TVL이 약 $17B이었다. 테라 네트워크에 존재하는 전체 자본의 절반 이상이 모두 앵커 프로토콜에 예치되어 있었던 것이다. 특히 테라 네트워크의 핵심과도 같은 스테이블코인 UST의 전체 유통량[5월 초 기준 약 $18B]의 80%에 육박하는 물량[5월 초 기준 약 $14B]이 모두 20% 고정 이자를 벌기 위해 앵커 프로토콜에 예치된 UST였다는 점을 생각하면, 앵커 프로토콜이 테라 네트워크에서 차지하고 있는 위상을 어렵지 않게 실감할 수 있을 것이다.

　앵커 프로토콜은 1년 만에 테라 네트워크의 눈부신 성장의 실질적인 원동력이었지만, 한편으로는 테라 네트워크의 급격한 몰락의 기폭제가 되기도 했다. 앵커 프로토콜이 견인한 성장에 의해 계속 커진 테라 네트워크는 큰 리스크를 떠안고 있었는데, UST에 대한 대부분의 수요가 사실상 앵커 프로토콜에서 발생하고 있었다는 점이 첫 번째 리스크이다. UST 전체 유통량의 80%가 앵커 프로토콜에 예치되어 있었다는 것은 UST의 수요가 매우 비탄력적이었음을 나타낸다. UST의 수요가 비탄력적이라는 것은, UST의 유틸리티성이 대부분 앵커 프로토콜 예치에 집중되어 있었다는 의미이다. 즉 다른 사용처를 위해 UST를 필요로 하는 이들이 적었음을 의미한다.

어떤 자산에 대한 수요가 비탄력적일 때, 공급이 조금만 증가해도 해당 자산의 가격은 크게 감소한다. 즉 UST의 대량 매도라던가 앵커 프로토콜에 예치된 UST의 대량 인출 등 어떤 이유로 인해 UST의 공급량이 늘어나게 되면 UST의 가격은 큰 폭으로 떨어질 위험이 존재했다. 여기서 테라 네트워크가 갖고 있던 두 번째 리스크가 연결된다. 일반적인 은행의 정기예금과 다르게 앵커 프로토콜 내에 예치된 UST는 아무런 제약 조건 없이 언제나 자유롭게 인출 가능했다. 이는 유저에게 자신의 자금을 예치해 연 20% 이자를 벌어 가다가 필요할 시 언제든 유동화시킬 수 있다는 차별화된 이점을 제공하였다. 하지만 전체 시스템 입장에서 봤을 때, 앵커 프로토콜에 예치된 대량의 UST는 언제든지 인출되어 시장에 풀려 가격 하락 압박을 가할 수 있는 잠재적인 폭탄이었던 것이다.

2022년 5월 8일, 아직은 정확하게 밝혀지지 않은 주체들이 앵커 프로토콜 내 350M UST를 인출하여 커브 파이낸스에 매도한 것을 시작으로 UST의 가격이 하락해 $1의 가치를 유지하지 못하는 디페깅^{목표로 하는 가격과 멀어지는} 현상이 시작되었고, 이에 많은 사람이 신뢰를 잃어 앵커 프로토콜 내 자신의 UST 예치금을 인출하기 시작한다. 또한, 당시 미국 연준의 기준금리 인상 및 증시 하락 등 얼어붙은 시장 분위기와 겹쳐 UST 디페깅은 더욱 심화되고, 이에 더 빠른 속도로 UST 인출이 발생하고 이는 테라 네트워크의 특징으로 인해 다시 UST의 가격 하락을 유발하는 뱅크런 사태를 일으키게 된다. 앵커 프로토콜에 거의 대부분 집중되어 있었던 UST에 대한 수요가 흔들리게 되면서 결국 테라 네트워크는 완전히 무너지고 말았다.

앵커 프로토콜은 테라 네트워크를 성장시킨 동시에 몰락시킨 양날의 검이 되어버리긴 했지만, 앵커 프로토콜의 토크노믹스를 분석하는 것은 의미가 있다. 앵커 프로토콜이 어떤 구조와 원리를 통해 연 20%의 고정 이자율을 제공하였고, 앵커 프로토콜의 ANC 토큰의 역할은 무엇이었으며, 결국 왜 앵커 프로토콜이 지속 가능할 수 없었던 이유를 탐구해 보도록 하자.

2) 앵커 프로토콜 작동 방식

쉽게 이해하기 위해서 앵커 프로토콜을 은행의 예금에 빗대어 생각해 보자. 은행 예금에는 예치자와 대출자 두 가지 참여자가 존재한다. 예치자는 자신의 자금을 은행의 예금 계좌에 예치하고, 은행은 해당 자금을 가만히 금고 안에 묵혀 두지 않는다. 은행은 예금받은 자금을 대출자들에게 대출해 준다. 당연히 대출자는 대출 이자를 은행에 지급하고, 이 대출 이자를 은행이 수익으로 받아가고 일부를 예치자에게 예금 이자의 형태로 지급하는 것이다. 앵커 프로토콜도 기본적인 원리는 동일하다고 볼 수 있다. 예치자는 테라 네트워크의 자체 스테이블 코인인 UST를 예치하고, 대출자는 이 UST를 대출해 간다. 이때 대출자는 과담보로 UST를 대출해 가게 되는데, 담보물로써 스테이킹 유동화 토큰인 bAsset이라는 자산을 맡기게 된다. bAsset은 뒤에서 더 자세히 살펴볼 것이다. bAsset을 담보로 맡긴다는 점이 기존 은

178

행의 예금과 다른 점이라고 볼 수 있는데, bAsset은 지속적으로 블록 보상을 벌어들이는 자산이다. 즉 bAsset을 보유하고 있으면 꾸준한 현금 흐름이 창출된다. 담보로 맡겨진 bAsset에서 발생하는 수익을 예치자에게 이자로 지급하는 방식을 통해 고정 이자율을 제공할 수 있는 것이다. LTV$^{Loan\ to\ Value}$ 비율이 50%$^{즉\ 대출자는\ 담보물의\ 절반에\ 해당하는\ 가치까지\ 대출해\ 갈\ 수\ 있다.}$이고 bAsset이 연 10%의 수익을 발생시키며, 해당 수익이 모두 예치자에게 이자로 지급된다고 가정해 보자. 예치자가 100만 원을 예치하였고 대출자가 200만 원에 해당하는 bAsset을 담보로 맡기고 이를 모두 대출해 갔다. 그렇다면 1년 동안 bAsset으로부터 20만 원$^{200만\ 원\ *\ 10\%}$의 수익이 발생할 것이다. 그리고 해당 수익은 모두 예치자에게 이자로 지급되게 되고, 20%$^{20만\ 원/100만\ 원}$의 연 이자율이 성립되게 된다. 이것이 앵커 프로토콜의 높은 고정 이자율의 비밀이다. 하지만 매우 간략화하여 앵커 프로토콜의 메커니즘을 설명한 것이고, 그 이면에는 복잡한 장치들이 많이 숨어 있다. 더 자세히 앵커 프로토콜의 작동 원리를 알아보기 위해서는 가장 먼저 bAsset에 대해 이해할 필요가 있다. 테라 네트워크는 현재 붕괴된 상태이기 때문에 일명 Terra Classic 네트워크는 사실상 구동을 멈춘 상태이고, 아래 설명하는 개념들은 현재 작동하지 않고 있음을 미리 알린다.

bAsset

bAsset은 bonded asset의 약자로서 여러 지분 증명^{PoS} 네트워크에 스테이킹되어 있는 자산을 유동화하여 토큰화한 것이다. 즉 자산을 스테이킹한 그 포지션 자체를 유동화했다고 보면 된다. 가장 대표적인 bAsset인 bLUNA를 기준으로 알아보자. 테라 네트워크의 합의 알고리즘에 참여하기 위해서는 LUNA를 네트워크에 스테이킹해야 한다.

참고로 네트워크에 토큰을 스테이킹을 한다는 것은 가지고 있는 메인넷 토큰을 동결시키는 행위로 지분 증명 네트워크에선 스테이킹된 토큰의 비율에 따라 블록을 생성할 수 있는 기회에 참여할 수 있고, 이에 따른 보상을 얻을 수 있다. 지분 증명 네트워크를 공격하기 위해서는 네트워크 종류마다 다르지만, 예를 들어 스테이킹된 토큰의 33%나 51%를 확보한다면 공격을 진행할 수 있으므로 스테이킹된 토큰의 가치가 클수록 지분 증명 네트워크의 보안 수준이 높다.

하지만 스테이킹된 LUNA는 말 그대로 네트워크에 묶여 동결되는 것이기에 이를 다른 투자에 운용할 수 없다. 하지만 이를 가능하게 해 주는 것이 있는데, 바로 라이도 파이낸스^{Lido Finance}라는 유동화 스테이킹 프로토콜이다. 라이도 파이낸스를 사용하면 사용자는 스테이킹한 LUNA와 동일한 가치를 지니는 유동화 토큰, bLUNA를 발행해 준다. bLUNA는 다른 토큰들과 마찬가지로 시장에서 거래되기도 하고 디파이 이자 농사에 사용되기도 하는 등 다양한 방식으로 운용될 수 있다. 즉 사용자는 LUNA를 스테이킹하여 PoS 합의 알고리즘에 참여해 블록 보상을 똑같이 받는 동시에 bLUNA라는 유동화된 자산을 운용할 수 있어 자본 효율성을 높일 수 있는 것이다.

bLUNA는 라이도 파이낸스의 bLUNA 스마트 컨트랙트를 통해 LUNA를 스테이킹하면 자동으로 발행된다. 유저가 bLUNA 컨트랙트를 통해 LUNA를 스테이킹하면 컨트랙트가 자동으로 밸리데이터에게 위임^{delegation}을 진행해 주고 스테이킹된 LUNA에 대한 증표인 bLUNA를 사용자에게 바로 발행해 준다. 이때 유저는 어느 밸리데이터에게 LUNA를 위임할지 결정할 수 없고, bLUNA 컨트랙트가 화이트리스트 내의 벨리데이터가 모두 동일한 위임률을 가질 수 있는 방향으로 자동으로 벨리데이터들을 지정해 위임을 처리해 준다. bLUNA를 다시 LUNA로 상환할 때에는 최소 21일의 기간을 거치거나 혹은 bLUNA-LUNA 유동성 풀을 이용하여 즉시 LUNA로 스왑할 수도 있다.

bLUNA는 기본적으로 스테이킹된 LUNA의 분신과도 같기에 bLUNA와 LUNA 간의 교환비는 1:1을 만족하여야 한다. 하지만 PoS 시스템 내에는 악의적인 행동을 적발당한 벨리데이터의 지분이 일부 혹은 전부 소각되는 슬래싱이라는 조치가 존재한다. 슬래싱에 의해 스테이킹된 LUNA의 양이 줄어들 시 bLUNA exchange rate[1개의 bLUNA로 얻을 수 있는 LUNA의 개수]가 1 아래로 떨어질 수도 있다.

$$bLunaExchangeRate = \frac{lunaBonded}{bLunaSupply}$$

이때는 교환비를 다시 1로 맞추기 위해서 페깅 회복 수수료[peg recovery fee] 정책이 발동되어, bLUNA의 발행과 상환 시 0.5%의 수수료가 유저에게 부과되게 된다.

앵커 프로토콜에는 bLUNA 이외에도 다양한 파트너십 및 생태계 확장을 통해 아래와 같은 다양한 네트워크들의 bAsset들을 지원했다. 각 bAsset 별로는 대출에 있어서 서로 다른 LTV가 적용되었다.

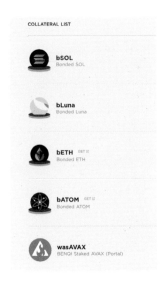

COLLATERAL LIST

bSOL
Bonded SOL

bLuna
Bonded Luna

bETH
Bonded ETH

bATOM
Bonded ATOM

wasAVAX
BENQI Staked AVAX (Portal)

▌ Money Market

앵커 프로토콜은 앞서 설명했듯이 예치자와 대출자 간의 교환이 이루어
지는 머니 마켓과 같다. 은행 예금에서는 신뢰가 필요한 중개자로서 은행
이라는 주체가 존재하지만, 앵커 프로토콜에서는 예치자와 대출자 두 가
지 주체가 신뢰가 필요 없는 스마트 컨트랙트를 통해 서로 연결되게 된다.
두 가지 주체의 입장에서 각각 앵커 프로토콜의 작동 원리를 알아보도록
하겠다.

▌ 예치자 Depositer

각 예치자들이 앵커 프로토콜에 예치한 UST는 독립적인 포지션이 아닌
markets이라는 이름을 가진 하나의 유동성 풀로써 관리된다. 대출자들
은 이 풀의 UST를 대출해 가고, 예치자는 이후 이 풀에서 UST를 인출해
갈 수 있다. 예치자가 UST를 예치하면 예금 포지션에 대한 일종의 증표인

aUST^{anchored UST}를 수령하게 된다. 시간이 지나면서 예치한 UST에 대한 이자가 계속 나오는데, 이는 aUST의 가치가 계속해서 증가하는 방식으로 이루어진다. aUST는 언제든지 UST로 교환될 수가 있는데, 이는 곧 예치한 UST를 언제나 자유롭게 인출 가능하다는 의미이다. 1 aUST로 받을 수 있는 UST의 양을 나타내는 aUST 교환 비율은 아래와 같이 계산된다.

$$\text{aTerraExchangeRate} = \frac{\text{liquidity} + \text{liabilities}}{\text{aTerraSupply}}$$

여기서 liquidity는 markets 내에 아직 대출되지 않은 UST이고, liabilities는 대출자들이 빌려 간 UST와 대출 이자의 합이다. 시간이 지나며 대출 이자가 쌓여 간다면 aUST의 가치는 높아지게 된다. aUST를 상환하고 최초 예치 금액보다 더 많은 UST를 받아가는 형식으로 예치자는 이자 수익을 얻게 된다.

▌대출자

대출자는 앵커 프로토콜에서 담보로 허용하는 bAsset을 담보로 맡기고 UST를 대출해 간다. 이때 대출자는 과 담보로 대출을 해 가게 되는데, 대출해 갈 수 있는 총 UST의 양은 다음과 같이 계산된다.

$$\text{borrowLimit} = \sum \text{amountLocked} \cdot \text{bAssetPrice} \cdot \text{maxLTV}$$

대출 포지션을 열 때 시점에서의 가격으로 담보로 예치한 bAsset의 총가치에 사전에 정해진 각 bAsset별 LTV^{Loan-to-Value} 값을 곱한 만큼 대출을 진행할 수 있다. 예를 들어서 A가 $10인 bLUNA 10개를 담보로 예치했고 bLUNA의 LTV가 50%라고 가정하자. 그렇다면 A는 $10*10 = $100의 절반인 50 UST까지 대출을 진행할 수 있는 것이다. 그리고 아래와 같이 계산되는 riskRatio가 1을 넘어가면^{즉 담보물의 가치가 너무 많이 떨어지면} 청산이 발생하게 된다.

$$riskRatio = \frac{liability}{borrowLimit}$$

담보물 가치가 2,000 UST 이하인 대출 포지션에 대해선 담보물 전체가 일괄적으로 청산되지만, 2,000 UST 이상인 대출 포지션에 대해선 riskRatio가 0.8 수준으로 떨어질 때까지만 부분 청산이 진행된다.

대출 이자율은 알고리즘에 의해 자동적으로 결정되는데, 머니 마켓에서 거래되는 상품인 UST의 수요와 공급의 균형을 맞춘다는 관점에서 대출 이자가 결정되게 된다. 앵커 프로토콜에서는 먼저 머니 마켓 내 UST의 수요를 나타내는 척도인 utilizationRatio를 계산한다.

$$utilizationRatio = \frac{stablecoinsLent}{stablecoinsDeposited}$$

분모는 앵커 프로토콜 내 전체 UST 예치량을 의미하고, 분자는 이 중에서 대출자들이 빌려 간 UST의 양을 의미한다. utilizationRatio가 높을수록 현재 UST에 대한 수요가 높음을 의미한다. 따라서 대출 이자는 utilizationRatio가 증가함에 따라 비례적으로 증가하도록 설정되어 있다.

$$borrowRate = utilizationRatio \cdot interestMultiplier + baseRate$$

앵커 프로토콜이 나온 초창기에 위 식의 파라미터들은 baseRate 2%, 그리고 utilizationRatio가 66.7%였을 때 대출 이자율이 30%가 되도록 설정되어 있었다. 하지만 해당 파라미터들은 이후에 설명할 ANC 토큰 홀더들의 거버넌스 투표를 통해 수정될 수 있다.

▌Yield Reserve

대출자들이 대출을 위해 예치한 bAsset에서는 스테이킹 보상이 계속 발생하게 된다. 앵커 프로토콜에서는 머니 마켓에 담보 자산으로 예치된 bAsset으로부터 발생하는 수익을 일정한 epoch^{주기}마다 수집하여 UST로 교환하여 Yield Reserve라는 곳에 채워 넣는다. Yield Reserve는 앵커 프로토콜의 안정성을 뒷받침하고 있는 일종의 댐과 같은 역할을 수행한다.

앵커 프로토콜에서는 목표 예치 이자율$^{target\ rate}$과 최소 예치 이자율$^{threshold\ rate}$을 설정한 후, 현재 예치 이자율이 항상 최소 예치 이자율보다 높고 목표 예치 이자율에 가까워질 수 있도록 조절한다. 앵커 프로토콜 측에서 설정한 목표 예치 이자율이 거의 지속적으로 20%에 가까웠기에 앵커 프로토콜이 '고정 이자율 20% 예금'으로 많이 알려져 있었다. 하지만 실제로 들여다보면 그 수치는 세세하게 계속 바뀌어 왔다.

대출자들이 지급하는 이자와 bAsset으로부터 창출되는 수익을 기반으로 계산된 현재 예치 이자율$^{current\ rate}$이 만약 목표 예치 이자율보다 낮다면 앵커 프로토콜은 Yield Reserve에서 UST을 꺼내 그 부족분을 채운다. Yield Reserve의 UST는 머니 마켓의 유동성으로 추가되어 aUST의 교환 비율이 올라가게 되는데, 이는 바로 예치 이자율을 높이는 효과를 가져온다. 이때 Yield Reserve에서 뺄 수 있는 UST의 양은 10%로 제한되어 있다. 반대로 현재 예치 이자율이 목표 예치 이자율보다 높은 시기에는, 향후 다시 상황이 역전될 경우에 대비해 bAsset에서 발생하는 수익을 UST로 바꾼 후 비축해 둔다.

3) ANC 토크노믹스

그렇다면 앵커 프로토콜 내에서 ANC 토큰은 왜 존재하는 것일까? ANC는 앵커 프로토콜의 자체 거버넌스 토큰인데 크게 두 가지 역할을 갖고 있다. 첫 번째로는 거버넌스에 사용되며, 두 번째로는 대출자들에게 인센티브로 작용한다. 또한, ANC 토큰을 스테이킹한 홀더들은 앵커 프로토콜에서 발생하는 각종 수익을 테라스왑^{Terraswap}이라는 DEX에서 ANC으로 스왑하여 스테이커에게 보상으로 분배한다. bAsset에서 발생한 수익의 일부는 Yield Reserve를 채우는 데에 사용되고 일부는 ANC으로 스왑되어 스테이커에게 분배된다. 또한, 청산이 진행될 때, 청산 금액의 1%도 일부는 Yield Reserve로, 일부는 ANC를 구매하기 위해 테라스왑으로 전송된다. 예치 이자율이 목표 예치 이자율보다 높을 때에도 마찬가지로 그 초과분 중 일부는 Yield Reserve로 가고 일부는 ANC로 스왑된다. 따라서 앵커 프로토콜이 더욱 활성화되고 AUM이 증가할수록 ANC 스테이커들의 보상이 높아져 ANC 구매 요인이 높아지게 한다는 앵커 프로토콜 팀의 설계를 엿볼 수 있다.

▌거버넌스

앵커 프로토콜 내에서는 다양한 주제의 의사 결정이 거버넌스를 통해 이루어지는데, 거버넌스 과정에 참여하기 위해서는 ANC를 스테이킹해야 한다. 스테이킹한 ANC의 양에 비례하여 각 홀더들은 투표권을 갖게 된다. 유저들은 일정 ANC를 보증금으로 낸 후에 다양한 주제와 관련된 투표^{poll}를 올릴 수가 있다. 앞서 앵커 프로토콜의 작동 원리를 설명하면서 나온 각종 요소들 – 대출 이자율 알고리즘, 각 bAsset의 LTV, 청산 기준, 거버넌스 관련 파라미터들$^{정족수, 보증금, 투표 기간 등}$, ANC 토큰 분배 방식 등이 거버넌스 투표를 통해 변경 및 결정되게 된다. 만약 어떤 유저가 올린 투표가 정족수를 넘지 못하면, 보증금으로 지급한 ANC는 모두 몰수되어 ANC 스테이커^{staker}들에게 분배된다.

▌대출자 인센티브

앵커 프로토콜 설계자의 입장에서 생각해 보았을 때, ANC의 궁극적인 목적은 사실 거버넌스보다도 대출자 인센티브에 있었을 것이라는 것이 필자의 견해이다. 앵커 프로토콜이 20%에 가까운 높은 이자율을 유지하기 위해서는 그만큼 충분한 대출이 이루어져야 한다. 아무도 대출을 하지 않아 대출 이자 및 bAsset의 수익이 발생하지 않는다면 예치자에게 지급할 이자를 충당할 수가 없기 때문이다. 따라서 앵커 프로토콜에서는 프로토콜 차원에서 반드시 끌어와야 하는 대출자를 유치하기 위해 인센티브를 제공한다. 대출자가 대출을 해 가면서 보상받아 가는 특이한 구조인데, 이 때 대출자 인센티브로 ANC 토큰이 지급된다. 각 epoch별로 대출자에게 지급되는 ANC 토큰의 양인 emission이 결정되는데, 이때도 예치 이자율을 기준으로 알고리즘이 조절해 나간다.

$$e_{n+1} = k \cdot e_n$$

이전 epoch에서 대출 이자율의 상황에 따라 k 값이 조절되면서 그다음 epoch의 emission 양은 증가하기도, 감소하기도 한다. 목표 예치 이자율과 최소 예치 이자율의 평균치를 내어 평균 이자를 계산하고, 현재 예치 이자율이 평균 이자율보다 낮다면 더 많은 대출자들을 끌어와야 함을 의미한다. 이때 k는 0.7%p씩 증가한다. 그리고 반대로 예치 이자율이 평균 이자율보다 높다면 k를 0.3%p 감소시켜 대출자 인센티브를 줄인다.

▌ ANC 토큰 분배

ANC 토큰은 1B개의 총공급량을 가지며, 최초 런칭 이후 4년 동안 분배되며 인플레이션이 진행되도록 설계되었다. 앵커 프로토콜이 런칭된 초기에는 총 50M개의 ANC가 LUNA를 스테이킹한 사람들에게 에어드랍되었고, 100M개가 커뮤니티 펀드에 배정되었다.

이후 최종적으로 모든 분배가 완료된 이후에 ANC 토큰의 주체별 보유 비율이 아래와 같도록 설계되었다.

디앱 사례

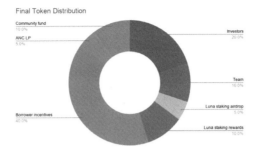

Final Token Distribution

여기서 각각 하나씩 살펴보도록 하자.

- ▸ Investor: 앵커 프로토콜의 초기 투자자들에게 총 20%의 ANC 토큰이 먼저 6개월 동안 락업되고 이후에는 1년 동안 선형적으로 분배된다.
- ▸ Team: 앵커 프로토콜 팀원들은 론칭 시점 이후 4년 동안 ANC 토큰을 분배받게 된다.
- ▸ Luna Staking Airdrop: 앞서 설명한 바와 같이 루나 스테이커에게 초기에 에어드랍되었다.
- ▸ Luna Staking Rewards: 2년간 루나 스테이커에게 분배된다.
- ▸ ANC LP: Terraswap에서 ANC-UST LP 풀에 유동성을 공급한 이들에게 1년간 분배된다.
- ▸ Borrower Incentives: 앞서 설명한 바와 같이 대출자에게 지급되는 인센티브이다.
- ▸ Community Fund: 커뮤니티 펀드는 향후 앵커 프로토콜의 사업을 확장하기 위해 그랜트 지급 등 사용된다.

4) 사라져 버린 앵커 프로토콜

이미 다들 알겠지만, 앵커 프로토콜은 테라의 몰락과 함께 역사 속으로 사라지고 말았다. 앵커 프로토콜의 토크노믹스 자체가 테라 몰락의 주원인은 아니었지만, 앵커 프로토콜은 테라의 몰락과 매우 밀접한 관련을 맺고 있긴 하다. 하지만 해당 내용에 대해서는 앞선 '테라 네트워크' 장을 설명하도록 하고, 이 장에서는 앵커 프로토콜의 토크노믹스 자체가 지니고 있었던 한계점과 그 의의에 대해서 적도록 하겠다. 앵커 프로토콜은 Defi 생태계 내에서 처음으로 머니 마켓을 활용하여 20% 이자를 지급할 수 있는 예금이라는 독창적인 아이디어를 구현한 프로젝트이며, 약 1년간 Defi의 중심에 있었다. 2022년 5월 초에 앵커 프로토콜 내의 UST를 대량 인출하여 커브 파이낸스에 매도한 것을 시작으로 UST의 디페깅이 일어났고, 이후 Death Spiral이 시작되어 테라가 몰락하긴 했지만, 필자는 UST의 디페깅 사건이 일어나지 않았더라도 앵커 프로토콜이 필히 해결해야 할 토크노믹스의 한계점이 존재했다고 생각한다.

▍부족한 대출자 인센티브

앵커 프로토콜에서 충분한 대출은 필수적인 기둥이다. 앵커 프로토콜은 이를 위해 ANC 토큰을 대출자 인센티브로 지급한다는 요소를 도입하였다. 하지만 과연 사람들의 대출을 유의미하게 끌어낼 정도로 ANC 토큰이 오랫동안 가치가 있었을까? ANC 토큰은 결국에 앵커 프로토콜애 대한 거버넌스 토큰이다. 앵커의 주요 사안의 의사 결정에 참여하기 위해서 ANC가 필요하며, ANC을 유동성 풀에 공급하여 더 많은 ANC를 받아 갈 수 있다. 비단 ANC에만 국한되는 이야기는 아니지만, 위 두 가지는 진정한 유틸리티라고 할 수 없다. 거버넌스 참여권이 일정 가치를 지니는 것은 사실이지만 과연 얼마만큼의 가치를 갖고 있는 것일까? 또 ANC의 유동성을 공급하거나 스테이킹하여 더 많은 ANC을 벌 수 있다는 것은 결국

ANC의 가치가 하락하면 무의미한 유틸리티이다. ANC 토큰의 가치가 하락하게 되면 ANC를 받을 수 있다는 대출자 인센티브가 매우 적어지게 된다. 아무리 더 많은 ANC를 준다고 해도 ANC의 가치가 없다면 수많은 예치 금액을 감당하기에 충분한 대출을 끌어들이는 데에 한계가 있다.

▌늘어나는 대출과 예금 간의 간격

앞서 설명했듯이 대출자가 줄어들게 되면 앵커 프로토콜에 생기는 문제가 있다. 예치자에게 제공할 이자를 충당할 수 있는 대출 금액이 감소함에도 불구하고 앵커 프로토콜은 일정하게 20%의 이자를 예치자에게 제공해야 한다는 것이다. 대출 이자와 bAsset 스테이킹 보상을 통해 충당한 자금이 예치자에게 줄 이자에 못 미칠 경우에 대비하여 앵커 프로토콜에는 Yield Reserve라는 장치가 존재했다. 하지만 문제는 예치자가 대출자보다 훨씬 많은 상황이 지속되면서 Yield Reserve가 계속 바닥나는 상황이 발생했다는 것이다. 실제로 2022년 2월 즈음, 인센티브가 부족해 대출자는 늘어나지 않으나 20% 고정 이자라는 꿀을 찾아온 예치자가 계속 증가하기만 하는 상황이 발생하며 Yield Reserve의 고갈 문제가 크게 이슈가 되었었다.

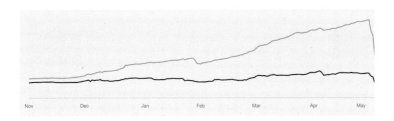

위 그래프에서 회색 선이 예치 금액이며 검정 그래프는 대출 금액이다. 대출금과 예치금 사이의 간격이 계속해서 멀어지는 것을 알 수 있다. 참고

로 오른쪽 끝부분에 두 선 모두 급락하는 것은 테라의 몰락이 시작된 시기여서 그렇다. 올해 2월 테라 네트워크를 운영하는 테라폼랩스 수장이었던 권도형 대표는 LFG^{Luna Foundation Guard}을 통해 Yield Reserve에 자금을 채워 넣어 위기를 일단 모면한다.

Terra 'LFG' To Commit $450 Million To Maintain Anchor's 19.3% APY

Aaryamann Shrivastava
February 10, 2022 · 2 min read

One of the biggest Lending protocols in the DeFi space Anchor recently suffered a major
blow to its reserves in the last 2 months which has led to the protocol looking at a
contribution from Terra's foundation to escape the ensuing losses.

하지만 이렇게 Yield Reserve가 바닥날 때마다 테라폼랩스의 자금을 채워 넣는 것은 밑 빠진 독에 물 붓는 셈이었다. 결국 UST의 대량 매도가 시발점이 되어 앵커 프로토콜 내의 UST를 너나 나나 인출하여 매도하는 뱅크런 사태가 벌어져 앵커 프로토콜도 함께 무너지긴 했지만, 앵커 프로토콜의 토크노믹스 그 자체로도 계속 지속할 수 있었을 것이라고 보기 힘든 이유이다.

그렇다면 어떻게 앵커 프로토콜의 토크노믹스를 개선할 수 있었을까? 앵커 프로토콜의 예치 이율을 고정 20%로 두는 것이 아니라 ANC 스테이킹에 따라 변동하는 이율로 두었으면 어땠을까? 너무 높은 이자율이 아닌 정상적인 이자율을 제공하되, ANC 토큰을 스테이킹한 양과 시간에 비례하여 이자율이 높아지는 시스템은 앞서 언급한 두 가지 한계점을 일부 해소할 수 있다. 첫 번째로, ANC 토큰에 예치 이자를 높일 수 있다는 한 가지 유틸리티가 추가되어 ANC 토큰의 가치를 높이기도 하고 동시에 자연스레 대출자 인센티브가 늘어나게 된다. 또한, 모두에게 너무 높은 이자인 20%를 제공하는 것이 아니기 때문에 보다 균형 있게 플랫폼을 지속할 수 있었을 것이다.

이더리움의 창시자인 비탈릭 부테린은 2022년 5월 22일에 자신의 블로그에 알고리드믹 스테이블 코인에 대한 글을 게재했다. 그는 크립토 세계가 '끝없는 성장'의 가정에 의존하는 행태를 그만두어야 하며, 현실 세계에서의 경제 시스템과 비교하여 과도하게 높은 수익을 주는 프로젝트는 경계해야 한다고 언급했다. 대신 프로젝트가 꾸준히 성장할 수 있는지, 그리고 극단적인 상황에서도 안전하게 유지될 수 있는지를 항상 고려해야 한다고 강조했다. 앵커 프로토콜은 비록 현재 세상에서 사라져 버렸지만, 세상에 절대로 공짜는 없고 '근본'에 집중해야 한다는 교훈을 많은 이에게 남기는 계기가 되었기를 바란다.

5-5 디파이 킹덤

1) 디파이 킹덤 개요

출처: 디파이 킹덤

디파이 킹덤은 하모니 네트워크에서부터 시작하여 현재는 아발란체 네트워크의 서브넷인 DFK 체인에서 크리스탈 베일이라는 이름으로도 동시에 서비스를 하고, 더 나아가 한국의 카카오 계열사에서 운영하는 블록체인인 클레이튼 네트워크에서도 서비스를 하고 있는 대표적인 P2E 게임 중 하나이다. 디파이 킹덤의 특징으로는 이름에서 볼 수 있듯이, 타 P2E 게임들보다 특히 디파이적인 부분에 집중을 했으며, 각종 NFT 및 아이템들을 도입하여 사용자들이 디파이를 더욱더 쉽고 재미있게 즐길 수 있도록 한다. 디파이 킹덤은 수많은 디파이 서비스들 중에서도 탈중앙 거래소 DEX 기능을 하는 P2E 게임이다.

디파이 킹덤은 AMM 탈중앙 거래소에 게임을 입혔다는 것도 큰 특징이지만, 유동성 공급에 대한 이자 보상에 락업 시스템 및 게임 전략을 도입한 것이 가장 큰 특징이다. 아래에서 어떤 방식으로 이자 보상이 지급되는지 자세하게 설명할 예정이지만, 간단히만 언급하면 유저들은 유동성을 공급함으로써 받는 이자 보상을 한 번에 받을 수 있는 것이 아닌, 클레임⁺ᴿᴳ하는 시기에 따라 받는 양이 달라진다. 즉시 받지 못하는 나머지 이자 보상들은 락업이 걸려 1년간 받지 못하지만, 게임 내의 영웅 NFT를 활용하여 전략적으로 지급 시기를 앞당길 수도 있다. 타 디파이 프로토콜들과 달리 디파이 킹덤에서 유저들은 다양한 전략을 수립하여 접근해야 한다.

번외로 아발란체 서브넷을 간단히 설명하면, 아발란체 블록체인 네트워크에서 지원하는 일종의 하위 블록체인 네트워크이다. 아발란체에서는 서브넷이라는 개념을 두어 애플리케이션 하나가 디앱의 형태로 블록체인 네트워크에 올라오는 것이 아닌, 아예 독자적인 블록체인 네트워크를 구축할 수 있도록 한다. DFK 체인은 디파이 킹덤에서 아발란체 서브넷으로 독자적으로 구축한 블록체인이며, 오로지 크리스탈 베일을 위한 블록체인이다. 애플리케이션이 독자적인 블록체인을 구축할 경우 네트워크 수수료를 자체 코인으로 설정할 수 있다든지, 오로지 하나의 애플리케이션에 각종 특성들을 최적화할 수 있다든지 등 다양한 장점들이 있다. 참고로 하모니 네트워크 위의 디파이 킹덤과 DFK 체인의 크리스탈 베일은 하나의 팀에서 만든 비슷한 게임일 뿐이고, 서로 게임 아이템이나 자산이 공유되지는 않는 별개의 게임이라고 이해하면 될 것이다.

2) 디파이 킹덤 작동 방식 및 토크노믹스

디파이 킹덤은 겉으로 P2E 게임일 뿐, 사실상 유니스왑이나 스시스왑 같은 탈중앙 거래소라고 봐도 무방하다. 다른 탈중앙 거래소는 딱 거래에 초점이 맞춰진 웹사이트 인터페이스를 제공하는 반면, 디파이 킹덤은 과거 바람의 나라 게임과 같은 2d 그래픽, 중세 시대 배경 음악이 곁들여져 있어서 게임과 같은 느낌이 들며, 단지 토큰 거래는 마켓플레이스^{Marketplace}에서 유동성 공급은 가든^{Garden}에서 하는 등 이름의 차이만 있을 뿐이다. 따

라서 디파이 킹덤을 하나의 탈중앙 거래소라고 생각하고 서술하겠다.

디파이 킹덤은 AMM 모델 중 CPMM$^{x \cdot y = k}$을 통해 자동하는 탈중앙 서래소이기 때문에 위에서 말했듯이 특이한 이자 지급 시스템 및 각종 게임 NFT 외에는 기본적인 구조는 유니스왑과 거의 동일하다. 디파이 킹덤에서 이자로 지급되는 토큰의 이름은 JEWEL 토큰이며, 거래자들이 거래를 용이하게 할 수 있도록 유동성을 공급한 후 이자 보상을 받는 유동성 공급자, 일정 수수료를 지급하고 토큰을 교환하는 거래자가 기본적으로 있으며, JEWEL 토큰을 스테이킹하여 프로토콜에서 발생하는 거래 수수료를 받는 xJEWEL 보유자가 있다. JEWEL과 xJEWEL의 관계는 SUSHI와 xSUSHI와의 관계와 거의 동일하다. 거래자의 거래를 통해 발생하는 거래 수수료는 다음의 비율로 사용된다.

- 소각: 1%
- xJEWEL, xCrystal 보유자: 10%
- 퀘스트 보상 펀드: 30%
- 개발자 펀드: 25%
- 마케팅 펀드: 17%
- 창립자 펀드: 17%

디파이 킹덤은 다른 탈중앙 거래소들과 비교하여 상당히 특이한 방식으로 이자를 지급한다. 기존 대부분의 탈중앙 거래소에선 유동성 공급자에게 이자가 바로 지급이 된다. 반면 디파이 킹덤에서는 유동성 공급자에게 일부의 이자만 바로 지급되고, 나머지 이자 보상은 락업이 걸려서 긴 시간에 걸쳐서 지급된다. 이자가 지급되는 방식은 유동성 공급 행위$^{LP토큰 예치}$를 한 후, 쌓인 이자를 일찍 클레임하면 적은 비율의 이자 보상만 즉시 얻을 수 있고, 늦게 클레임하면 보다 많은 비율의 이자 보상을 즉시 얻을 수 있다. 락업이 걸린 이자 보상의 경우 2022년 3분기쯤[에포크51]부터 락업이 해제되기 시작하며, 추가 1년 동안 분배된다.[2] 참고로 아발란체 서브넷에서 운영되고 있는 크리스탈 베일의 CRYSTAL 토큰도 JEWEL 토큰과 거의 동일한 이자 보상 구조를 가지고 있으므로 여기선 JEWEL 토큰만 살펴보겠다.

디파이 킹덤에는 에포크[epoch]라는 약 1주일에 해당하는 시간 단위가 있다. 약 1주일이라고 얘기한 이유는 사실은 1에포크를 하모니 네트워크에 302,400 블록이 생기는 시간이라고 정의되어 있는데, 하모니 네트워크의 블록 생성 시간은 2초로, 총 604,800초, 즉 1주일에 해당하는 시간이다. 다만, 블록 생성 시간은 네트워크의 상태마다 조금 상이하므로 따라서 정확한 현실 시간으로 예측하기는 힘들다.

디파이 킹덤이 출시된 에포크를 에포크1이라고 하며, 그 후부터 지급되는 JEWEL 이자 보상은 점점 줄어드는 형태를 띤다. 아래에 두 가지 예시를 볼 것인데, 두 표에서 모두 볼 수 있듯이 에포크당 JEWEL 보상이 점점 줄어드는 것을 확인할 수 있다. 위에서 설명했듯이 디파이 킹덤의 이자 지급 구조는 정말 특이하고, 사용자들이 전략을 짤 수 있도록 했다. 백문이 불여일견, 아래의 예시를 통해 살펴보자. 참고로, 아래의 표는 이자 보상을 받아 다시 재예치하는 복리는 고려하지 않았으며 단리만 고려하여 제작된 예시이다.

첫 번째로는, 에포크1에 LP 토큰을 예치하여 유동성 공급을 시작했고,

---

2 영웅 NFT를 사용하면 이를 좀 더 앞당길 수 있는데 뒤에서 설명하겠다

에포크마다 이자 보상을 클레임하는 경우이다. 첫 에포크에서 나오는 JEWEL 보상은 100개, 이 중 즉시 언락이 되어 클레임되는 JEWEL은 5%에 해당하는 5개이다. 그다음 에포크2에서 받는 JEWEL은 50개, 이 중 즉시 언락이 되는 JEWEL은 7%에 해당하는 3.5개이다. 이런 식으로 에포크마다 클레임을 진행할 시 에포크10에 누적되어 받은 즉시 언락된 JEWEL의 개수는 총 29.8개이며, 나머지 271.8개의 JEWEL 토큰은 락 업이 걸려 있어 에포크51부터 받기 시작할 수 있다.

에포크	클레임 당 시 언락 비율 (%)	클레임 당 시 락업 비율 (%)	에포크당 JEWEL 보상	클레임된 언락 JEWEL	클레임된 락업 JEWEL	누적 언락 JEWEL	누적 락업 JEWEL
에포크1	5	95	100.0	5.0	95.0	5.0	95.0
에포크2	7	93	50.0	3.5	46.5	8.5	141.5
에포크3	9	91	37.5	3.4	34.1	11.9	175.6
에포크4	11	89	25.0	0.8	22.3	14.6	197.9
에포크5	13	87	21.9	2.8	19.0	17.5	216.9
에포크6	15	85	18.8	2.8	15.9	20.3	232.8
에포크7	17	83	15.6	2.7	13.0	22.9	245.8
에포크8	19	81	12.5	2.4	10.1	25.3	255.9
에포크9	21	79	10.9	2.3	8.6	27.6	264.6
에포크 10	23	77	9.4	2.2	7.2	29.8	271.8

두 번째 경우는 위와 똑같이 에포크1에 유동성 공급을 시작했으나, 계속 이자 보상을 클레임하지 않고, 에포크10에 몰아서 한 번에 클레임을 하는 경우이다. 이렇게 될 경우 이자 보상은 계속 누적되며, 마지막에 에포크 10에 클레임을 하게 되면 23%에 해당하는 이자 보상이 즉시 언락이 되기 때문에 69.4개의 JEWEL 토큰을 받을 수 있다. 이는 첫 번째 경우에서 계

디앱 사례

산된 29.8개의 보상보다 훨씬 많은 수치이다^{참으면 복이 온다}. 하지만 그럼 무조건 이자를 늦게 클레임하는 것이 좋은 것일까? 정답은 모른다이다. 지금 살펴본 예시는 복리를 고려하지 않았기 때문에 만약 복리를 고려한다면 첫 번째 경우에서는 이자를 빨리 받아 다시 재예치를 하여 복리 효과를 누릴 수 있을 것이다. 또한, 대부분의 디파이 프로토콜 특성상 이자로 지급되는 거버넌스 토큰은 시간이 지날수록 계속 발행되기 때문에 가격이 떨어지는 경향이 있다. 따라서 어떤 경우가 실제로 더 좋을지는 유저들의 선택과 전략에 달려 있다고 할 수 있으며, 이것이 디파이 킹덤의 게임적인 요소라고 할 수 있다.

에포크	클레임 당시 언락 비율 (%)	클레임 당시 락업 비율 (%)	에포크 당 JEWEL 보상	클레임 안된 누적 언락 JEWEL	클레임 안된 누적 락업 JEWEL	클레임 된 누적 언락 JEWEL	클레임 된 누적 락업 JEWEL
에포크1	5	95	100.0	5.0	95.0	0.0	0.0
에포크2	7	93	50.0	10.5	139.5	0.0	0.0
에포크3	9	91	37.5	16.9	170.6	0.0	0.0
에포크4	11	89	25.0	23.4	189.1	0.0	0.0
에포크5	13	87	21.9	30.5	203.9	0.0	0.0
에포크6	15	85	18.8	38.0	215.2	0.0	0.0
에포크7	17	83	15.6	45.7	223.1	0.0	0.0
에포크8	19	81	12.5	53.4	227.8	0.0	0.0
에포크9	21	79	10.9	61.4	230.8	0.0	0.0
에포크 10	23	77	9.4	69.4	232.2	69.4	232.2

디파이 킹덤의 유동성 공급자에게 보상되는 이자 시스템이 특이하긴 하지만, 락업된 이자는 굉장히 늦게 받기 시작한다는 것이 유저들에게 큰 불편함

으로 다가올 수도 있다. 이를 해결하기 위해 디파이 킹덤은 영웅 NFT 시스템을 도입하여, 추가적인 게임적인 요소를 디파이에 입혔다. 각 영웅들은 레벨, HP, MP, 스테미나, 스탯 등 다양한 요소를 지니고 있으며, 영웅들은 능력 및 외모에 해당하는 유전자를 가지고 있어, 새로운 영웅 NFT를 소환할 때 기존 보유하고 있던 두 영웅의 유전자가 조합되어 새로운 영웅이 탄생하게 된다. 영웅은 NFT이다 보니 당연히 마켓플레이스에서 유저들끼리 서로 교환이 가능하다. 영웅을 통해 다양한 작업 및 퀘스트들을 수행할 수 있는데, 특히 JEWEL Mining^{채굴}이라는 퀘스트를 통해 락업이 걸려 있는 JEWEL 토큰을 언락할 수 있다. 그 외에도 장비, 땅, 펫, PVP 등 이미 구현됐거나, 구현될 예정인 다양한 시스템들이 존재한다. 이러한 다양한 시스템들을 통해 디파이 킹덤은 유저들이 접하기 어렵거나 힘들었던 디파이를 게임적인 요소를 통해 쉽고 재미있고 전략적으로 다가갈 수 있도록 하였다.

▌JEWEL 및 CRYSTAL 토큰 유틸리티

디파이 킹덤의 자체 토큰 이름은 JEWEL 토큰이다. JEWEL 토큰은 은행^{Bank}에 예치하여 xJEWEL을 받아 거버넌스에 참여하거나, xJEWEL을 통한 추가 수익을 받을 수 있으며, 또한 JEWEL 토큰과 다른 토큰을 LP 토큰으로 묶어 유동성 공급을 함으로써 높은 이자 수익을 얻을 수 있다. 그뿐만 아니라, P2E 게임인 만큼 JEWEL을 소모하여 영웅 NFT를 소환할 수 있다. CRYSTAL은 디파이 킹덤의 아발란체 서브넷인 DFK 체인용 버전인 크리스탈 베일의 자체 토큰이며, 토큰 유틸리티는 JEWEL과 거의 동일하다. CRYSTAL은 한 가지 유틸리티가 더 있는데, 바로 DFK 체인의 수수료로 쓰인다는 것이다. 디파이 킹덤은 하모니 네트워크의 디앱인

만큼 사용자들이 디파이 킹덤에서 여러 활동을 하면 수수료가 하모니 네트워크의 자체 토큰인 ONE으로 발생하는 반면, 크리스탈 베일은 고유의 네트워크인 DFK 체인에서 구동되는 애플리케이션이기 때문에 모든 활동의 수수료를 CRYSTAL로 지급하게 된다.

▌ JEWEL 및 CRYSTAL 토큰 분배

JEWEL 토큰은 총 5억 개가 발행되며, 초기에 1,000만 개만 발행되고 나머지는 이자 보상으로 시간에 따라 유저들에게 지급된다. 아래는 1,000만 개에 해당하는 할당량이다.

- ▸ 팀: 100만 개
- ▸ 마케팅, 에어드랍: 200만 개
- ▸ 미래 개발 비용: 500만 개
- ▸ 초기 유동성 공급: 200만 개

CRYSTAL 토큰은 총 1억 2,500만 개가 발행된다. 초기에 300만 개만 유동성 공급을 위해 발행되며, JEWEL과 같이 나머지는 이자 보상으로 시간에 따라 유저들에게 지급된다.

두 토큰 모두 게임 초기엔 상당히 많은 양이 유동성 공급자들에게 인센티브로 제공되며, 시간이 지날수록 점점 보상이 줄어드는 구조를 가지고 있다. 또한, 디파이 킹덤의 토큰 분배 측면에서의 강점은 제3의 투자사들이 없다는 것이다. 보통 프로젝트들의 경우 투자를 받아 투자사에게 해당되는 토큰 물량이 있지만, 디파이 킹덤의 경우 투자사의 물량이 없으며 이는 더욱더 유저들에게 탈중앙적인 분배가 가능하다는 장점이 있다.

3) 평가

프로토콜이 성장할 수 있도록 유동성을 공급하는 참여자들에게 자체 토큰인 JEWEL 혹은 CRYSTAL을 직접적으로 지급하므로, 토큰이 참여자들을 적절히 보상하고 있다고 할 수 있다. 또한, 프로토콜이 성장하여 내부의 거래량이 많아지면 거래 수수료가 증가할 것이고, 거래 수수료는 JEWEL 및 CRYSTAL을 스테이킹한 xJEWEL 및 xCRYSTAL 홀더들에게 제공되므로, 프로토콜의 성장이 토큰 가치로 전가된다고도 볼 수 있다. 게다가 보통 디파이 프로토콜들의 문제점은, 이자 보상으로 지급되는 자체 토큰이 유틸리티가 부족했기 때문에 사용자들은 받은 토큰을 바로 팔아버리는 경우가 아주 많다. 이는 상당한 매도 압력으로 작용한 반면, 디파이 킹덤은 자체 토큰을 통해 영웅을 소환할 수 있다거나 등의 게임에서의 유틸리티도 많았다. 더 나아가 지급되는 이자 보상의 일정 부분은 락업을 걸어 인플레이션을 어느 정도 조절할 수 있는 메커니즘이 있는 것을 볼 수 있다.

이로 미루어 보면, JEWEL 토큰은 토크노믹스적으로는 상당히 잘 짜여져 있다고 판단할 수 있을 것 같다. 실제로 보통의 디파이들의 자체 토큰의 가격 그래프를 보면, 초반에 급격히 상승하다가 꾸준히 우하향하는 모습을 보이는 반면, JEWEL 토큰의 경우 디파이 킹덤이 출시하고 나서 상당히 오랫 동안 상승하고, 하락해도 꽤나 오랜 시간 횡보한 것을 볼 수 있다. 확실히 이는 디파이 킹덤 토크노믹스의 특별한 특징들 때문으로 생각된다.

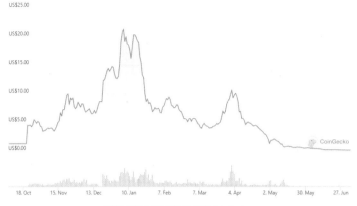

JEWEL 토큰의 가격 그래프, 출처: CoinGecko

　하지만 결국 JEWEL 토큰의 가격도 무너지고 말았다. 물론 이에 대한 배경으로는 디파이 킹덤 개발팀의 횡령 의혹 등의 몇몇 사건들이 있기도 했지만, 결론적으로는 감당되지 않는 토큰 인플레이션 때문이다. 보통 게임의 경우 게임 내 재화의 인플레이션이 심한 편이다. 개발팀은 이를 막기 위해 꾸준히 업데이트를 내놓아 재화가 사용되도록 해야 하지만, 디파이 킹덤은 늘어나는 JEWEL 토큰의 인플레이션을 막기 역부족이었다. 이자 보상의 일정 부분을 락업하는 것은 아래 그래프와 같이 공급량이 늘어나는 것을 어느 정도 방지해 토큰의 하락을 지연시킬 뿐, 결국 나중에 시간이 지나면 다 풀리는 물량이기 때문에 근본적인 해결책은 결국 아니었다. 결국 게임 토큰의 경우 꾸준히 업데이트를 하여 토큰의 유틸리티를 늘려 토큰 인플레이션율보다 사용자들의 게임 내 재화 사용에 따른 디플레이션 효과가 크도록 하는 것이 바람직해 보인다.

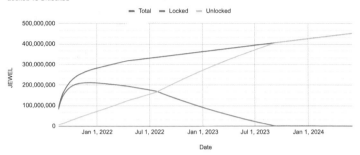

JEWEL Supply over time
Locked vs Unlocked

── Total ── Locked ── Unlocked

시간별 JEWEL 토큰의 공급량(출처: 레딧 u/ekhheQ)

5-6 커브 파이낸스

1) 커브 파이낸스 개요

커브 파이낸스는 veTokenomics를 적용한 스테이블 코인 중심의 새로운 유형의 디파이 프로토콜이다. 기존 CPMM$^{x \times y=k}$ 기반의 유동성 교환은 그 풀의 규모가 작을 때 페어의 유동성 차이에 따라 슬리피지가 크게 발생하는 문제가 있었다. 다시 말해 유동성 풀 안의 토큰의 상대적 양에 따라 각 토큰의 가격이 정해지기 때문에 법정화폐로써 고정된 가치가 교환되는 스테이블 코인 스왑에서 슬리피지가 크게 발생하여 기대되는 토큰 교환 비율보다 불리하게 교환되었다. 구체적인 예시를 아래 그래프를 통해 살펴보겠다. Uniswap Invariant가 CPMM에 해당하는 모델이다. 처음 가치가 같은 스테이블 코인 x^{USDT}, y^{USDC}를 같은 개수로 유동성 공급한다고 가정한다. 이때 풀에서 USDC에서 USDT로 교환이 많이 일어나는 예시에

디앱 사례

서^{회색} USDT가 USDC의 10배 정도 가치를 가지게 된다. 반대로 USDC로 교환이 많이 일어나는 예시에서^{검은색} USDC가 USDT의 4배 정도 가치를 가지게 됨을 보여 준다. 이렇게 같은 가치를 가져야 하는 스테이블 자산쌍이 CPMM의 구조적 문제로 인해 가격이 왜곡되게 된다. 이러한 문제를 해결하기 위해 커브 파이낸스는 독자적인 AMM^{Automated Market Maker}인 Stableswap을 적용해 유저들이 낮은 슬리피지, 낮은 수수료로 유동성 교환을 실행할 수 있게 하였다.

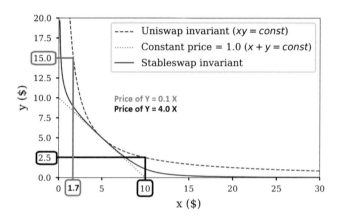

커브 파이낸스는 2020년 1월 첫 론칭을 진행했다. 2022년 11월 기준 DEX의 TVL이 약 $17.25B가량 되는데 커브 파이낸스는 이 중 $3.8B를 차지하고 있다. 커브 파이낸스가 이렇게 높은 TVL을 가지게 된 것에는 다른 디파이 프로토콜들이 커브의 인센티브를 극대화하기 위해 경쟁적으로 커브의 CRV를 대량 구매하고 락업하는 커브 전쟁이 발발했기 때문이다. 커브는 다른 AMM 디파이 프로토콜들과 다르게 스테이블 코인 중심의 디파이 프로토콜이었고 독자적인 AMM과 맞물려 비영구적 손실^{IL}을 최소한

으로 줄임과 동시에 안정적인 거래 수수료를 얻는 구조가 형성될 수 있었다. 따라서 상대적으로 변동성이 큰 다른 디파이 프로토콜들이 커브 파이낸스를 활용해 그 리스크를 최소화하려고 했던 것이다. 또한, 유동성 공급자들은 Compound의 Aave의 대출 이자를 받는 것과 더불어 CRV를 얻을 수 있는 구조였다. 커브 파이낸스의 거버넌스 토큰이자 유틸리티 토큰인 CRV에 대해서는 후에 좀 더 자세히 다루도록 하고 지금부터는 Curve의 기본을 이루는 V1, V2 모델에 대한 설명을 이어가겠다.

2) Curve v1

2019년 11월에 나온 〈StableSwap – efficient mechanism for Stablecoin liquidity〉라는 백서를 기준으로 만들어진 모델이다. Curve v1은 스테이블 코인에 대한 DEX를 지원하는 것을 목표로 하였는데 기존 DEX에서 많이 사용하는 CPMM 그대로 사용할 경우 높은 슬리피지에 노출되는 리스크가 있었다. 실제로 당시 Uniswap이나 Bancor, Kyber network 같은 대부분의 DEX 프로토콜들은 'x × y=k' 형태의 가격 결정 방식을 가지고 있었다. 법정화폐가 아닌 변동성이 큰 각 토큰들 간의 교환은 이러한 AMM으로 인해 슬리피지가 발생해도 그것 자체가 가격이 조정되는 한 가지 유인이 될 뿐이지만, 스테이블 코인은 가치의 변동을 최소화해야 하기 때문에 유동성이 매우 큰 풀이 아니라면 문제가 발생하게 된다. 따라서 Curve v1은 서두에서 잠깐 언급한 외부 오라클 없이 스테이블 코인 교환의 슬리피지를 최소화하는 StableSwap이라는 개념을 제시한다. 이론적으로는 가치가 변하지 않는 두 토큰을 슬리피지 없이 교환하기 위해서 CSMM 모델$^{x*y=const}$을 사용해야 한다. 단 이 모델을 사용할 경우 해당 유동성 풀 사이즈의 절반이 넘는 규모의 교환이 발생할 경우 한 가지 종류의 토큰만 남는 극단적인 상황이 발생해서 실사용이 어렵게 된다. 따라서 Curve v1에서는 CPMM과 CSMM을 합친 공식을 사용한다. 이 식을 풀어보면 아래와 같다.

$$XD^{N-1}\Sigma x_i + \Pi x_i = XD^N + (\frac{D}{N})^N$$

이때 leverage Σ값을 고정으로 가져가면 큰 볼륨의 스왑으로 인해 이상적인 가격인 1.0에서 벗어날 때$^{즉\ 자산의\ 비율이\ 극단적으로\ 깨질\ 때}$ 정상적으로 가격을 표시하지 못하는 문제가 발생하게 된다. 따라서 Curve v1에서는 이를 보정하기 위해 상수 A를 도입해서 동적으로 leverage 값을 가져갈 수 있도록 하였다. 그 식을 나타내면 아래와 같다.

$$X_0 = \frac{\Pi x_i N^N}{D^N}, X = AX_0 \frac{Y^2}{(Y+1-X_0)^2}$$

여기서 A가 커진다는 것은 CSMM의 영역의 확대되는 것을 의미한다. 따라서 자산의 비율이 극단적으로 깨지는 경우에는 이 값이 0에 수렴하도록 설정되어 있다. 이런 특성으로 인해 LP의 규모가 큰 경우 A를 비교적 크게 설정해 슬리피지를 최소화해 효율적으로 토큰 교환이 이루어지게 지원하고 LP의 규모가 작거나 토큰 비율이 예상보다 깨지는 경우 A를 비교적 작게 설정하여 슬리피지는 상대적으로 조금 높지만 역시 안정적으로 토큰 교환을 지원할 수 있게 된다.

207

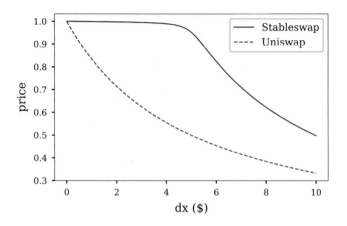

3) Curve v2

커브 파이낸스의 AMM은 원래 고정된 가치를 지니는 자산끼리의 교환을 위해 만들어졌다. 하지만 2021년 〈Automatic market-making with dynamic peg〉라는 논문을 통해 변동성 있는 자산들의 스왑을 지원하는 Curve v2를 소개한다. 시스템적으로 내부 오라클을 구성하여 이익과 손실의 비율$^{repegging\ loss}$을 따져본 후 이를 재조정하는 방식을 사용한다. 이를 통해 기존 CPMM 모델보다 5~10배 높은 유동성을 창출하고 유동성 제공자에게는 더 높은 수익을 제공할 수 있게 되었다. 아래 그래프를 보면 점선이 CPMM, 실선이 StableSwap, 회색이 가치 변동 자산을 위한 새로운 모델이다.

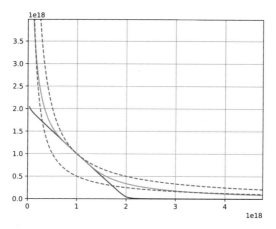

AMM 불변량 비교 그래프

$$XD^{n-1}\Sigma x_i + \Pi x_i = XD^n + (\frac{D}{n})^n$$

$$An^n\Sigma x_i + D = ADn^n + \frac{D^{n+1}}{n^n \Pi x_i}$$

4) CRV 토크노믹스

▌ $CRV란 무엇인가?

이번 장에서는 서론에서 잠깐 언급되었던 CRV 토큰에 대해서 알아보겠다. CRV 토큰은 ERC-20를 따르는 거버넌스 및 유틸리티를 위한 토큰이다. 일반 사용자가 CRV를 얻는 가장 손쉬운 방법은 커브 파이낸스 풀에 유동성을 공급하는 것이다.

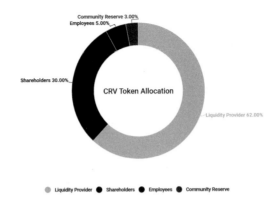

CRV Token Allocation

Community Reserve 3.00%
Employees 5.00%
Shareholders 30.00%
Liquidity Provider 62.00%

● Liquidity Provider ● Shareholders ● Employees ● Community Reserve

    CRV의 용도는 다른 DEX에 유동성 페어로 공급되거나 락을 걸고 거래 수수료의 일부를 분배받거나 부스팅을 하거나 커브 파이낸스 풀들의 파라미터를 조절할 수 있다. 첫 번째 용도를 제외하고는 CRV를 락업해서 Vote-Escrowed CRV^{veCRV}를 얻어야만 진행할 수 있다. 락업 기간은 1주일에서 최대 4년까지 가능하다. 하지만 한 번 락업하는 순간 락업 기간이 만료되기 전까지는 다시 회수할 수 없다. 커브 파이낸스의 경우 유저들에게 긴 기간의 락업을 유도하기 위해 락업한 CRV의 기간에 비례해 veCRV를 지급한다. 4년 락업 시 1 veCRV/CRV, 1년 락업 시 0.25 veCRV/CRV를 지급하는 구조이다. 이렇게 veCRV를 보유하게 된 홀더는 앞에서 언급한 것처럼 거버넌스 투표, 프로토콜 거래 수수료의 50% 중 일부 분배, 부스트된 CRV 인센티브 획득 등을 하게 된다. 이때 부스트는 veCRV를 많이 보유할수록 점점 커지고 최대 2.5배까지 증가시킬 수 있다. 2022년 11월 기준 veCRV의 비율은 49%가량이다.

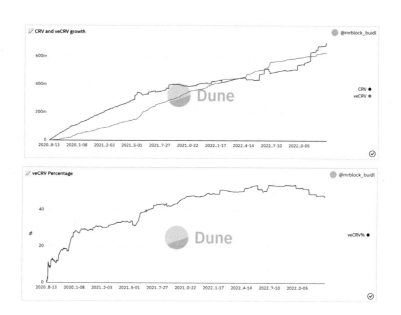

CRV 토큰의 inflation은 약 1.12년의 반감기를 가지고 그래프로 그리면 아래와 같다.

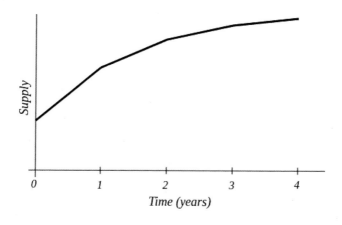

1년이 지난 이후 상당히 급격하게 CRV 공급이 줄어드는 것을 그래프를

통해 확인할 수 있다. 따라서 veCRV로 인한 인센티브를 얻기 위해 CRV 의 락업 비율이 지속적으로 증가되고 CRV 인플레이션 또한 점진적으로 감소가 일어나면 새롭게 발행되는 CRV 양에 비해 락업되는 양이 더 큰 상황이 충분히 발생할 수 있음을 예측해 볼 수 있다.

▌ Curve pool에 대한 종합적인 이해

앞서 언급한 것처럼 커브 파이낸스에는 여러 자산들을 교환할 수 있는 다양한 풀이 존재한다. 어떤 풀에 유동성을 공급한다는 것은 해당 풀을 이루고 있는 자산들의 리스크에 모두 노출된다는 것을 의미한다. 아래는 USDT, WBTC, ETH 세 가지 토큰으로 구성되는 3pool인 tricrypto2 풀의 예시이다. tricrypto2 풀의 경우 non-pegged 자산을 포함하고 있으므로 커브 파이낸스의 v2 pool 알고리즘을 따라간다.

이때 만약 1,000 USDT를 0.84 ETH로 교환하게 되면 아래 3개의 자산 간 비율의 변동이 일어나고 해당 풀 내에서 상대적으로 ETH, WBTC 가치가 증가하고 USDT 가치가 감소하게 된다. 이러한 불균형은 여러 후행 거래를 통해 다시 시장 가치에 수렴하게 된다.

Currency reserves

Ⓣ USDT ↗ ⬚	50,035,569 (33.43%)
Ⓑ WBTC ↗ ⬚	2,974 (33.29%)
◆ ETH ↗ ⬚	39,521 (33.27%)
USD total	**$149,897,062.11** ⓘ

지금까지 전반적으로 커브 파이낸스 내에서 일반적으로 유동성 풀이 어

떻게 동작되는지에 대해 알아보았다. 이제 좀 더 자세히 커브 파이낸스 내부에 어떠한 종류의 풀들이 존재하는지 알아보자.

커브 파이낸스의 풀은 크게 Plain pool, Lending pool, MetaPool, 이 3가지 카테고리로 나눌 수 있다. Plain pool은 커브 파이낸스에서 가장 기본이 되는 스테이블스왑 풀로써 커브 파이낸스가 직접 모든 유동성을 보유하면서 운용하는 풀이다. 대표적으로 DAI, USDC, USDT로 이루어진 3 Pool이 있다. Lending pool의 경우 cDAI 같이 다른 프로토콜에 의해 랩핑되어 있는 자산들의 조합으로 만들어져 있는 풀이다. Lending pool의 특징은 커브가 직접 유동성을 보유한 것이 아닌 다른 디파이 프로토콜로부터 유동성을 빌려 온다는 것이다. 따라서 커브 파이낸스 내의 Compound pool 같은 경우 해당 풀에서 발생하는 스왑으로 인한 수수료 이득에 더해 Compound 플랫폼에서 생성되는 이자[interest-bearing token]도 분배받을 수 있다. 현재 커브 파이낸스에서는 Aave[Aave pool], yearn.finance[BUSD pool, PAX pool, PAX pool, Y pool], Compound[Compound pool, USDT pool], Cream[Iron Bank pool]이 운영되고 있다.

마지막으로는 MetaPool이 있다. MetaPool은 신생 스테이블 코인이 초창기 유동성 확보가 어려운 점을 보정하기 위해 기존의 Plain pool[주로 3 pool]과 연동하여 신생 스테이블 코인 교환 시 슬리피지를 최소화시킴으로써 거래를 활성화하는 촉매제 역할을 한다. GUSD pool을 예로 들면 유동성 공급자들은 DAI, USDC, GUSD 같은 고유 자산을 그대로 예치할 수도 있지만, 3 Pool에 먼저 유동성 공급 후 3CRV LP 토큰을 받고 이 LP token을 GUSD metapool에 넣어 gusd3CRV LP 토큰을 받음으로써 수익을 극대화할 수 있다. 결과적으로 MetaPool을 통해 커브 파이낸스는 신생 디파이 프로토콜은 안정적으로 유동성을 확보하고 거래 효율성을 보장받을 수 있게 하고 유동성 공급자는 자신의 이익을 레버리지하면 서도 안정적인 디앱 생태계 확장에 도움을 주는 또 다른 선순환 구조를 끌어냈다.

▌Curve gauge의 역할

커브 파이낸스에서 발생하는 인플레이션은 모두 유동성을 제공하는 유저들에게 분배된다. 이때 어떤 유저가 얼마나 유동성을 공급했는지 그 정도를 알기 위해 유동성 게이지$^{Liquidity\ Gauge}$를 사용한다. 유동성 게이지는, 간단히 말하면 커브 풀에 얼마나 달러를 스테이블 코인^{달러}을 제공했는지 측정한다. 각 커브 풀은 각자 고유의 유동성 게이지를 가지고 있다. 이 유동성 게이지는 각자 가중치도 가지고 있는데 이에 따라 그날 발생하는 CRV 인플레이션 중 얼마가 할당되는지 정해진다. 이 가중치는 Gauge Weight Voting이라는 거버넌스를 통해 결정되며 위에서 언급한 veCRV를 통해 투표할 수 있다. 아래는 투표가 끝난 후 특정 날짜에 인센티브 분배 가중치가 어떻게 바뀐다는 것을 보여 주는 그래프이다. SDT+WBTC+WETH 3 pool이 가장 많은 인센티브를 가져가는 것을 볼 수 있다.

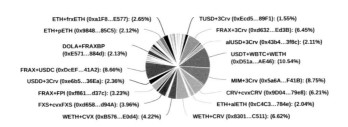

Proposed future gauge weight changes
taking effect on 24/11/2022 UTC

5) 평가

커브 파이낸스는 기존 CPMM이 가지고 있던 비율이 깨졌을 때 스왑 시 슬리피지가 크게 발생하는 단점을 독자적인 AMM을 통해 완화했다. 이와 더불어 3 pool, 4 pool 등의 구조를 차용함으로써 풀의 유동성을 최대로 늘려 슬리피지 발생을 최소화하였다. 이를 통해 DEX 구조에서도 오더 북 형태 못지 않게 안정적이고 예측 가능한 스테이블 코인 스왑이 가능하게 만들었다. 또한, CRV-veCRV 구조를 통해 토큰의 유틸리티를 극대화하고 다른 디파이 프로토콜이 이를 활용할 수 있는 유인을 만들어 이들의 준비 자산을 흡수하고 디파이의 머니레고 특성을 최대로 끌어내었다. 또한, 와이언 파이낸스, 컨벡스 파이낸스, 스테이크다오 같은 veCRV를 위한 다양한 파생 프로토콜들이 만들어질 수 있는 기반을 제공하였고, 이는 디파이의 활성화와 함께 veTokenomics라는 하나의 거대한 흐름을 만드는 데 기여하게 된다.

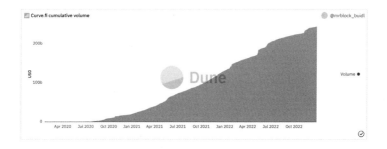

1) 컨벡스 파이낸스 개요

커브 파이낸스에서 LP 토큰을 예치 후 받을 수 있는 CRV 토큰은 Locker에 예치함으로써 묶어 두는 기간에 따라 veCRV를 보상으로 받을 수 있었다. veCRV를 가지고 있을 경우 커브 파이낸스 내부 거래 수수료의 50%를 3CRV LP 형태로 분배받고 커브 파이낸스 내부의 각각의 유동성 풀이 가져가는 CRV 보상 크기에 대한 gauge weight에 투표를 할 수 있기 때문에 매우 큰 유틸리티가 있었다. 따라서 여러 디파이 프로토콜에서는 이 CRV를 최대한 유저들한테서 매집함으로써 프로토콜 자체의 veCRV 수량을 높이고 커브 파이낸스에 대한 영향력을 높이려고 시도하였다. 이 현상을 커브 전쟁이라고 하고, 컨벡스 파이낸스는 이 전쟁에서 현재 시점 ^{2022.10} 기준 가장 많은 CRV를 확보한 프로토콜이다. 컨벡스 파이낸스 이외에는 컨벡스 파이낸스처럼 직접적으로 CRV 유치를 유도하는 연 파이낸스, StakeDAO나 Bribe.crv.finance, Votium처럼 인센티브를 통해 veCRV 홀더들의 특정 행위^{거버넌스 의결 방향}를 끌어내려는 간접적 형태의 프로토콜이 존재한다.

컨벡스 파이낸스의 인센티브 모델을 서두에서 간단하게 설명하면 유저들에게서 CRV 토큰을 받고 cvxCRV 토큰을 발급해 준다. 이때 cvxCRV 토큰을 다시 컨벡스 파이낸스에 예치하면 기존 veCRV에서 얻을 수 있는 수익+Convex LP의 부스트된 CRV 획득량의 10% CVX 토큰을 받을 수 있다. CRV 이외에도 LP 토큰을 Curve gauge가 아닌 컨벡스 파이낸스에 예치함으로써 기존 보상과 더불어 CVX 토큰 보상을 받는 것도 가능하다. 그럼 이제부터 컨벡스 파이낸스의 각 요소에 대해 좀 더 자세히 알아보자.

2) 컨벡스 파이낸스 작동 방식 및 토크노믹스

컨벡스 파이낸스에는 핵심적인 역할을 하는 세 가지 종류의 토큰이 있다. 지금부터 이 토큰들에 대해 살펴보자.

첫 번째 살펴볼 토큰은 cvxCRV 토큰이다. 이 토큰은 veCRV가 한 번 더 토큰화된 것으로 컨벡스 파이낸스에서 CRV를 변환시킴으로써 얻을 수 있다. veCRV와 같이 비가역적이어서 한 번 cvxCRV로 변환시키면 이후 CRV로 변환이 불가능하다. cvxCRV를 통해 커브 파이낸스 플랫폼 수수료[CRV], CVX, veCRV 보상[3crv]을 획득할 수 있다.

두 번째로 살펴볼 토큰은 cvxFXS 토큰이다. cvxCRV와 유사하게 veFXS가 토큰화된 것이다. 역시 컨벡스 파이낸스에서 FXS를 변환시킴으로써 얻을 수 있다. veFXS처럼 역시 비가역적이라 다시 FXS로 변환이 불가능하다. cvxFXS를 통해 veFXS 보상, CVX, 커브 파이낸스 플랫폼 수수료[CRV] 등을 얻을 수 있다.

마지막으로 살펴볼 토큰은 Convex Token[CVX]이다. 컨벡스 파이낸스의 기축 토큰이라고 할 수 있다. CVX의 첫 번째 용처는 컨벡스 파이낸스에서의 거버넌스 활동이다. 단 CVX 토큰 상태에서는 할 수 없고 Vote Locking CVX[vlCVX] 형태로 락업해야 한다. 락업 이후 해당 유저는 veCRV, veFXS gauge weight 투표나 기타 다른 프로포절 등에 대해 투표권을 행사할 수 있다. 두 번째 용처는 인센티브 획득이다. CVX를 컨벡스 파이낸스에 예치함으로써 Curve LP로부터 생성되는 CRV의 5%에 해당하는 수량을 분배받을 수 있다. 이와 더불어 vlCVX 보유자의 경우 1%에 해당하는 수량을 추가로 분배받을 수 있다. Frax LP의 경우 7%에 해당하는 수량을 vlCVX 보유자에게 분배한다.

그렇다면 CVX의 발행량 커브는 어떻게 될까? 이는 CVX/CRV 비율로 결정된다. 10만 개의 CVX가 발행될 때마다 CVX/CRV 비율이 감소하는 방식으로 토크노믹스가 동작한다. 발행량 상한선이 정해져 있는 방식이고 최종 공급량은 1억 개이다. 이 중 50%는 Curve LP 보상으로 분배되고 25%는 인센티브 프로그램으로 4년간 분배, 9.7%는 트레저리, 1%는 veCRV 홀더 보상[에어드랍], 1%는 초기 컨벡스 파이낸스를 커브 파이낸스의 화이트 리스트에 추가하는 것에 투표한 veCRV 홀더 보상, 3.3%는 투자자 물량, 10%는 컨벡스 팀 물량으로 이뤄진다.

아래는 위에서 설명한 CVX의 발행 방식을 실제로 코드화한 것이다. 특정 CRV 수량을 통해 얼마만큼의 CVX가 나오는지 계산해 볼 수 있다.

```
cliffSize = 100000 * 1e18  # new cliff every 100,000 tokens
cliffCount = 1000
maxSupply = 100000000 * 1e18  # 100 mil max supply


def GetCVXMintAmount(crvEarned: int) → int:
    # first get total supply
    cvxTotalSupply = await cvx.totalSupply()

    # get current cliff
    currentCliff = cvxTotalSupply / cliffSize
```

```
# if current cliff is under the max
if currentCliff < cliffCount:
    # get remaining cliffs
    remaining = cliffCount - currentCliff

    # multiply ratio of remaining cliffs to total cliffs against amount CRV received
    cvxEarned = crvEarned * remaining / cliffCount

    # double check we have not gone over the max supply
    amountTillMax = maxSupply - cvxTotalSupply
    if cvxEarned > amountTillMax:
        cvxEarned = amountTillMax

    return cvxEarned
```

컨벡스 파이낸스를 이용하는 첫 번째 방식은 커브 파이낸스에서 유동성
예치 후 받은 LP 토큰을 컨벡스 파이낸스에 예치하는 것이다. 이렇게 예
치한 LP 토큰은 언제든지 다시 인출할 수 있다.

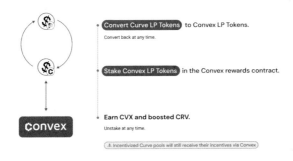

두 번째 방식은 Curve의 CRV 토큰을 veCRV가 아닌 컨벡스에서
cvxCRV 형태로 교환하는 것이다. 이때 veCRV와 마찬가지로 다시 CRV
로 교환이 불가하다. 이렇게 교환된 cvxCRV는 veCRV와 동일하게
Curve의 거래 수수료, 에어드랍을 받을 수 있고 이에 더해 CVX 토큰 보

219

상, Convex LP의 CRV 획득량의 10% 수량을 나눠 받을 수 있다. 많은 사람이 직접적으로 veCRV를 락업하지 않고 컨벡스 파이낸스를 활용한 유인 중 하나는 바로 이러한 추가적인 인센티브이다. 이 외에도 cvxCRV는 veCRV와 달리 전송이 가능하다. 따라서 veCRV에 비해 여러 가지 추가적인 액션이 가능하고, 이 또한 사람들이 컨벡스 파이낸스를 사용하는 강력한 유인이 되었다.

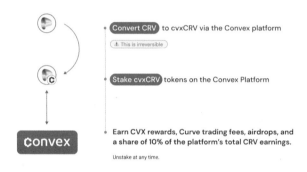

세 번째 방식은 위에서 보상으로 받은 CVX 토큰을 컨벡스 파이낸스에 예치하는 것이다. 예치하면 컨벡스 파이낸스의 수수료의 5%에 해당하는 금액을 cvxCRV 형태로 예치 비율에 맞게 분배받을 수 있다. 이때 예치한 CVX 토큰은 언제든지 다시 인출할 수 있다.

네 번째 방식은 CVX를 Vote Locking CVX 형태로 락업하는 것이다. 16주+차주의 목요일의 기간 동안 CVX 토큰을 컨벡스 파이낸스에 묶어두는 것이다. 이때는 플랫폼 수수료와 더불어 gauge weight나 기타 컨벡스 파이낸스의 거버넌스 활동에 참여할 수 있다.

마지막 방식은 프랙스 파이낸스와 연계하여 사용하는 것이다. 이때 방식은 위에서 소개된 CRV 기반 방식과 유사하다. 우선 첫 번째 방법은

FXS를 cvxFXS로 전환 후 veFXS 보상, 커브 파이낸스의 cvxFXS/FXS 풀의 보상, CVX 보상, 부스트된 FXS 보상 수량을 수령하는 방식이다. 이 때 주의할 점은 cvxCRV처럼 다시 cvxFXS를 FXS로 되돌릴 수 없다.

두 번째 방법의 경우 커브 파이낸스의 프랙스 파이낸스 연관 풀이나 프랙스 파이낸스 스왑 풀의 LP 토큰을 예치하는 방식이다. 이를 통해 컨벡스 파이낸스의 veFXS의 부스트 효과를 받을 수 있다.

3) 평가

컨벡스 파이낸스는 기존 커브 파이낸스에서 유저들이 불편함을 느꼈던 부문을 효과적으로 해결한 인상적인 프로토콜이다. 기존에 커브 파이낸스에서 유저들은 최대 수익을 얻기 위해서는 4년간 CRV의 일정량을 락업해야 했지만, 가격 변동이 매우 심한 암호화폐 시장에서 4년을 묶어 두는 것은 매우 리스크가 큰 행동이라 섣불리 하기 힘든 행동이었다. 컨벡스 파이낸스는 cvxCRV라는 veCRV 파생 토큰 도입을 통해 기존 veCRV의 인센티브는 그대로 가져감과 동시에 직접 거래가 불가능했던 veCRV의 제약에서 벗어나 스시스왑 같은 DEX에서 유동성 페어로 사용하거나 또 다른 레버리지의 기반으로 사용할 수 있게 하여 기존 유저들의 리스크를 경감시키고 자본 효율성을 극대화시켰다.

또한, 직접 유동성을 확보하지 않고 커브 파이낸스를 활용하여 veCRV를 통해 영향력을 끼치는 방식은 컨벡스 파이낸스 성장함으로써 커브 파이낸스를 밀어내는 구조가 아닌 커브 파이낸스와 컨벡스 파이낸스가 서로 상호작용하며 공생 관계를 통해 같이 성장할 수 있는 원동력을 제공해 주었다.

이밖에 다수의 veCRV를 확보함으로써 커브 파이낸스의 gauge weight를 실질적으로 컨벡스 파이낸스의 거버넌스가 결정하게 됨으로써 이에 연관된 Votium 같은 재미있는 콘셉트의 다른 디파이 프로토콜들의 활성화를 끌어냈다.

5-8 신세틱스

1) 신세틱스 개요

▌갖지 못하는 이유는 있지만, 가지지 못할 이유는 없다

누구나 살아가다 보면 갖고 싶은 것들이 있기 마련이다. 지나가다 보면 신발 가게의 예쁜 신발이 눈에 들어오고 구매욕이 솟구치기도 한다. 대표적으로 한정판 신발의 수요가 많아지면서 구매를 하기만 해도 프리미엄이 붙어 높은 가격을 형성하고 있다. 예를 들어 Nike 한정판 신발의 경우 그 신발의 가격이 신발치고는 꽤 높은 가격에 프리미엄이 붙어서 팔리고 있다. 명품도 신상, 한정판 등 인기 있는 제품들은 웃돈을 얹어서라도 구매하고 싶어 하는 사람들이 줄 서 있다. 하지만 모든 사람이 동일한 물건을 갖고 싶다고 하여도 공급이 무한하지 않는 이상 가질 수는 없다.

공급량에 있어서 문제가 되지 않는다고 하더라도 법률적인 문제 혹은 행정적인 문제로 구매를 하지 못하는 경우가 있다. 예를 들어 미국 주식을 구매한다고 생각해 보자. 미국 주식을 구매하기 위해서 주식 계좌를 개설하고 복잡한 인증 과정을 거쳐야 할 뿐더러 조건이 맞지 않는다면 미국 주식을 구매할 수 없을 것이다. 그런 경우 미국 주식을 구매하는 것보다 미국 주식과 거의 매 순간 똑같은 가격을 따라가는 자산을 구매하는 것을 어떨까? 그렇게 된다면 우리는 복잡 과정을 거칠 필요도 없이 미국 주식을 갖고 있다고 할 수 있을 것이다. 물론 배당금에 대한 분배 등 미국 주식 가격을 따라가는 자산의 경우에는 주식 고유의 기능은 하지 못한다.

▌신세틱스^{Synthetix}의 등장

합성 자산 발행 프로토콜인 신세틱스는 '합성된'이란 뜻을 가진 'Synthetic'에서 파생되었다. 합성 자산^{Synthetic Asset}은 기초 자산의 가격을 추종하여 동일한 가치를 지니는 자산을 말한다. 합성 자산은 기본적으로 기초 자산이 하는 근본적인 가치를 수행하지는 못한다. 예를 들어 ETH와 sETH의 관계를 살펴보자. sETH는 신세틱스에서 발행되는 합성 자산인데, ETH의 가격을 추종한다. 기본적으로 ETH와 sETH는 거의 1:1의 가격을 유지하면서 거래가 진행된다. sETH는 ETH와 거의 같은 가치를 지니지만, 이더리움 네트워크에 가스비를 지급하는 등 ETH가 수행하는 역할들을 수행하지 못한다. 교환에서도 마찬가지이다. 탈중앙 거래소에 있는 ETH – DAI 자산 페어에 sETH를 DAI로 교환할 수 없다. 만약 sETH를 DAI로 교환하려면 따로 존재하는 sETH – DAI 유동성 풀을 이용해야 할 것이다.

▌신스, Synth

신스^{Synth}는 신세틱스에서 사용되는 용어로, 신세틱스에서 발행하는 합성 자산을 말한다. 신스는 자산의 종류와 상관없이 담보만 충분하면 발행될 수 있기 때문에 그 종류 또한 다양한데, 일반적으로 이름 앞에 접두사 s를 붙여서 이름을 만든다. 이더리움ᴱᵀᴴ을 추종하여 만든 신스는 sETH라고 부르고, AAVE 토큰을 추종하여 만든 신스는 sAAVE라고 부른다. 암호화폐뿐만 아니라 법정화폐에 대해서도 제공하고 있는데, 미화 USD에 대한 신스는 sUSD라고 하며 한국 화폐인 KRW에 대한 신스인 sKRW도 존재한다. sKRW에 대한 컨트랙트에 대한 정보는 ETHEREUM - 0x269895a3dF4D73b077Fc823dD6dA1B95f72Aaf9B 를 참고하면 확인할 수 있다.

2) 신세틱스 작동 방식 및 토크노믹스

▌ 신스의 발행 원리

합성 자산인 신스는 어떻게 발행될까? 신스를 발행하려는 사용자는 발행하고자 하는 신스의 가치보다 훨씬 높은 가치의 SNX를 담보를 잡고 발행하게 된다. 보통 담보 비율ᶜ⁻ᴿᵃᵗⁱᵒ 은 정해진 원칙으로 고정되어 있는 것이 아니라 프로토콜에서 거버넌스를 통해 적절한 기준을 설정하게 되는데, 신세틱스에서는 초기에 750%로 시작하였다가 최종적으로 SIP-221을 거쳐서 현재는 400% 정도로 기준을 잡고 있다.

▌ 주요 메커니즘: Synth Mint / Synth Burn

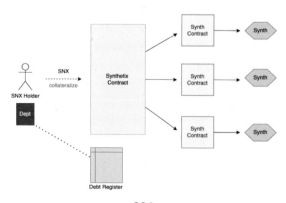

디앱 사례

신스를 발행하고 싶은 사용자는 우선 신세틱스 컨트랙트에 SNX를 담보를 잡는 담보화 요청을 진행한다. 이후 사용자는 담보화된 자산을 기반으로 신세틱스에서 신스를 발행할 수 있다. 예를 들어 2022년 9월 10일 기준으로 담보 비율이 400%인 상황에서 유저가 400만 원어치의 SNX 혹은 150만 원어치의 ETH를 담보화시키게 되면, 유저는 100만 원어치의 합성 자산, 신스를 발행할 수 있는 것이다.

이러한 과정을 거치면 신세틱스에서 관리하고 있는 부채 장부Dept Register에 부채가 등록이 되며 유저가 신스를 발행했다는 것이 컨트랙트에 기록으로 관리한다.

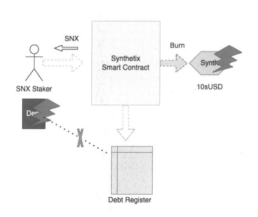

위 과정과 반대로 담보를 되찾고 싶다면 발행한 신스를 다시 소각Burn할 수 있다. 예를 들어 10 sUSD를 소각하면, 사용자는 부채로 잡혀 있던 담보만큼 다시 요청할 수 있게 된다. 아직 회수되지 않은 신스에 대한 부채는 계속 잡혀 있게 되고, 소각분에 대해서 부채가 감소하여 그 만큼은 유저가 요청할 수 있게 되는 것이다.

▌주요 메커니즘: Synth Trading

발행된 신스는 어디서 거래될 수 있을까? 바로 신세틱스의 공식적으로 트레이딩을 담당하는 크웬타^{Kwenta}라는 탈중앙 거래소에서 거래할 수 있다. 크웬타는 신세틱스 위에서 만들어진 탈중앙 거래소이며 신세틱스를 통해 발행된 신스를 공식적으로 지원하고 있다. 아래와 같이 크웬타에서는 신스를 거래할 수 있도록 인터페이스를 제공하고 있다.

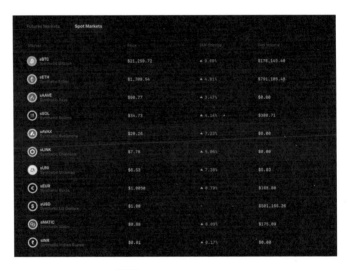

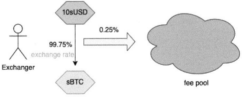

크웬타 거래소에서는 sUSD 기본 거래 화폐로 사용한다. 거래소에서 사용자들이 거래할 때마다 발생하는 수수료는 수수료 풀$^{Fee\ Pool}$이라는 저장소에 계속 누적된다. 2022. 09. 10. 기준으로 sUSD에서 sBTC를 구매

할 때 0.25%의 거래 수수료가 부과되고, 이는 수수료 풀에 지속적으로 저장되게 된다. 정확히는 sBTC와 연결된 수수료 풀이라고 볼 수 있다.

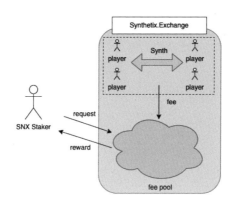

신스 거래소에서 발생한 수수료 풀은 해당 신스를 발행한 사람들이 수수료를 클레임하여 리워드를 받을 수 있다. sBTC 수수료 풀의 수수료는 sBTC를 발행한 사람들이 나눠 갖게 되는 것이다.

▌주요 메커니즘: Synth Management

만약 신스의 가격이 폭락하거나 상승하는 상황에서는 어떻게 대처해야 할까? 혹은 신스를 뒷받침하고 있는 담보물인 SNX의 가격이 상승하거나 하락하는 상황은 어떻게 대처가 될까?

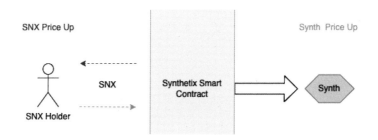

227

우선 신스의 가격이 오르는 상황^{빨간색}을 생각해 보자. 신스의 가격을 보증하기 위해서는 담보 비율 이상으로 담보물을 유지하고 있어야 한다. 신스의 가격이 올라가게 된다면, 보증해야 하는 담보물의 가치가 상승해야하며, 이에 따라 신세틱스는 유저에게 더 많은 담보물을 요구하게 된다. 유저는 자신의 신스를 지키기 위해서 더 많은 SNX를 담보화하는 과정을 거쳐야 한다. 만약에 유저가 자금이 부족한 상황이라면, 올라간 신스의 가격만큼 일부 발행한 신스를 소각하는 과정을 거치게 된다. 그렇게 되어야만 신스의 가격에 대한 담보 비율을 유지할 수 있기 때문이다. 반대로 신스의 가격이 하락하는 상황을 생각해 보면, 담보물의 가치가 상대적으로 낮아지게 된다. 그렇기에 유저는 프로토콜에 예치된 담보물 중 일부를 인출할 수 있다. 혹은 더 많은 신스를 발행할 수 있게 된다.

담보물의 가치가 높아지는 경우는 발행한 신스 대비 예치된 담보의 가치가 높아지게 되므로 신스를 더 많이 발행하거나 담보물을 인출할 수 있다. 반대로 담보물의 가치가 낮아지는 경우는 신스를 소각하거나 담보물을 더 넣어야만 유지될 수 있다.

▌ 주요 메커니즘: Liquidation

예를 들어 100만 원어치 SNX 토큰을 맡기고 25만 원어치 sETH를 발행했다고 하자. 시간이 지나 발행한 ETH^{sETH}의 가격이 올라갔다면 어떻게 될까? 담보 비율이 부족하기 때문에 예치한 SNX 토큰이 청산되는 과정을 거치게 된다.

일반적으로는 제삼자가 청산하는 형태로 이루어지지만 신세틱스에서는 자기 청산^{Self-Liquidation} 인터페이스를 제공하고 있어 자신이 자신의 담보물을 청산할 수 있다. 청산 과정은 신세틱스를 비롯한 다른 담보 제도를 도입하는 프로토콜에서 꼭 필수적인 과정인데, 일반 유저가 안고 가야 할 위험성 중 하나이다. 하락장같이 가격이 급락하는 경우 그에 맞춰서 담보 비율을 맞추기 어려울 수 있기 때문이다. 신세틱스에서는 담보 비율 200% 이하인 경우에 대해서 3일[72시간]간의 유예 기간을 주고 이후에는 청산을 진행할 수 있도록 한다.

▌ 주요 메커니즘: Borrow Synth

SIP-35를 거쳐서 이제 SNX뿐만 아니라, ETH를 초과 담보 형태로 150%의 담보 비율을 설정하여 신스를 빌릴 수 있다. 대출[Loan] 기능을 제공하는데, 이를 위해서 ETH를 Staking 해야만 sETH, sUSD를 빌릴 수 있다.

3) 평가

사용자들은 합성 자산 신스를 발행하기 위해서 SNX를 스테이킹해야 하기 때문에 SNX의 유틸리티는 충분히 존재하며, SNX를 스테이킹한 사용자는 매주 누적되는 SNX 보상 및 신스 거래로부터 나온 수수료를 보상받을 수 있으므로 적절히 보상된다고도 말할 수 있다. 이는 즉 신세틱스 프로토콜이 점차 성장하여 신스를 거래하는 사용자가 많아진다면 발생하는 수수료가 커진다는 의미이기에 프로토콜의 성장이 토큰 가치의 성장과도 연결된다고 볼 수 있다.

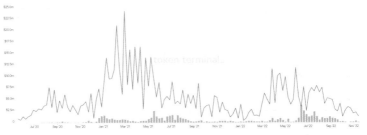

(실선: 토큰 발행 지출 / 막대: 수익 / 출처: 토큰 터미널)

이제 프로토콜이 실제로 지출하는 토큰 보상보다 벌어들이는 수익이 큰지 확인해 보자. 위의 그래프를 확인해 보면 사용자들에게 인센티브로 제공되는 토큰 보상이 실제로 벌어들이는 수익보다 큰 것을 볼 수 있다. 즉 이 같은 상황이 지속된다면 토크노믹스는 지속 가능한 모습을 유지하기 힘들 것이다.

신세틱스는 처음으로 합성 자산에 대한 개념을 들고와 블록체인에 접목한 프로토콜이다.

1) 연파이낸스 개요

▌디파이 펀드매니저, 안드레 크로녜

펀드매니저는 개인 혹은 기관투자자로부터 투자금을 받아 자신의 투자 전략 및 자산 운용 방법으로 수익을 내는 사람을 말한다. 탈중앙 디파이에서도 기존 중앙화된 금융권의 펀드매니저 같은 역할을 하는 프로토콜이 등장했는데 그게 바로 Yearn Finance이다. Yearn Finance를 한국어로 발음하는 방법에는 연, 와이언 등이 있지만 이 책에서는 연파이낸스로 통일하도록 하겠다. 연파이낸스의 창립자인 안드레 크로녜^{Andre Cronje}는 초기 시절부터 블록체인 테크 쪽으로 유명하고, 인지도가 있었는데 그에게 자산 관리 문의가 많이 오면서 위험성이 낮고 수익률은 높게 가져갈 수 있는 방안에 대해서 오랫동안 고민해 왔다고 한다. 수동으로 자금을 관리하는 것이 너무나도 귀찮고 번거로운 일이라 스마트 컨트랙트를 통한 자동화 시스템을 만들게 되었고, 이것이 연파이낸스의 초기 모습을 이끌게 되었다고 알려져 있다.

여러 사람이 자산을 넣고 관리할 수 있는 볼트^{Vault} 개념을 도입하여 자신이 만든 전략^{Strategy}을 통해서 이자를 최대한 많이 받을 수 있도록 하였다. 그리고 개인보다 익명의 다수로부터 대규모의 자금을 유치하게 되면서 규모의 경제를 통해 비용을 절감하게 되었다. 예를 들어 100명이 각자의 자금으로 디파이에서 특정 활동을 하게 된다면 네트워크 가스비가 100번 지급되게 되지만, 이들의 자금을 모아서 운용한다면 한 번의 가스비로도 똑

같은 활동을 할 수 있어 절약이 가능하다.

　사용자 입장에서는 자금을 복잡하게 관리할 필요 없이 볼트에 자산을 넣는 것과 원리금을 회수하는 것, 이 두 가지만 신경을 쓰면 되니 훨씬 편리하다고 할 수 있다. 즉 단순히 자금을 투입하면 이자가 발생하고 나중에 자금을 빼는 일에만 신경쓰면 되기에, 디파이가 대중들에게 손쉽게 다가 갈 수 있는 포인트로 작용하였다.

2) 연파이낸스 작동 방식 및 토크노믹스

▌ 연파이낸스의 거버넌스, YFI

　연파이낸스도 YFI라는 거버넌스 토큰을 생태계에 분배하였고, 이를 통해 거버넌스를 진행한다. 보통 일반적인 프로토콜은 토큰 분배의 비율에 대해서 팀을 위한 팀 물량을 할당해 둔다. 왜냐면 동기 부여 측면에서도 팀이 해당 토큰의 보유량 없이는 동기 부여가 낮아지기 때문이다. 유니스 왑의 경우도 팀 물량을 21.51% 정도로 분배를 잡아 두고 있다.

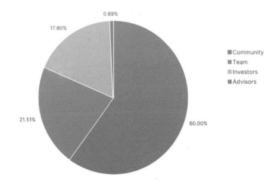

Genesis UNI Allocation

0.69%
17.80%
21.51%
60.00%

■ Community
■ Team
▥ Investors
■ Advisors

연파이낸스가 다른 프로토콜들과 다른 점은 거버넌스 토큰 YFI 분배에 대해 팀 물량을 배정하지 않고, 프로토콜의 참여도에 기반하여 YFI 분배를 진행했다. 커브 파이낸스에서 yPool, 밸런서에서 YFI/DAI 풀, 밸런서에서 YFI/yPool 풀의 세 가지 풀에 유동성을 공급한 사람들에게 토큰 분배가 이루어졌었다. 창립자인 안드레 크로네도 자신의 참여도에 기반하여 YFI 토큰을 분배받았으며, 창립자라는 이유 등으로 물량을 할당하지 않았다는 점이 매우 인상적이다. 이렇게 30,000개의 YFI 토큰이 분배가 완료되었다.

그런데 시간이 지나고, 2021년 1월에 YIP-56 거버넌스 제안으로 6,666개의 YFI 토큰을 추가로 발행하자는 안건이 제시되었다. 요약하자면 연파이낸스의 기여자들에게 토큰을 분배하자는 안건인데, 이 안건이 통과되면서 기여자들에게도 YFI 토큰이 분배되게 되었다. 그래서 현재 YFI 토큰의 총 발행 개수는 36,666개이다.

▌ 볼트와 전략

yVault는 Yearn의 Vault라는 의미로 짓게 되었다. 이 책에서는 볼트라는 표현으로 표현하도록 하겠다.

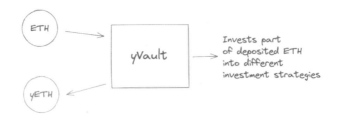

볼트는 전략적 투자를 진행하기 위해 자금을 조달하는 금고라고 생각하면 된다. 위와 같이 ETH 볼트에 유저가 ETH를 넣는 행위를 통해서 yETH를 받게 되고, 볼트에서 진행되는 전략Strategy를 통해서 수익이 나게된다. 연파이낸스에서 이러한 전략을 수립하는 사람들이 있는데 이들은 전략수립기Strategists라고 명명한다.

볼트는 연파이낸스에서 가장 중요한 기능 중 하나이며, 볼트와 전략은 V1에서 1:1 구조에서 V2로 넘어오면서 1:다 구조로 되어서 현재로서는 하나의 볼트에 여러 가지의 전략이 담겨 있다. 원래는 ETH 볼트에서 AAVE, 커브 파이낸스, MakerDAO를 거쳐서 수익을 내는 전략 A가 하나만 쓰였다면, 이제는 다른 경로로 수익을 창출하는 전략 B을 세워서 전략 A와 전략 B가 사용되어 수익 최적화Yield Optimization를 이뤄내는 방식이다. 아래의 사진에서는 sUSD-yvsUSD 0.3.3 볼트에서 4가지 전략을 통해서 볼트를 운영하는 것을 확인할 수 있다.

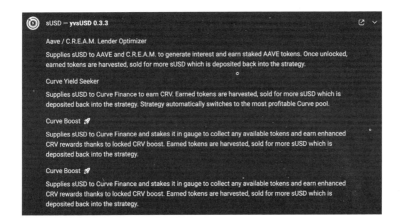

V2로 볼트가 리뉴얼되면서 하나의 볼트에서 여러 전략들을 수행할 뿐만 아니라, 단일 스테이킹 서비스처럼 ETH를 예치하면 ETH가, DAI를 예치하면 DAI가 복리Autocompounding로 늘어나게 되도록 설계되었다.

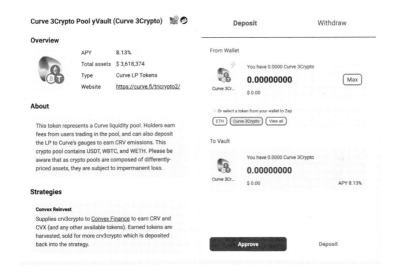

원래는 연파이낸스에 존재하는 볼트에 자산을 예치하기 위해서는 사용

자가 어느 정도 DAPP, 디파이에 대한 조작을 할 수 있어야만 했다. 예를 들어 현재 2022년 9월 10일 기준으로 운영되고 있는 Curve 3Crypto Pool yVault의 경우, 원래 같으면 Curve에 있는 triCrypto2 Pool에 wBTC, USDT, ETH를 예치하고 받게 되는 Curve 3Crypto 토큰을 다시 볼트에 예치했어야 한다. 참고로 Curve 3Crypto 토큰은 커브 파이낸스에 유동성을 공급하고 나서 받는 LP 토큰이다. ETH만 가지고 있는 사용자는 거래소에서 ETH를 wBTC, USDT로 비율에 맞게 교환한 후, Curve에 예치하고 Yearn에 다시 예치 해야 하는 번거로운 상황을 가져야만 하는 것이다. 이러한 번거로움을 해결해 주기 위해 Zappier에서 제공하는 Zap 서비스를 활용하면 이러한 과정을 ETH만 예치하면 자동으로 3Crytpo 토큰으로 바꿔 주어 예치할 수 있다.

▍볼트의 유효성 검사

볼트가 정말 돈을 벌어 주는지 어떻게 검증하고 입증할 수 있을까? 볼트의 수익성을 판단하기 위해서는 Yearn Watch라는 서비스를 제공한다. Yearn Watch에서는 볼트가 문제가 없는지, 전략들이 잘 수행되고 있는지에 대해서 감시하고 문제가 있는 경우에 대해서는 경고 메시지를 띄운다.

아래의 그림에서처럼 문제가 있는 볼트에 대해서는 경고 메시지를 띄우고 그 이유에 대해서 알려 준다.

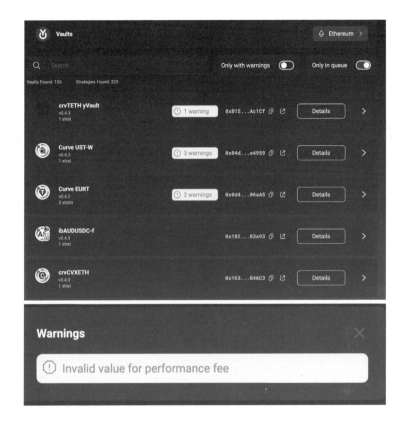

▌주요 메커니즘: yToken, yvToken

사용자는 볼트에 자산을 예치하게 되면 yToken 혹은 yvToken을 받게 된다. 최근에는 yvToken으로 명칭을 대부분 통일해서 사용하고 있다. 접두사 y 혹은 yv가 붙은 토큰은 yearn vault token의 줄임말이다. yvToken은 사용자가 볼트에 예치한 일종의 포지션을 의미하기도 하는데, yvDAI의 경우 DAI 볼트에 DAI를 넣은 것에 대한 포지션을 의미하는 것이다. yvToken은 나중에 원리금을 받기 위해 사용할 수 있다.

yvToken, yToken은 원리를 알면 이해가 되는데, 막상 처음 토큰의 명

칭을 보게 되면 어렵기도 하다. 독자를 위해서 연파이낸스에서 제공하는
볼트 토큰의 리스트를 소개한다.

▌ V2 Vault

Vault	Input Token	Output Token
YFI	YFI	yvYFI
1INCH	1INCH	yv1INCH
WETH	WETH	yvWETH
USDC	USDC	yvUSDC
HEGIC	HEGIC	HEGIC
DAI	DAI	yvDAI
WBTC	WBTC	WBTC yVault
USDT	USDT	yvUDST
crvIB	Curve Iron Bank Pool	yCurve-IronBank
crvSETH	Curve sETH Pool	yvCurve-sETH
crvstETH	Curve stETH Pool	yvCurve-stETH
crvSBTC	Curve sBTC Pool	yvCurve-sBTC
crvRENBTC	Curve renBTC Pool	yvCurve-renBTC
crvOBTC	Curve oBTC Pool	yvCurve-oBTC
crvPBTC	Curve pBTC Pool	yvCurve-pBTC
crvTBTC	Curve tBTC Pool	yvCurve-tBTC
crvFRAX	Curve FRAX Pool	yvCurve-FRAX
crvLUSD	Curve LUSD Pool	yvCurve-LUSD
crvSAAVE	Curve sAave Pool	yvCurve-sAave
crvBBTC	Curve BBTC Pool	yvCurve-BBTC
yvBOOST	Yearn Compounding veCRV	yvBOOST

Vault	Input Token	Output Token
crvLINK	linkCRV	yvlinkCRV
crvUSDP	usdp3CRV	yvusdp3CRV
crvANKR	ankrCRV	yvankrCRV
yCRV(yUSD)	yDAI+yUSDC+yUSDT+yTUSD	yyDAI+yUSDC+yUSDT+yTUSD
crvMUSD	musd3CRV	yvmusd3CRV
crvGUSD	gusd3CRV	yvgusd3CRV
crvDUSD	dusd3CRV	yvdusd3CRV
crvUSDN	usdn3CRV	yvusdn3CRV
crvUSDT	ust3CRV	yvusdt3CRV
crvHUSD	husd3CRV	yvhusd3CRV
crvBUSD	yDAI+yUSDC+yUSDT+yBUSD (bCrv)	yyDAI+yUSDC+yUSDT+yBUSD
crvSUSD	crvPlain3andSUSD (sCrv)	yvcrvPlain3andSUSD
3Crv	3Crv	y3Crv
crvEURS	eursCRV	yveursCRV
crvHBTC	hCRV	yvhCRV

▌주요 메커니즘: Strategy - Kashi Lender

본 문서에서 소개하는 전략들은 Vault V2에서 사용되고 있는 전략들을 소개한다. 이전 버전에서의 전략들은 이미 유명해서 많이 소개되어 있었지만, 이제는 지원되지 않아 독자가 확인하기 어려운 것들이 많아 이 책에서는 소개하지는 않겠다.

유저의 직관적인 이해를 위해서 실제 유저 인터페이스를 많이 소개하려고 노력하였다.

239

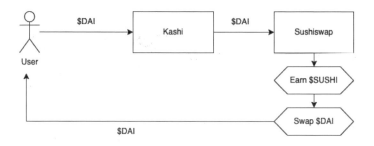

Kashi Lender는 DAI를 Kashi를 통해서 Sushiswap에 예치하는 과
정을 거친다. Sushiswap에서 받게되는 SUSHI 토큰을 다시 DAI로 스왑
하여 유저에게 주는 과정을 거친다.

본 설명은 이더리움 트랜잭션 0x59b9e3ba0688e315139a6ab5044f3
206c2fa2fb9a2a09b6fc83a252e988d3c53를 참고하였다.

▸ Swap 0.058024477859275601 🍠 SUSHI For 0.000042269549238 Ether On 🍣 Sushiswap

▸ Swap 0.000042269549238 Ether For 0.070770462497639785 🔷 DAI On 🍣 Sushiswap

아래와 같이 실제 0.05 SUSHI가 0.07 DAI로 전환되는 과정을 거치게 된다.

▌ 주요 메커니즘: Strategy - Compound Finance Flashloan Folding

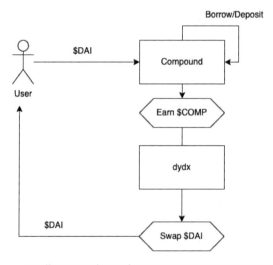

https://etherscan.io/address/0x62EA2aCe7a7861394f4A38B84D119498DBBb022c#code

Compound Finance Flashloan Folding은 컴파운드의 DAI 예치 이자율을 활용하는 전략이다. 우선 이 전략은 이용자의 DAI를 컴파운드에 예치하는 것으로 시작한다. DAI에 컴파운드의 예치하게 되면 COMP 이자가 발생하게 되는데, 이를 DYDX에서 Flash Loan으로 DAI로 교환하는 것을 진행하여 이자를 볼트에 쌓아 간다.

241

본 설명은 이더리움 트랜잭션 0x62EA2aCe7a7861394f4A38B84D11 9498DBBb022c를 참고하였다.

아래와 같이 실제 COMP가 DAI로 전환되는 과정을 거치게 된다.

- Collect 64.269155684384787035 ● COMP For Borrowing 0 ⊟ DAI On Compound
- Collect 70.01421030017754797 ● COMP For Supplying 0 ⊟ DAI On Compound
- Swap 134.283365984562335005 ● COMP For 10.940991044164724213 Ether On Sushiswap
- Swap 10.940991044164724213 Ether For 46,361.544074679957697055 ⊟ DAI On Sushiswap
- Borrow 4,377,818.659080338829240375 ⊟ DAI From Compound
- Supply 331,611,997.095448946101123342 ⊟ DAI To Compound
- Supply 490,000,000 ⊟ DAI To Compound
- Borrow 490,000,000 ⊟ DAI From Compound

❚ 주요 메커니즘: Strategy – Curve Yield Seeker

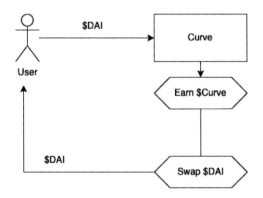

https://etherscan.io/address/0x494A7255C8df1f8d6064971707dB18dd1627d835#code

Curve Yield Seeker는 User의 DAI를 커브 파이낸스에 예치하여 CURVE 토큰을 이자로 받고, 이를 다시 DAI로 교환하는 절차를 거치게 된다. 이 DAI는 다시 볼트에 예치되고 다시 Curve에 예치되는 등의 복리 과정을 계속 지속하게 된다.

디앱 사례

3) 평가

YFI 토큰은 초반에 YFI 토큰의 거래를 원활하게 하기 위해 YFI 토큰이 포함되는 유동성 풀에 유동성 공급을 한 사용자에게 제공된 것 외에 현재는 참여자들에게 인센티브로 주어지지 않는다. 즉 참여자들을 독려하는 보상이 YFI 토큰으로 제공되지 않으며, 다만 연파이낸스는 각각의 볼트로부터 해당 전략을 세운 전략수립가와 프로토콜을 위한 자금으로 수수료를 부과하는 정책을 세웠다. 즉 토큰 인센티브 지출 없이 자생적인 수익으로 참여자들을 보상하는 유니스왑과 비슷한 모습을 보여 주고 있다.

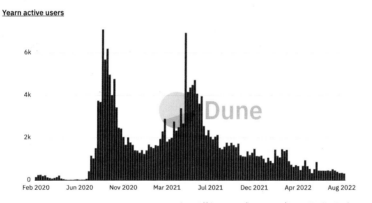

https://dune.com/batwayne/Yearn-Vaults-Performance

토큰 유틸리티는 조금 부족하다고 말할 수 있는데, YFI 토큰은 거버넌스의 용도 외엔 사용되지 않는다. 또한, 연파이낸스의 규모가 성장한다고 해도 YFI 토큰으로 가치가 누적되는 메커니즘이 존재하지 않기 때문에 프로토콜의 성장이 토큰 가치의 성장으로 이어지는 연결고리는 미약하다.

연파이낸스는 처음으로 디파이를 대신 운용해 주는 전략을 구현함으로써 디파이에서 굉장히 의미 있는 프로토콜 중 하나이다. 안드레 크로녜가 디파이 생태계에 혁신적인 바람을 불러일으킨 것도 맞고, 초기에 모든 토큰을 커뮤니티에 분배하면서 파격적인 모습을 보여 주었으나, YFI 토크노믹스 자체에 대해선 그리 좀 더 비판적인 시각으로 바라볼 필요가 있다고 생각한다. 하지만 유니스왑과 같이 연파이낸스도 자체 수익으로 프로토콜을 작동시킬 수 있는 구조를 갖고 있기 때문에 여느 다른 디파이 프로토콜보다도 지속 가능성 측면에서 뛰어나다고 할 수 있다.

5-10 스테이블 코인 알아보기

1) 스테이블 코인 개요

블록체인 생태계에서 스테이블 코인은 매우 중요한 존재이다. 스테이블 코인은 그 가치가 $1^{달러 이외의 법정화폐에 페깅된 스테이블 코인들도 있지만 달러 페깅 스테이블 코인의 유동성이 압도적으로 많기에 이번 장에서는 달러 페깅 스테이블 코인을 집중적으로 다루도록 한다.}에 고정되는 것을 목표로 하는 암호화폐이다. 2022년 7월 초 기준으로 스테이블 코인 중 3개^{USDT, USDC, DAI}가 시가 총액 상위 10위권 안에 자리 잡고 있으며, 전체 시가 총액의 17%가량을 차지하고 있다. 특히 USDT와 USDC는 비트코인과 이더리움 다음으로 나란히 3, 4위를 차지하고 있다. 2022년 5월 발생했던 테라 사태 이후 스테이블 코인이 많이 위축되기는 했지만, 디파이 여름을 이끌던 때에 스테이블 코인은 핵심적인 역할을 수행했으며 스테이블 코인이 없었다면 블록체인 생태계가 이 정도로 성장하지 못했었을 거라고 해도 과언이 아니다. 테라 사태 이후 스테이블 코인 관련 규제가 핫한 주제로 떠오르고 있으며, 향후 어떤 방향으로 규제 틀이 마련될 지는 아직 불확실하다. 하지만 적절한 규제 틀이 마련된다면 오히려 스테이블 코인이 오히려 더 안정적인 시장 환경에서 활용될 수 있어 좋은 기회가 될 것이라고 생각한다.

스테이블 코인이 블록체인 생태계 내에서 왜 중요한 것일까? 우선 법정화폐에 가치가 고정된 가상 자산에 대한 사람들의 고정 가치에 대한 수요를 충족시켜 줄 수 있다. 블록체인 업계가 크게 성장함에 따라 대규모의 이용자들과 자본이 유입되기 시작하였지만, 대부분의 사람이 변동성이 큰 가상 자산보다는 가치가 고정된 자산을 선호한다. 그도 그럴 것이, 현실 세계에서 대부분의 경제 활동이 법정화폐의 영향권 아래에서 이루어지고 거의 모든 사람이 법정화폐의 사용에 익숙해져 있다. 특히 거대 자본을 운용하고 그만큼 리스크 헷징이 중요한 기관투자자 같은 경우에는 법정화폐의 가치에 고정된 자산이 필수적일 것이다. 실제로 스테이블 코인이 없었다면 디파이 시장에 이만큼 큰 유동성이 모이지 못했을 것이다. 또한, 스테이블 코인은 기존의 법정화폐에서 제한되던 접근성을 많은 이에게 제공할 수 있다. 모두 경험해 보았겠지만, 각종 중개 기관을 거치는 복잡한 환전 및 송금 과정과 비싼 수수료, 그리고 각국의 외환 거래 규제 등에 의해 미국 밖의 국가에서 달러를 사용하는 것은 상당히 불편하다. 하지만 스테이블 코인을 사용한다면 누구나 블록체인을 통해 달러를 자유롭게 사용 및 송금할 수가 있다.

1코인=1달러이므로 매우 간단한 토큰이라고 생각할 수 있지만, 스테이블 코인 내에도 깊은 토크노믹스가 스며 들어 있다. 현재 각기 다른 스테

245

이블 코인 종류만 해도 Coinmarketcap을 기준으로 100여 개가 넘고^{물론 유}
^{의미한 유동성과 거래량을 갖는 것은 얼마 안 되지만}, 각 스테이블 코인별로 $1 페깅을 유지하는 메
커니즘이 다르다. 이번 장에서는 대표적인 스테이블 코인의 토크노믹스를
크게 세 가지 분류로 나누어 살펴보도록 할 것이다. 스테이블 코인은 페깅
메커니즘에 따라 크게 세 가지로 분류할 수 있다. 첫 번째는 법정화폐 담
보 발행^{fiat backed} 스테이블 코인으로, 법정화폐를 1:1로 담보하여 발행되는
스테이블 코인이다. 두 번째는 암호화폐 담보 발행^{Collateralized Debt Position based} 스
테이블 코인으로, 암호화폐를 과 담보하여 발행된다. 마지막은 알고리드
믹^{Algorithmic} 스테이블 코인으로, 담보물 없이 자동화된 알고리즘에 의존하여
$1 페깅을 유지하는 것을 목표로 한다. 이 장에서는 편리함을 위해 모든
법정화폐를 달러로 간주하고 서술하도록 하겠다.

2) 법정화폐 담보 발행 스테이블 코인

법정화폐 담보 스테이블 코인은 중앙화된 기관이 달러를 수령하고 해당
가치에 상응하는 스테이블 코인을 블록체인상에서 발행한다. 즉 블록체인
상의 스테이블 코인은 중앙화된 기관이 보관하고 있는 달러에 1:1로 담보
되는 바우처와도 같으며, 이에 대한 당연한 결과로 중앙화된 기관에 매우
의존적일 수밖에 없는 구조적 특성을 갖는다. 법정화폐 담보 스테이블 코
인의 블록체인상 유통량은 원칙적으로 중앙화된 기관이 보관하고 있는 달
러의 가치와 동일해야 하며, 해당 기관이 악의적인 행동을 하지 않을 것이
라는 신뢰를 기반으로 운영된다. 물론 중앙화된 기관 측에서도 이러한 신
뢰를 쌓기 위해 다양한 노력들을 하고 있다. 블록체인상에 생긴 최초의 스

테이블 코인들은 대부분 법정화폐 담보 발행 스테이블 코인이며, 지금까지도 스테이블 코인 시장을 지배하고 있다. 스테이블 코인 상위 3개가 모두 법정화폐 담보 발행 스테이블 코인이며, 그 시가 총액이 압도적으로 많다는 사실이 이를 뒷받침한다.

#	Name	Price	1h %	24h %	7d %	Market Cap	Volume(24h)	Circulating Supply	Last 7 Days
1	Tether USDT Buy	$0.9994	0.00%	0.01%	0.04%	$65,954,800,376	$39,235,084,187 / 39,256,576,954 USDT	65,990,930,061 USDT	
2	USD Coin USDC Buy	$1.00	0.02%	0.00%	0.01%	$55,545,411,192	$4,311,310,857 / 4,311,428,486 USDC	55,546,939,563 USDC	
3	Binance USD BUSD	$0.9998	0.07%	0.21%	0.07%	$17,524,831,769	$4,188,654,191 / 4,184,008,305 BUSD	17,547,224,379 BUSD	
4	Dai DAI	$0.9995	0.03%	0.02%	0.09%	$6,888,329,889	$189,410,489 / 189,484,042 DAI	6,891,004,772 DAI	
14	Frax FRAX	$0.9967	0.03%	0.21%	0.09%	$1,361,589,410	$6,502,838 / 6,524,154 FRAX	1,366,058,927 FRAX	
5	TrueUSD TUSD	$1.00	0.01%	0.02%	0.03%	$1,218,482,413	$59,547,024 / 59,524,246 TUSD	1,218,016,344 TUSD	
6	Pax Dollar USDP	$0.9984	0.01%	0.18%	0.11%	$944,151,737	$4,372,498 / 4,379,403 USDP	945,642,940 USDP	
7	Neutrino USD USDN	$0.9804	0.29%	0.23%	0.39%	$750,887,541	$2,002,636 / 2,022,119 USDN	758,192,794 USDN	
8	USDD USDD	$0.996	0.04%	0.03%	0.58%	$720,415,337	$86,512,272 / 86,891,295 USDD	723,321,765 USDD	
9	TerraClassicUSD USTC	$0.04977	0.05%	8.52%	22.20%	$488,518,982	$29,139,286 / 585,474,260 USTC	9,815,452,931 USTC	
10	Fei USD FEI	$0.9929	0.29%	0.43%	0.15%	$421,972,297	$9,332,381 / 9,399,258 FEI	424,996,178 FEI	
15	HUSD HUSD	$1.00	0.13%	0.07%	0.10%	$194,779,816	$34,401,800 / 34,398,028 HUSD	194,701,903 HUSD	
16	Liquity USD LUSD	$1.02	0.01%	0.05%	0.64%	$172,870,416	$248,312 / 242,711 LUSD	168,971,229 LUSD	

출처: 코인마켓캡 2022년 7월 11일 기준

사실 법정화폐 스테이블 코인은 중앙화된 기관이 그저 달러를 수령하고 대신 블록체인상에 바우처를 발행하는 방식이기에 복잡한 토크노믹스가 없다. 법정화폐 담보 발행 스테이블 코인의 대표주자들의 탄생 배경과 이슈들을 위주로 그 역사를 간략하게 살펴보도록 하자.

247

블록체인 시장 초창기에는 대부분 거래소가 주도적으로 스테이블 코인 프로젝트를 이끌었다. 거래소 입장에서는 다양한 규제가 존재했기에 법정화폐를 직접적으로 사용하기는 어렵다는 문제를 스테이블 코인을 활용해 해결할 수 있었다. 스테이블 코인이 도입되면 더 많은 이가 편리하게 달러를 블록체인상에서 활용해 거래를 할 수 있을 것이고, 거래량의 증가는 수수료 수익의 증가로 이어지기 때문에 거래소가 최우선으로 두는 목표이다. 그래서 대부분의 초창기 스테이블 코인들이 거래소와 밀접한 관련을 맺고 있다. 이 중 USDT는 가장 최초로 생긴 스테이블 코인으로 현재까지 스테이블 코인 시장에서 가장 큰 규모를 계속 유지해 오고 있다. 2014년 비트코인의 레이어2 격이었던 Mastercoin^{이후 Omni} 위에서 법정화폐 담보 기반 스테이블 코인인 Realcoin이 탄생했다. 비트코인 네트워크에 의해 유통량이 검증되며 Realcoin 재단 측이 관리하는 리저브^{Reserve} 내의 자금과 1:1 비율로 발행되는 Realcoin은 이후 동년도 11월 Tether로 리브랜딩을 거치게 된다.

Realcoin is completely transparent, safe, secure and insured.

At any time you can view a real-time record of all the US reserves held within our payment system.

The matching Realcoin in circulation will be verified by the Bitcoin blockchain, and the reserves will be continually audited and verified by an independent third party.

Both the reserves and the ability to redeem Realcoin will be fully insured.

With Realcoin, consumers can get finally comfortable with Bitcoin technology in a risk-free environment.

Tether는 리브랜딩을 진행하면서 대형 거래소 중 하나인 BitFinex와의 파트너십을 발표했다. 하지만 2017년에 유출된 Paradise Paper에 의하면 Tether Holdings LTC는 해당 파트너십이 발표되기 한 달 전에 이미 BitFinex의 이사진에 의해서 설립된 상황이었다. 구체적인 이해관계와 지분 구조가 공개되지는 않았지만, 겉으로는 파트너십이나 사실상 BitFinex가 주도적으로 이끈 프로젝트인 것으로 추측해 볼 수 있다. 달러에 페깅된 Tether사의 스테이블 코인인 USDT는 2015년 3월 6일부터 거래되기 시작하였지만 2016년도까진 미비한 거래량과 시가 총액을 보여준다. 이랬던 USDT가 본격적으로 성장하기 시작한 것은 2017년의 ICO 붐 시기였다. ICO 붐과 함께 많은 자본이 블록체인 시장에 유입되었고, ICO에 참여하려는 이들에게 스테이블 코인은 매력적인 수단이었다. 또한, 이 당시 대다수의 거래소가 Reserve를 USDT로 마련하기도 하며 USDT의 유통량은 계속해서 증가한다.

USDT는 최초의 본격적인 스테이블 코인이라는 선점 효과에 힘입어 2017년 ICO 붐과 2020년 디파이 여름에서 핵심 매체로 등극하며 매우 큰 성장을 이루었고 지금까지 단 한 번도 $1 페깅이 크게 깨진 적이 없다. USDT는 오늘날까지 유동성 최대의 스테이블 코인 및 전체 암호화폐 시장으로 봤을 때도 비트코인과 이더리움에 이은 3위의 자리를 지키고 있다. 하지만 USDT가 아무런 문제가 없었던 것은 아니다. USDT는 오래전부터 지급 준비금의 안정성을 둘러싸고 많은 논란과 이슈를 겪어 왔다. 앞서 언급했듯이 USDT는 Tether사가 중개자로서 달러를 수령하고 블록체인 네트워크상에 그에 상응하는 암호화폐를 발행하는 방식에 기반하고 있다. 따라서 블록체인상에 존재하는 USDT의 유통량만큼의 달러를

249

Tether사는 보유하고 있어야 한다. 사용자가 USDT를 언제든지 달러로 상환해 갈 경우를 위해 Tether사는 지급 준비금을 마련해 두고 있다. Tether사는 자사가 발행하는 USDT가 달러에 의해 1:1로 확실하게 담보되고 있으며 재무 상태에 대한 보고서를 정기적으로 발표할 것이라고 약속했었지만 이는 제대로 지켜지지 않았다. Tether사는 초창기 약속했던 보고서를 공개하지 않다가 2017년 9월이 되어서야 Friedman LLP에게 받은 감사 보고서를 제출하였지만 정확히 얼마만큼의 금액이 어디에 보관되어 있는지 알려 주는 세부 사항은 거의 포함되어 있지 않았다. 또한, 100% 달러로만 담보될 것이라는 초반의 약속과는 다르게 Tether사는 2019년 초 별다른 설명 없이 USDT 담보물에 달러 이외의 자산도 포함되어 있음을 발표한다.

100% Backed

Every tether is always backed 1-to-1, by traditional currency held in our reserves. So 1 USD₮ is always equivalent to 1 USD.

100% Backed

Every tether is always 100% backed by our reserves, which include traditional currency and cash equivalents and, from time to time, may include other assets and receivables from loans made by Tether to third parties, which may include affiliated entities (collectively, "reserves"). Every tether is also 1-to-1 pegged to the dollar, so 1 USD₮ is always valued by Tether at 1 USD.

출처: https://tether.to/

현재 시점에 USDT의 지급 준비금에는 사실상 현금이 거의 존재하지 않는다. 현금성 자산 및 그 이외 투자성 자산이 많이 포함되어 있는 것을 확인할 수 있다. Tether사에서도 이와 같은 논란을 의식하고 위험성 자산의 비율을 낮추고 현금의 비율을 높이기 위한 노력을 보이고 있으며 보유하고 있는 자산이 모두 안전하다고 주장하고 있지만, 사람들이 일제히 USDT를 달러로 상환받기 위해 몰려드는 뱅크런 사태 때에 Tether사가 제대로 달러를 상환하지 못할 수도 있는 리스크를 항상 유의해야 할 것이다.

Reserves Breakdown

■ 8.36%	■ 6.77%	■ 5.25%	■ 79.62%
Other Investments (Including Digital Tokens)	Secured Loans (None To Affiliated Entities)	Corporate Bonds, Funds & Precious Metals	Cash & Cash Equivalents & Other Short-Term Deposits & Commercial Paper

Cash & Cash Equivalents & Other Short-Term Deposits & Commercial Paper	■ 0.75%	■ 54.57%	■ 5.66%	■ 10.25%	■ 12.88%	■ 15.89%
	Non-U.S. Treasury Bills	U.S. Treasury Bills	Reverse Repurchase Agreements	Cash & Bank Deposits	Money Market Funds	Commercial Paper and Certificates of Deposit

▌USDC?

Tether사의 USDT가 초창기에 Bitfinex를 중심으로 확장해 나갔다고 하면, Circle사의 USDC는 미국 최대 암호화폐 거래소인 Coinbase를 중심으로 세력을 확장해 나갔다. 2018년 10월에 USDT보다 한발 늦게 세상에 나온 USDC는 Coinbase와 Circle사가 함께 운영하는 컨소시엄에 의해 운영 및 관리되고 있다. 2018년 11월 거래소 Poloniex를 Circle사가 아예 인수해 버려서 USDC를 활용한 거래에 대한 수수료를 아예 면제하는 등 Circle사와 Coinbase는 USDC 사용처를 늘리기 위해 공격적인 전략을 투입했다. 또한, USDC는 미국 규제기관과 친밀한 관계를 유지하여 미국 중앙기관이 인증하는 스테이블 코인으로 자리매김해 가는 전략을 취한다. Circle사는 PayPal, Apple Pay, Stripe 등과 같은 대형 결제사와 마찬가지로 미국 정부로부터 송금 라이센스money transmitter license를 취득하였으며, 미국 SEC로부터 1년에 한 번씩 감사를 받는다. 또한, 현금 및 현금성 자산을 제외하고도 다양한 자산으로 지급 준비금을 구성하고 있는 USDT와 달리 USDC는 오로지 현금과 미국 단기 국채로만 지급 준비금을 구성하고 있다. USDC의 지급 준비금은 BlackRock과 BNY Mellon 같은 미국의 대형 금융기관에 의해 수탁되고 있으며 미국의 대형 회계 법인인 Grant Thornton LLP에 매달 감사를 받는다. 정부 및 미국의 대형 기관들과의 밀접한 관계를 기반으로 한 신뢰성과 지급 준비금의 안정성을 필두로 USDC는 USDT에 비해 한발 늦게 출시되었지만 꾸준히 그 격차를 줄여나가고 있으며, 지급 준비금의 안정성에 큰 의문이 제기될 때마다 잠시 가격이 출렁거린 적이 있는 USDT에 비해 상대적으로 매우 작은 가격 변동성을 지금까지 보여 줬다.

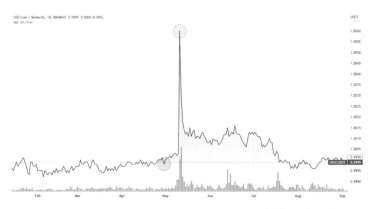

출처: https://www.binance.com/en

디앱 사례

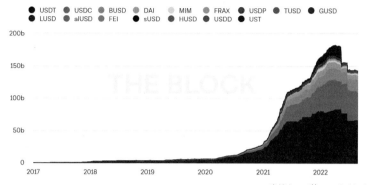

출처: https://www.theblock.co/

하지만 미국 정부 및 대형 기관들과의 밀접한 관련성이 항상 USDC의 장점으로 작용하는 것은 아니다. 밀접한 관계를 맺고 있다는 것은 그만큼 미국 정부의 규제의 영향력 아래에 있음을 의미하기도 한다. 2022년 8월 범죄자들의 자금 세탁에 쓰이고 있다는 의혹이 불거져 미국 정부가 전면 운영을 중지시킨 암호화폐 익명 전송 플랫폼 토네이도 캐시^{Tornado Cash}의 지갑 주소들을 Circle이 동결한 바 있다. USDC는 이전에도 미국 법기관의 요구가 있을 때마다 USDC를 보유하고 있는 지갑 내 USDC를 동결한 적이 여러 차례 존재한다. USDC의 컨트랙트 내에는 Circle사가 관리하는 것으로 추정되는 지갑 주소 1개가 아무 지갑이든 동결할 수 있는 블랙리스트 함수가 존재한다. Circle사가 정부의 명령이나 요청이 있을 때마다 아무 지갑이던 동결할 수 있다는 사실에 대해 적지 않은 사람이 의문을 표출해 오고 있는 상황이다.

▌ BUSD

BUSD는 USDT와 USDC보다 많이 늦은 2020년 초에 바이낸스의 주도하에 작은 규모로 시작하였지만, 바이낸스라는 거대 거래소의 위력에 힘입어 현재 암호화폐 시가 총액 전체 7위 및 스테이블 코인 부문 3위까지 빠르게 성장하였다. 바이낸스는 BUSD 론칭 초반에 BUSD와 쌍으로 이루어진 자산 거래쌍의 수수료를 감면 및 면제해 주는 방식으로 BUSD의 사용처를 끌어들였다.

바이낸스는 2022년 9월 26일부터 거래소 내 USDC, USDP, TUSD을 모두 BUSD로 자동 전환할 것이라고 발표하였다. 바이낸스에 이미 존재하는 해당 세 가지 스테이블 코인 자산 및 새로 입금되는 자산 모두 1:1 비율로 BUSD로 전환될 것이며, 반대로 BUSD를 모두 1:1 비율로 위 세 가지 자산으로 출금할 수 있게 되었다. Binance의 스테이블 코인-스테이블 코인 거래 페어는 9월 26일에 종료되며, 미지원 스테이블 코인-암호화폐 거래 페어는 29일에 종료되게 된다. 이러한 결정은 거래량 기준 세계 최대 암호화폐 거래소인 Binance가 BUSD의 시장 점유율 확대를 위해 움직이고 있음을 암시한다. 이와 같이 BUSD도 바이낸스의 경영 전략 속 핵심으로 작용하고 있으며 향후 행보를 지켜볼 만하다.

3) 암호화폐 담보 발행 스테이블 코인

암호화폐 담보 스테이블 코인은 단일 또는 다중 암호화폐를 담보물로 하여 발행된다. 이때 보통 특정 플랫폼에서 암호화폐를 담보로 받고 스테이블 코인을 대출해 주는 형식을 띠기 때문에 Collateralized Debt Position Based Stablecoin이라고 불린다. 이때 암호화폐의 가격 변동성에 대비하여 대부분 과 담보로 발행되고 담보 암호화폐의 가격이 크게 하락하여 담보비율을 맞추지 못할 시 청산이 이루어지게 된다. 암호화폐 담보 발행 스테이블 코인은 앞서 설명했던 USDT, USDC 등과 다르게 중앙화된 기관의 중개 없이 스마트 컨트랙트를 통해 발행 및 운영된다. 따라서 뱅커런 사태 및 정부의 검열로부터 비교적 자유롭다. 하지만 과 담보 대출 형식으로 발행되기에 자본 효율성이 낮아질 수밖에 없다는 특징을 갖는다. CDP 기반 스테이블 코인 중에서 현재 최대 규모인 DAI를 발행하는 프로토콜인 MakerDAO는 현재 DAI 발행에 170% 담보 비율을 요구한다. 이 뜻은 $100에 해당하는 DAI를 발행하기 위해서 $170어치의 ETH를 담보로 맡겨야 한다는 것이다. 즉 $100를 사용하기 위해서 $170어치의 다른 자산이 묶여야만 하는 상황인 것이다. 또한, CDP 기반 스테이블 코인은 아직까지 디파이 생태계 내에서 이자 농사 및 차익 거래와 같은 투자 목적 이외에는 실질적인 사용처가 비교적 부족한 상태이다. CDP 기반 스테이블 코인 중에서 가장 대표적인 MakerDAO의 DAI에 대해 간단히 알아보도록 하자.

▌DAI

MakerDAO는 2017년 12월 백서를 공개하며 시작하게 된 프로젝트로, 중앙화된 기관이 아니라 MakerDAO라는 탈중앙화된 조직을 통한 DAI의 발행 및 운영을 목표로 갖고 있다. MakerDAO 내에는 스테이블 코인인 DAI와 거버넌스 토큰인 MKR 두 가지 토큰이 존재한다. DAI는 $1에 페깅되어 있는 ERC20 토큰으로, 누구나 MakerDAO의 Vault라는 시스템을 통해 발행해 갈 수 있다. MKR는 MakerDAO의 의사 결정 과정에 참여하기 위한 거버넌스 토큰이다. MakerDAO 내에서는 안정화 수수료율, 최소 담보 비율과 같이 다양한 파라미터parameter들이 존재하는데, MKR 홀더들이 투표를 통해 해당 파라미터를 결정 및 수정하게 되고 플랫폼의 다양한 부분을 감시한다.

DAI가 필요한 사람들은 MakerDAO 내에서 Vault라는 일종의 담보대출 포시션 내에 암호화폐를 과 담보로 맡기고 DAI를 발행할 수 있다. 즉 Vault 내에 담보물을 맡기고 DAI를 발행하는 것은 하나의 대출 포지션을 연 것과 같다고 볼 수 있다. MakerDAO는 ETH를 담보물로 받는 것으로 시작하였기에 해당 장에서는 ETH를 유일한 담보물로 가정하고 설명하도록 하겠다. 한 개인이 Vault 포지션을 열 때, 담보로 맡긴 ETH의 가치가 하락할 수도 있다. 만약 1:1 비율로 DAI를 발행시켜 줄 때, ETH 가격이 DAI를 발행할 때보다 낮아지면 사용자 입장에서는 그냥 ETH를 돌려받지 않고 DAI를 가져 버리는 것이 이익을 가져다 주는 행동일 것이다. 하지만 이는 MakerDAO 입장에서는 손해가 된다. 따라서 MakerDAO 내에서 DAI를 발행할 때 사용자는 발행할 DAI보다 더 큰 가치의 담보를 예치해야 한다. 이때 최소한 담보로 예치해야 하는 가치와 발행할 DAI의 가치의 비율을 최소 담보 비율이라고 한다. 최소 담보 비율은 MKR 홀더들이 참여하는 거버넌스 과정을 통해 결정 및 수정된다. 2022년 9월 기준으로 ETH로 DAI를 발행할 때 최소 담보 비율은 170%이다. 사용자 A가 $100어치의 DAI를 발행하기 위해서는 $170어치의 ETH를 담보로 맡겨야 함을 의미한다. 만약 담보물의 가치가 최소 담보 비율 아래로 떨어지게 되면 해당 Vault 내 담보물은 자동으로 경매에 넘어가게 되어 청산된다. 이때 사용자가 상환해야 하는 DAI의 가치가 담보물을 청산하여 생긴 자금보다 낮은 경우에는 담보물 차액을 원래 주인에게 돌려준다. 하지만 담보물의 가치가 너무나 크게 하락한 후에 청산이 진행되어 담보물을 청산해 확보한 자금으로도 사용자가 상환해야 할 DAI의 가치를 충당할 수 없는 경우

디앱 사례

가 있을 수도 있다. 이때 MakerDAO는 거버넌스 토큰 MKR을 새로 발행하고 이를 부채 경매^{Debt Auction}에 부친다. 경매 종료 후 부채 경매에서 수취한 DAI를 통해 부족분을 충당한다. 이렇게 MakerDAO는 담보물의 가치가 크게 하락하여 자산 가치 하락의 손실을 부담하게 되는 상황을 과 담보 방식을 통해 방지한다.

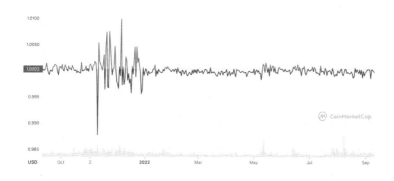

DAI는 지금까지 비교적 달러 페깅을 잘 유지해 오고 있으며 스테이블 코인 부문 시가 총액 전체 4위에 자리 잡고 있다. DAI는 현재 유니스왑, 컴파운드, 커브 파이낸스 등 디파이 프로토콜 등에서 활발하게 사용되고 있으며, 2022년 7월에는 Huntingdon Valley Bank의 채권을 담보로 DAI를 빌릴 수 있게 하려는 시도가 이루어지는 등 실물 자산 및 기존 금융권과의 연결을 확장해 나가고 있다.

4) 알고리드믹 스테이블 코인

알고리드믹 스테이블 코인은 그 어떤 담보물 없이 알고리즘으로 수요 및 가격의 변동에 대응해 공급을 조절하며 가격 페깅성을 유지한다. 알고리드믹 스테이블 코인은 법정화폐나 다른 암호화폐를 담보로 발행되지 않고 마치 현재 정부의 명목 화폐와 같이 '무'에서 '유'로 발행된다. 알고리드믹 스테이블 코인은 수요의 변화에 따라 자동으로 공급량을 조절할 수 있는 알고리즘을 통해 수요와 공급 사이의 균형을 맞춰 $1의 가격을 유지한다. 담보물 없이 알고리즘을 통해 자동으로 가격이 페깅되는 알고리드믹 스테이블 코인은 대부분 두 가지 토큰 토큰이 존재하는 듀얼 토큰Dual Token 시스템을 따른다. 스테이블 코인과 또 다른 하나의 토큰이 존재하는데, 신뢰를 기반으로 가치가 생긴 또 하나의 토큰을 소각 및 새로 발행해 스테이블 코인의 공급량을 조절하는 방식으로 가치를 조정한다. 알고리드믹 스테이블 코인은 2022년 5월 터진 테라-루나 사태 이후 규제 당국의 집중 대상이 되었다. 알고리드믹 스테이블 코인의 대표 주자였던 테라의 추락 이후 새로운 알고리드믹 스테이블 코인은 세상 밖에 나올 엄두를 못 내고 있는 상황이다. 가장 대표적인 테라의 메커니즘을 설명하는 것이 알고리드믹 스테이블 코인의 토크노믹스 소개와 거의 동치이기에 알고리드믹 스테이블 코인의 토크노믹스는 앞의 '테라 네트워크' 장을 참고하길 바란다.

5-11 디파이 2.0

1) 디파이 2.0 개요

2020년 디파이Defi가 유행했던 디파이 섬머가 지나고 나서 언제부터인지 갑자기 디파이 2.0이라는 단어가 화제가 되었다. 그때는 디파이라는 개념이 정착한 지 얼마 되지 않은 시점이기 때문에 디파이 2.0은 디파이의 혁신이라고 불렸으나 하락장을 맞이한 지금 보면 사람들은 디파이 2.0에 대해 큰 의미를 부여하고 있지 않은 것 같기도 하다. 그럼에도 불구하고 디파이 2.0은 디파이 역사에 한 획을 그었다고 생각하기에 충분히 다룰 가치가 있다.

디파이 2.0이라는 말이 가장 많이 널리 알려지고, 대중의 귀에 익숙하게 들리게 한 1등 공신은 당연 올림푸스 다오라고 생각한다. 뒤에 서술할 올림푸스 다오 프로젝트 소개에서도 알게 되겠지만 10,000%가 넘어가는 이자율과 이해할 수 없는 토큰 가격의 상승 그리고 놀라울 정도의 가격이 유지되고 이자율이 유지되는 비이성적인 상황에 사람들은 열광했고, 기존 디파이에서 기대할 수 없고 차원이 다른 가치를 내재한다는 생각을 갖게 되었다고 생각한다. 이를 1.0과는 결이 다른 2.0이라고 부르자고 하였을지도 모른다.

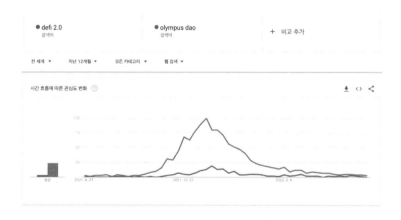

위 그래프는 구글 트렌드에서 조사한 2022년 6월을 기준으로 1년간 디파이 2.0의 단어와 올리무스 다오의 검색량을 조사한 것이다. 이를 보면 디파이 2.0이란 단어가 사실은 올림푸스 다오와 함께 등장했다는 진술도

틀린 진술을 아님을 확인할 수 있다.

디파이라는 말이 왜 나오게 되었는지, 처음 등장 당시 어떤 목표를 가지고 등장하였는지를 살펴보면 조금 더 디파이 2.0이란 단어의 의미에 다가갈 수 있을 것이다. 탈중앙화된 디지털 자산으로 비트코인이 세상에 처음 등장하고 나서 국가 간 자산 송금이 굉장히 간단해졌으며, 이더리움이 등장하면서 스마트 컨트랙트를 통한 특정 기능을 수행하는 애플리케이션의 구현이 가능해졌다. 이러한 맥락에서 사람들은 가치를 가진 암호화폐를 통해 디지털 세상에서 금융 활동을 하고 싶어했다. 따라서 블록체인에 기존 금융에서 할 수 있었던 기능들을 도입하는 것이 디파이의 목적이었다. 이러한 배경으로 블록체인 생태계는 이더리움 네트워크를 중심으로 디파이의 태동이 일어났고, 그 덕분에 오늘날 자산 간 교환, 대출, 선물, 파생상품 등의 다양한 금융적 기능들은 대부분 블록체인상에서 가능해졌다.**물론 신용대출은 블록체인의 익명성 탓에 아직까지 해결 방안이 모호한 상황이다.** 자산 간 교환은 Uniswap과 같은 Dex가 그 역할을 하고 있으며, 대출은 Compound, Aave와 같은 Lending Protocol이 역할을 하고 있고, 선물, 파생상품은 dydx, Synthetix 등의 선물거래, 파생상품 플랫폼이 그 역할을 하게 되었다.

2) 들어가기 앞서

이런 비판이 있을 수 있고, 누군가의 마케팅 수단 정도로 생각될 수 있는 디파이 2.0의 단어에 대해서는 더 이상 얘기하지 않겠다. 이 책에서는 디파이 2.0의 범주를 기존 디파이에서의 문제점을 해결한 프로젝트 정도로 범주를 한정하고, 어떤 배경을 통해 출현하게 되었고 어떻게 해결할 수 있었는지에 대해 다뤄 보고자 한다.

이번 장에서는 대표적인 디파이 2.0 프로젝트로 자주 언급되는 올림푸스 다오와 Tokemak에 대해 살펴볼 것이다. 그리고 앞서 얘기한 Uniswap 2.0을 비롯한 Dex, Compound와 유사한 Lending Protocol 등의 기성 세대의 디파이는 설명의 편의상 디파이 1.0으로 분류하여 이야기하고자 한다.

5-12 올림푸스 다오

1) 올림푸스 다오 개요

올림푸스 신전은 올림푸스 12신 중 가장 높은 신인 제우스를 모시는 신전이다. 지상계에 있는 모든 생물뿐만 아니라 모든 신을 통틀어 전지전능한 능력을 가지고 있다. 당시 지어진 신전 중에서는 최대 규모의 신전이었으며, 이는 제우스의 전지전능한 능력을 상징한다. 올림푸스 다오의 신전 모양은 이러한 신화에 모티브를 두고 있다.

올림푸스 산에는 올림푸스 12신이 살고 있으며, 세계를 위한 중요한 의사 결정을 내리는 회의를 진행했다는 신화가 있다.

올림푸스 신전   올림푸스 다오 메인 이미지

올림푸스 다오라는 건, 세상을 위한 중요한 결정을 하고 움직임을 만들어 가는 탈중앙화된 조직으로 생각할 수도 있을 것 같다. 이런 관점에서 이들이 얘기하는 기존 블록체인 생태계에서의 문제점, 그들이 제시하는 해결방안, 궁극적으로 되고 싶은 것들을 들어보는 것이 꽤나 흥미롭게 보인다.

▌블록체인에서의 기축통화^{Reserve Currency}, OHM

스테이블 코인 파트에서 $1 혹은 법적 화폐에 페깅된 코인에 대해 알아보았다. 스테이블 코인은 $1에 페깅되어 안정적인 가치를 유지하기 때문에 변동성이 극심한 암호화폐 시장에 안정성을 제공하고 거래의 수단이 되기 위해 꼭 필요하다. 하지만 올림푸스 다오는 스테이블 코인이 왜 $1에 페깅되어야 하는지에 대한 의문을 던진다.

중앙기관에 의존하는 화폐는 어떤 한 국가에 귀속되어, 국가에 의해 발행량이 지나치게 늘어나 화폐가 가치 절하되는 등의 문제점이 있는데, 우리는 그 화폐를 믿고 보유할 수 있을까? 개개인이 성실히 돈을 모아도 외부의 제삼자에 의해서 화폐의 가치가 절하된다면 사실상 중앙기관이 손을 대지 않고 개인의 돈을 수탈하는 것과 다른 것이 없다. 결국 법정화폐는 근본적으로 이러한 문제점을 가지고 있고, 올림푸스 다오는 스테이블 코인이 법정화폐에 페깅되어 있는 순간 블록체인의 탈중앙적 가치를 훼손하는 것이라고 말하고 있다.

올림푸스 다오는 꼭 $1에 페깅되어 있지 않은 기축통화의 필요성을 이야기하며, 그 기축통화로 OHM 토큰이 되기를 소망한다. 즉 OHM 토큰은 블록체인 전반에 걸친 기축통화$^{Reserve Currency}$로 쓰이는 것을 지향한다.

▌Not Pegged, But Backed

스테이블 코인이 특정한 가치에 페깅되어 있을 필요가 없다고, 가치가 없어야 하는 것은 아니다. 올림푸스 다오에서는 페깅^{Pegged} 개념에 대응하는 지지^{Backed} 개념을 도입하여 OHM 토큰의 가격이 $1 위에서 자유롭게 떠다니도록 하였다^{Floating}. 만약 OHM 토큰의 가격이 $1보다 아래로 내려가는 일이 발생하면, 시스템적으로 DAO에서 트레저리 자금을 활용하여 $1 이상으로 가격을 복구시킨다. 하지만 아직까지 OHM 토큰이 발행된 이후, OHM 토큰의 가격이 $1 아래로 내려간 적은 단 한번도 없다.

▌탈중앙 거래소^{Dex} 유동성의 안정성

탈중앙 거래소$^{이하 Dex}$는 이종 자산 간 거래에 있어서 제삼자의 의존 없이도 누구나 유동성을 공급하여 유동성 풀을 형성할 수 있다는 점에서 블록체인 생태계 혁신을 불러일으켰다. 하지만 안정적으로 자산의 가격을 유지하기 위해서는 몇 가지 조건을 만족해야만 했었다. 그중 하나는 바로 유동성 풀의 유동성 크기가 꽤 커야만 자산의 가격이 악의적인 누군가에 의해 쉽게 변동되지 않는 안정성을 가질 수 있다는 것이다. 즉 자금이 부족하여 유동성의 크기가 충분히 크지 않은 초기 프로젝트에게는 치명적인 실패 지점으로 다가올 수 있는 것이었다.

여기서 잠깐, 유동성의 크기와 안정성에 대한 부분을 짚어 보고 다음 단계로 넘어가자. 유동성의 크기라는 것은 Dex에서 지원되는 두 자산의 교환에서 두 자산의 총가치를 의미한다. 예를 들어 유니스왑 V2에서 $^{ETH - A토큰}$ 페어가 이루어진 상황을 생각해 보자. 100만 원어치의 이더리움^{ETH}과 100만 원어치의 A 토큰이 묶여 있는 상황과 100억 원어치의 이더리움과 100억 원어치의 A 토큰이 묶여 있는 상황을 생각해 보면, 전자의 상황이 후자의 상황보다 훨씬 더 불안정한 상황이다.

왜냐하면 만약 어떤 누군가가 50만 원어치의 A 토큰을 ETH로 교환한다고 생각을 하면, 전자의 경우 A 토큰의 가격이 1ETH에서 0.6ETH 정도로 떨어지게 되는 결과를 낳는다. 반면 후자의 경우는 어떤 누군가가 거래를 하더라도 가격이 비교적 일정하게 유지되는 결과를 낳으며 안정적으로 슬리피지^{Slippage} 없이 거래를 할 수 있게 되는 것이다. $^{이에 대한 자세한 메커니즘을 알고 싶}$$^{으면 "Dex 유니스왑" 편을 참고하기 바란다.}$

이러한 이유 탓에 기존 디파이 프로토콜$^{디파이 1.0}$에서의 유동성 문제는 항상 풀기 어려운 난제였다. 이러한 유동성의 문제를 풀기 위해 많은 디파이 프로토콜들은 일반적으로 유동성을 제공해 주는 유동성 공급자들에게 토큰 인센티브를 주는 방향으로 유동성을 유인하였다. 이는 신규로 론칭한 디파이 프로토콜들의 이자율이 종종 수백 퍼센트에서 많게는 수천, 수만 퍼센트가 넘어가는 이유이다. 하지만 유동성을 공급한 대가로 받는 토큰은 대부분의 유동성 공급자들이 수익화를 위해 전량 매도하게 되고, 이는 토큰 가격의 하락과 더 나아가서는 이자율의 하락, 마지막으로는 유동성 공급의 유인 저해로 이루어져 유동성이 다시 빠져나가게 된다.

사실 이런 악순환 과정이 그간 2020년~2021년 동안 계속 이뤄지고 있어 왔고, 디파이 프로토콜의 입장에서는 굉장한 리스크로 다가왔었다. 유동성을 모집하기 위해서 유동성 공급자에게 인센티브를 많이 주자니 토큰 매도 압력이 커져서 토큰의 가격이 하락하면 더 안 좋은 결과를 낳게 되고, 그렇다고 인센티브를 주지 않는 것을 선택한다면 유동성이 공급이 되지 않아 프로토콜이 활성화되지 않기 때문에 이러지도 저러지도 못하는 상황이 생긴 것이다. 결국 대부분의 디파이 프로토콜들은 전자의 경우를 선택하게 되었고, 초기 투자자를 제외한 후기 투자자들은 대부분 큰 손해를 보게 되었는데, 이는 프로토콜 및 커뮤니티의 성장에 가장 큰 장애 요인이 되었다.

2) 올림푸스 다오 작동 방식 및 토크노믹스

▌ 프로토콜 소유 유동성 Protocol-Owned Liquidity

사실 앞서 얘기한 모든 문제점들을 해결하는 것은 굉장히 어렵다. 올림푸스 다오에서는 프로토콜의 유동성 안정성 측면에서 프로토콜 소유 유동성 Protocol-Owned Liquidity이란 개념을 제시한다. 프로토콜 소유 유동성이란 기존 유동성 공급자에게 소유권이 있던 유동성을 프로토콜이 자체적으로 확보해 소유해 버림으로써 유동성을 프로토콜에 귀속시키는 것을 말한다. 기존 디파이 프로토콜에선 유동성 공급자들이 자유롭게 유동성을 투입하고 인출해 갈 수 있었기 때문에 유동성 풀의 규모를 제어하

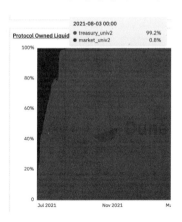

는 것이 어려웠으나, 올림푸스 다오에서는 유동성을 직접 소유하기 때문에 안정성을 추구할 수 있다.

그렇다면 올림푸스 다오는 전체 유동성 중에서 어느 정도의 유동성을 확보하고 있을까.

올림푸스 다오의 구체적인 데이터 지표를 확인하고 싶으면 듄 애널리틱스$^{Dune\ Analytics}$에서 확인해 볼 수 있다.

2021년 8월 기준으로 OHM-FRAX 페어$^{FRAX도\ 탈중앙\ 스테이블\ 코인\ 중\ 하나이며\ 이에\ 대해서는}$ $_{뒤에서\ 살펴볼\ 예정이다.}$ 기준 전체 유동성의 99.2%를 프로토콜이 소유하고 있는 것을 확인할 수 있다. 그렇다면 어떻게 이런 높은 비율의 유동성을 프로토콜이 가져갈 수 있게 될까? 이를 위해서 올림푸스 다오에서는 본딩^{Boding}이란 개념을 도입하였다.

▌ 프로토콜이 유동성을 소유하는 방식: Bonding

채권이란 대량의 자금을 도입하기 위해서 돈을 빌리는 사람에게 제공하는 차용증서를 의미한다. 올림푸스 다오는 일종의 채권과도 같은 본딩 과정을 통해서 유동성 제공자들로부터 유동성 제공 토큰$^{LP\ 토큰}$을 할인율을 적용하여 사들이고, 정해진 베스팅 기간에 걸쳐 OHM 토큰을 저렴하게 지급한다. 초기 본딩을 통해 OHM 토큰을 무려 20%의 할인된 가격으로 구매가 가능했으니 사람들은 이에 열광하게 되었다.

본딩은 올림푸스 다오가 프로토콜 소유 유동성을 확보하기 위해서 최초로 도입한 개념이라고 평가받는다. 당시 개념은 굉장한 화젯거리가 되었고, 이후 등장한 많은 프로젝트가 올림푸스 다오의 본딩 메커니즘을 따라하거나 조금 변형하여 프로토콜 소유 유동성을 갖기 시작했다. 비공식적으로 본딩 메커니즘을 따라 한 프로젝트도 많고, 이후 살펴볼 올림푸스 프로^{Olympus Pro}에서 제공하는 서비스를 이용하여 이러한 유동성 공급자 역할을 수행하고 있는 프로젝트들이 많이 등장하였다.

그렇다면 Boding 과정은 어떻게 이뤄질까? 아래의 그림을 살펴보자.

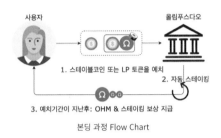

사용자   올림푸스다오

1. 스테이블코인 또는 LP 토큰을 예치
2. 자동 스테이킹
3. 예치기간이 지난후: OHM & 스테이킹 보상 지급

본딩 과정 Flow Chart

유저들은 SLP와 DAI, FRAX를 준비하여 프로토콜에 제출한다. 그렇게 되면, 5일간의 Vesting 기간 이후에 할인된 가격으로 OHM을 받게 된다. 예를 들어 현재 할인율이 5%라고 한다면, 9,500원어치의 DAI, FRAX, SLP로 10,000원어치의 OHM 토큰을 구매하는 것과 같다. 받아야 할 OHM 토큰은 베스팅 기간[5일] 이후에 사용자에게 지급된다. 이런 과정에서 OHM 토큰의 수요가 증가하게 되고, 자연스럽게 가격이 같이 올라갈 수밖에 없는 구조이다.

▌ 스테이킹^{Staking}, 신이 내린 이자율의 비밀

올림푸스 다오가 가장 유명세를 타게 된 것은 프로토콜 소유 유동성, 본딩 개념보다도 믿을 수 없는 스테이킹 이율을 제공했기 때문이다. 일반적으로 디앱에서의 단일 토큰 스테이킹은 그 자체로 유틸리티를 딱히 만들지 않는 행위이기 때문에 프로토콜에서 상대적으로 다른 풀들에 비해 인센티브를 낮게 제공하지만, 올림푸스 다오에서는 OHM 토큰을 스테이킹만 해도 수만 %의 이자율을 지속해서 지급하였기에 수많은 사용자의 관심을 끌 수 있었다.

OHM 토큰을 스테이킹하는 과정은 간단하다. 올림푸스 다오의 본딩 과정을 통해서 할인율이 적용된 OHM 토큰을 구매하거나, 혹은 탈중앙 거래소를 통해서 OHM 토큰을 구매하고, 구매한 OHM 토큰을 올림포스 다오가 제공하는 스테이킹 서비스에 스테이킹하면 된다. 스테이킹을 하게 되면 OHM 토큰과 1:1로 교환할 수 있는 sOHM 토큰을 받게 되는데, 에폭^{Epoch}이라고 불리는 8시간의 주기마다 복리를 통해서 지갑에 쌓이는 sOHM 토큰의 수량이 증가하게 된다.

올림푸스 다오는 어떻게 비현실적으로 높은 이자율을 제공할 수 있었을까? 앞에서 이야기했었지만, 올림푸스 다오가 OHM 토큰의 가치를 최소 $1로 보장한다는 말에서 실마리가 있다. 올림푸스 다오에서는 OHM의 가치를 $1라고 생각하여, 본딩의 가치를 먼저 본딩 과정을 살펴보면, 사람들이 SLP, DAI, FRAX 등 본딩을 지원하는 자산을 프로토콜에 제출하면 OHM 토큰을 구매하는 과정에서 SLP, DAI, FRAX의 만큼의 가치가 트레저리로 들어오게 된다. 예를 들어 살펴보자. 현재 OHM 토큰의 가격이 1000^{1000 DAI}$이고, 현재 본딩을 통한 할인율이 10%라고 가정해 보자. 제일 처음 사용자는 1 OHM을 900 DAI로 할인하여 구매할 수 있게 된다. 프로토콜 입장에선 900 DAI가 들어오게 되었으니 900 OHM의 가치를 최소 $1로 유지할 수 있는 명분이 생기게 된다. 그렇기에 900 OHM 중 1 OHM은 본딩에 참여한 사람에게 주게 되고, 남은 899 OHM은 OHM 토큰 스테이킹에 참여한 사람들에게 전달할 수 있게 되는 것이다.

이 과정을 처음 보는 독자가 느끼기에는 올림푸스 다오가 말하는 엄청 난 이자율은 사실상 거의 눈속임에 가깝다고 느껴질 수밖에 없을 것 같다. 하지만 올림푸스 다오는 이러한 과정을 통해서 빠르게 블록체인에서의 기 축통화가 되고자 했던 것이며, 지금의 가격이 어찌되었든 사실상 종국엔 $1로 수렴해 나가는 구조일 수밖에 없는 것이다.

▌게임 이론과 3.3 스테이킹

죄수의 딜레마에 대해 들어본 적이 있을 것이다. 죄수 1과 죄수 2가 각 각 경찰에게 조사를 받고 있다. 둘 다 침묵할 경우 1년 형밖에 받지 않지 만, 둘 중 하나만 다른 죄수를 배반하게 된다면 배반한 죄수는 석방되고 침묵을 지킨 죄수는 20년 형에 처한다. 마지막으로 둘 다 서로를 배반할 경우 모두 10년 형을 살게 된다. 공리적으로 가장 좋은 방안은 두 죄수 모 두 침묵을 유지하는 것이지만, 다른 죄수가 배반하게 되는 순간 침묵을 유 지한 죄수는 큰 형벌에 처하게 되기 때문에 선뜻 침묵을 지키기엔 어렵다.

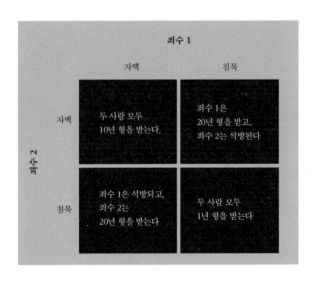

올림푸스 다오에서는 이러한 게임 이론을 활용하여 [3.3] 스테이킹이라는 게임 이론을 제안한다. 유저의 행동을 Stake, Bond, Sell의 3가지 유형으로 분류한 후, 가장 좋은 건 모두가 Stake를 했을 때라는 것을 말하는 게 주요 요지이다. 모두가 OHM 토큰을 팔지 않고 스테이킹을 하게 된다면, 어떤 면에서 좋다고 말할 수 있는 것일까?

	Stake	Bond	Sell
Stake	(3, 3)	(1, 3)	(-1, 1)
Bond	(3, 1)	(1, 1)	(-1, 1)
Sell	(1, -1)	(1, -1)	(-3, -3)

첫 번째로는 매도 압력이 줄어들어 토큰의 가격이 낮아지지 않는 것이고, 두 번째로는 그에 따라 묶여 있는 자산의 크기가 높은 토큰 가격과 맞물려 각 홀더들이 들고 있는 자산의 크기가 커진다는 것이다. 이러한 점을 지적하여 일각에서는 눈 가리고 아웅 식의 방식이라는 비판을 하는 것도 당연할 수밖에 없다.

만일 프로토콜의 신뢰 붕괴에 따른 뱅크런 사태가 발생하게 되면, 대규모 이탈 사태에 따른 토큰 가격의 하락이 치명적이다. 그도 그럴 것이 OHM 토큰의 시가 총액과 유동성이 공급된 OHM 토큰 유동성 풀의 규모를 살펴보면, 현재 시장에 풀린 유동성/시가 총액의 비율이 0.09 정도에 머물러 있다.

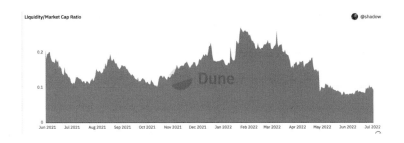

시가 총액에 비해 유동성이 낮기 때문에 전체 규모의 1% 정도만 매도가
되어도 본 토큰의 가격이 급격히 떨어지게 되는 현상이 발생한다.

올림푸스 DAO, 고래 매도로 청산 발생... OHM 44% 급락

Coinness 기자 | 기사입력 2022/01/17 [14:16]

외신에 따르면 오늘 오전 11시경 고래가 올림푸스 DAO(OHM)에서 OHM을 대량 매도, 이로 인해 일련의 청산이 발생한 것으로 나타났다. 그 결과 OHM 가격은 한 시간 만에 44% 급락했다. 코인마켓캡 기준 OHM은 현재 34.10% 내린 176.75 달러에 거래되고 있다.

사실 당시 토큰 홀더들 사이의 가장 주된 논쟁은 과연 이 이자율과 토큰의 가격이 언제까지 유지될 것이냐는 것이었다. 올림푸스 다오에서도 이 사실에 대해 이미 알고 있었지만, 그럼에도 생태계가 나아갈 방향은 모두가 스테이킹하는 것이라는 것이 최선이라는 내러티브를 지속해서 설파해왔다. 앞서 살펴본 것처럼 OHM 토큰의 지속적인 인플레이션 구조상 가격은 차츰차츰 내려가기 시작했었는데, 2022년 1월 17일에 우려하던 대량 매도 현상이 발생하였다. 이에 따라 OHM 토큰의 가격은 44% 급락하게 되었다. 이 사건을 기점으로 올림푸스 다오의 트레저리에는 뱅크런 사태가 발생하였고, 막강한 OHM 스테이킹 비율을 자랑했었지만 매도 압력을 막기에는 역부족이었다.

디앱 사례

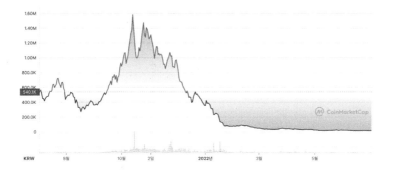

▌ 인버스 본드의 등장

OHM 토큰의 가격이 본드 과정과 스테이킹을 통해서 무분별하게 시장에 풀리고, 가격이 지속해서 내려가는 현상이 지속되다 보니, 실제 트레저리에서 OHM 토큰당 받치고 있는 가격보다 시장에서 낮게 거래되는 현상이 나타나기 시작했다.

이러한 현상이 지속되는 것을 막기 위해 OIP-76 거버넌스 제안을 통해 인버스 본드의 도입이 제안되어 통과되었고, 현재는 인버스 본드가 올림푸스 다오에서 지원되고 있다.

쉽게 얘기를 한다면, 인버스 본드란 OHM 토큰을 통해서 Payout Asset을 값싸게 사는 것을 의미한다. 무작정 싸게 살 수는 없으며, 시장에서 거래되고 있는 OHM 토큰의 가격과 Backing Price per OHM 사이에서 결정이 되는데, 그림처럼 본드마다 DAI가 Payout Asset으로 지원되는 것은 아니며, 매번 상황에 따라 다른 Asset이 지원되고 있다.

본 인버스 본딩을 통해 트레저리에 들어오게 되는 OHM 토큰은 전량 소각되기 때문에 인플레이션 방식만 있었던 OHM 토큰 분배 방식에 하나의 브레이크 역할을 해줄 것으로 기대하였다.

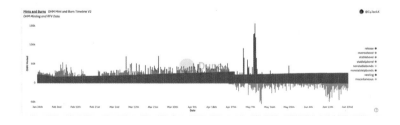

4월에 인버스 본드가 도입되고 나서, 늘어나는 인플레이션율을 음수로

작용하게 하지는 않지만 1/4 정도의 수준에서 꾸준하게 OHM 토큰을 소각시키는 면을 보면 부분적으로 효과는 있다고 평가할 수 있다고 생각된다.

▌ OHM 토큰 유틸리티

OHM 토큰은 최소 $1의 가치를 유지하는 스테이블 코인을 목표로 출시되었지만, 화폐도 사용처가 있어야 하기 때문에 OHM 토큰의 유틸리티가 없다는 것에 대해 많은 지적이 있었고, 이에 따라 올림푸스 다오 생태계 안에서는 OHM 토큰의 활용처 혹은 토큰 인센티브가 있어야 한다는 목소리가 나오기 시작하였다.

메이커다오에서 발행되는 스테이블 코인인 DAI가 자생적으로 이더리움 생태계 안에서 사용되었던 것처럼 OHM 토큰이 자생적으로 생태계 안에서 활용되고 성장하는 것은 사실 OHM 토큰의 가격 변동성으로 인해 어려웠고, 올림푸스 다오에서는 OHM 토큰이 프로토콜 외부에서 유틸리티를 가질 수 있게 일종의 SaaS 서비스인 올림푸스 프로^{Olympus Pro}와 기타 포크 프로젝트^{대표적으로 Redacted Cartel}들을 진행하고 있다

▌ OHM 토큰의 분배와 pOHM

지금까지 OHM 토큰이 발행되는 방식^{본딩}과 스테이킹과 같은 형태로 경제가 돌아가는 방식을 살펴보았다. 그렇다면 OHM 토큰의 초기 분배 형태는 어떠하였을까?

초기 분배 계획은 아래의 도표와 같다. 전체 토큰 분배량 중에서 총 11.8%의 토큰을 팀, 투자자, 조력자에게 분배되었다. 그도 그럴 것이, 거버넌스 토큰이 발행량이 제한되어 있다면 분배량을 정해 두고, 전체의 몇

프로를 주는 것이 가능할 것인데 올림푸스 다오의 경우 발행량 제한 없이 계속해서 발행되는 구조이니, 초기에 고정된 값을 준다는 것이 투자자에 게는 투자할 유인이 없다는 것을 의미한다.

Supply Distribution

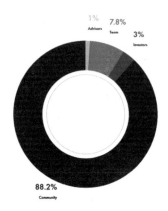

이러한 올림푸스 다오의 구조적인 특징 때문에 초기 참여자[팀, 조력자, 투자자]에 게는 OHM 토큰이 아닌 pOHM 토큰을 지급한다. 간단히 말해서 pOHM 토큰은 OHM 토큰의 파생상품과도 비슷한 것인데, 투자자들이 pOHM 토큰을 OHM 토큰으로 회수하는 것을 원할 때, 1 pOHM이 있다면 1 DAI[프로토콜상에서 인정하는 OHM의 최소 가치]로 OHM 토큰을 가져갈 수 있는 것이다. pOHM 토큰은 프로토콜의 OHM 발행량에 따라서 베스팅되는 구조를 갖고 있다. pOHM 토큰의 가치는 사실 OHM 토큰이 $1 이상이기만 하면, 무조건 안정적으로 수익을 볼 수 있는 구조이다.

3) 평가

OHM 토큰이 사용자들의 행위에 대해 적절한 인센티브를 주는지 파악해 보는 건 논쟁의 여지가 있을 것이다. 사용자들은 OHM 토큰을 구매하여 프로토콜에 스테이킹만 하면 이자율에 따른 토큰을 지급받게 되었다. 즉 OHM 토큰 인센티브는 사용자들이 OHM 토큰을 스테이킹하게 만드는데 사용되었다. 올림포스 다오는 OHM 토큰의 가치를 1 DAI로 간주하기에 매우 강력한 발권력을 갖게 되어 높은 이자율을 갖게 되었고, 이에 따라 스테이킹에 참여한 사람들에게 스테이킹을 하지 않을 수 없는 강력한 동기 부여를 제공했기 때문이다.

이것이 바람직한 인센티브 제공 방식인지에 대해서는 생태계 전반의 분위기를 제고해 볼 필요가 있다. 만약 모두가 서두에서 언급한 올림푸스 다오가 풀고자 하는 문제에 공감하고, 기여하고자 생태계에 들어오게 되었다면 좋은 인센티브 구조였다고 생각된다. 하지만 이자율이 수만 %에 달하는 등 초기 인센티브가 너무 과했기 때문에 단순 투기 목적으로 과도하게 높은 이자율과 수익률만을 보고 들어온 사용자들이 더 많았다면 결코 바람직하지 않다고 평가를 내릴 수밖에 없다.

또한, OHM의 유틸리티에 대해서도 생각해 보아야 할 문제가 많은데, 궁극의 탈중앙 스테이블 코인을 표방하는 목표에 비해 변동성이 심하기 때문에 실제로 스테이블 코인 목적으로 사용되기 어려웠던 문제가 있었다. 따라서 OHM 토큰 홀더들은 이를 교환의 매개체 용도로 사용하기보단, 그저 스테이킹하거나 유동성 공급을 통해 이자 수익을 올리는 것 외에 딱히 유틸리티가 없었기 때문에 OHM 토큰의 매도 압력은 꾸준히 존재할 수밖에 없었다.

올림푸스 다오는 유동성에 대해 의미 있는 역사를 쓴 프로젝트임에는 분명하다. 기존 디파이 1.0에서의 유동성 문제, 유동성 제공자의 비영구적 손실 등을 해결하면서 프로토콜에 귀속된 유동성을 기하급수적으로 늘렸다. 또한, 리베이스에 따른 토큰 인플레이션을 인버스 본드를 도입하여 비가역적인 흐름을 일부분 가역적으로 전환하였다는 부분에서도 굉장히 의미 있는 프로젝트라고 생각한다.

하지만 프로젝트의 지속 가능성에 대해서는 프로젝트 출범 이후 1년이 좀 지난 시점이기에 아직까지는 지속 가능하지 않다, 가능하다를 답변 내리기는 어려운 실정이다. 가격적인 측면을 보았을 때, 최고 $1,250까지 올라갔던 가격이 현재 $10 언저리에서 거래되고 있는 것을 보면 지속 가능하지 않다고 말할 수 있겠지만, 그에 반해 최소 $1의 가치를 유지하는 기축통화를 만들고자 하는 올림푸스 다오의 목표를 생각해 본다면 아직도 $10에서나 거래되고 있는 지속 가능한 모습을 보여 주고 있다고 말할 수도 있을 것이다.

디앱 사례

에필로그

– 지난 블록체인 산업에 대한 고찰

2009년 1월 3일 비트코인이 블록체인의 탄생을 알린 이후 블록체인 산업은 지금까지 계속 이어져 오고 있다. 2017년 짧았던 ICO 붐 이후 곧 거품이 꺼져 기나긴 겨울이 찾아왔다. 하지만 2020년부터 Compound Finance의 거버넌스 토큰, Uniswap의 AMM DEX, 그리고 이 둘을 합친 Sushiswap을 시작으로 디파이 여름이 발생하며 다시 블록체인 산업이 폭발적으로 성장하기 시작했다. 이때 2021년에 NFT 붐과 P2E 게임 붐 등이 함께 겹치며 블록체인 산업에 더 많은 사람이 유입되고 전례 없는 호황을 맞게 된다. 하지만 2022년 5월 테라-루나 사태와 거시 경제의 불황으로 인해 블록체인 생태계는 다시 겨울을 보내고 있다. 이런 시기일수록 지난 블록체인 산업이 걸어왔던 길을 되돌아보며 고찰해 볼 필요성을 느낀다. 불편한 진실일지라도 지난 블록체인의 성장에 대해 솔직해져 볼 필요가 있다.

약 2년이라는 짧다면 짧은 시기 동안 다양한 메인넷 위에 다양한 DApp들이 탄생했다. 그중에서 실질적인 부가 가치를 창출한 프로젝트는 과연 몇 개일까라는 질문을 던졌을 때 당신은 몇 개라고 대답할 것인가? 그동안에 블록체인 산업 내에서 정말 많은 논의되고 언급된 용어는 바로 '지속 가능한 토크노믹스Sustainable Tokenomics'였다. 하지만 지속 가능한 토크노믹스를 찾는 나는 접근 방식 자체가 틀렸다고 생각한다. 이 세상 그 어떤 것도 그 자체로 지속 가능하지 않다. 자연에서도 영원한 것은 없으며, 특히 비즈니스 세계에서는 그 어떤 것도 지속 가능한 것은 없다. 모든 기업은 끊임 없이 전략을 수립하고 실행하며 '생존'해 나가는 것이지 애초에 '지속 가능'하게 만들어진 것이 아니다.

많은 사람이 블록체인 산업에 진입하여 Defi, NFT, P2E 등을 아이템으로 한 다양한 프로젝트들을 만들었다. 그들은 대부분 '웹 3 정신'을 외치며 탈중앙화, 커뮤니티, 지속 가능한 토크노믹스 등을 내세운다. 하지만 필자가 생각하기에 너무 많은 사람이 블록체인 산업에 들어와 그런 프로젝트들을 만드는 근본적인 목적의식은 결국에 돈이다. 현재 웹2.0 산업 대부분의 애플리케이션들은 '플랫폼'으로써 작동한다. 플랫폼은 두 개 이상의 거래자^{주로 생산자와 소비자} 간의 거래를 용이하게 해 주고 수익을 번다. 대부분 플랫폼 사업의 수익원은 크게 1. 광고 수익 2. 중개 수수료 3. 구독료로 나누어진다.

위 세 가지 수익을 유의미한 수준으로 벌기 위해서는 플랫폼이 오랜 시간과 비용을 들여 충분히 '크게' 성장해야 한다. 오랜 시간을 들여 적절한 수준까지 성장한 스타트업들만이 플랫폼으로서 본격적으로 현금을 창출할 수 있는 것이다.

하지만 웹3에서는 토큰이라는 마법 도구가 있다. 프로젝트를 진행하는 팀은 쉽게 토큰 혹은 NFT를 가스비 제외하고는 거의 비용 0에 가깝게 발행하여 판매할 수 있다. 진지한 비즈니스 모델 없어도 적절한 마케팅과 사람들의 투기 심리가 어우러진다면 토큰과 NFT를 모두 팔아 치워 떼돈을 벌 수가 있다. 오랜 시간과 비용을 들이지 않고도 돈을 벌 수 있는 '웹3'라는 이름의 새로운 기회의 땅이 열린 것이다. 그들은 '커뮤니티', '거버넌스 파워', '지속 가능한 토크노믹스' 등을 내세우지만 대부분 프로젝트가 모두 그저 마케팅 용어로 사용할 뿐이다. 결국에 그들이 원하는 것은 토큰과 NFT가 빨리, 되도록 많이 팔리는 것이다. 그렇게 하기 위해 그들은 미래 가치를 모두 최대한 현재로 끌고 와서 소비자들을 설득시킨다.

워낙 초창기 단계인 시장이어서 규제가 채 마련되지 않은 환경 속에서 '토큰'이라는 이름의 마법 도구를 누구나 쉽게 발행하고 유통시키는 것이 가능해졌다. 여기에 더해 코로나19 시기 동안 정부가 엄청나게 화폐를 찍어 내며 넘쳐흐르는 유동성은 웹3라는 새로운 영역을 찾아 흘러들었다. 거시적인 상황은 좋지 않았고 펀더멘탈은 모두 무너진 상태였지만 유동성은 흘러넘치는 이상한 상황이었다. 흘러넘치는 유동성은 다음에 흘러갈 곳을 찾다 결국 암호화폐라는 영역을 발견하게 된다.

이 당시 '지속 가능한 토크노믹스'는 실제로 작동하는 것처럼 보였다. 하지만 그것은 토큰 가격이 계속 상승하였기 때문이다. 많은 토크노믹스가 토큰 가격이 계속 상승할 것이라는 가정하에 세워졌고, 결국 토큰 가격 상승의 기대에 토큰 가격 상승을 의존하는 구조를 띠게 되었다. 이러한 구조 위에 세워진 비즈니스는 절대 지속 가능하지 않다. 블록체인 산업은 현재 하락장 속에 있지만, 다음 호황이 찾아온다면 기존의 투기성에 기댄 토크노믹스로는 성공할 수 없을 것이다.

사실 디파이, P2E, X2E 모두 결국에는 'To Earn'을 핵심으로 성장했던 비즈니스 모델이다. 하지만 'To Earn'은 종국에 'To Sell'로 이어질 뿐이다. 블록체인을 활용한 비즈니스는 토큰을 내세운 'To Earn'에서 시작하면 안 된다. 돈을 번다는 것을 부가적인 요소가 되어야 하지 절대 시작점이 되어서는 안 된다. 블록체인 혹은 토큰이라는 요소가 없더라도 그 자체로 가치가 있어야 한다. 실질적인 부가 가치를 소비자에게 제공하고, 실제로 재미가 있고, 실제로 쓸모 있는 비즈니스를 만들어야 할 것이다. 사람들이 보다 본질에 대해 고민을 해 보고, 더 건전하고 실제 가치를 불러오는 토크노믹스를 함께 고민해 보기를 고대하며 이 책을 마친다.

에필로그

블록체인 토크노믹스

1판 1쇄 인쇄   2023년 9월 1일
1판 1쇄 발행   2023년 9월 10일

지은이 | 이재승·이한호·전진현·100y
펴낸이 | 박정태
편집이사 | 이명수   출판기획 | 정하경
편집부 | 김동서, 전상은, 김지희
마케팅 | 박명준   온라인마케팅 | 박용대
경영지원 | 최윤숙, 박두리

펴낸곳   **주식회사 광문각출판미디어**
출판등록   2022. 9. 2 제2022-000102호
주소   10881 파주시 파주출판문화도시 광인사길 161 광문각 B/D 3층
전화   031)955-8787
팩스   031)955-3730
E-mail   kwangmk7@hanmail.net
홈페이지   www.kwangmoonkag.co.kr

ISBN   979-11-93205-06-8 03320
가격   19,000원